"互联网+"新形态一体化教材
创新型人才"十四五"规划教材

物流系统规划与设计

主　编　吴向峰　赵　音　易　美

副主编　周　艺　谭慧芳　朱玮羚
　　　　陈　勇　杨贵红　姜　晶
　　　　郭锦锦　聂　俊　伍晓青

中国商业出版社

图书在版编目（CIP）数据

物流系统规划与设计 / 吴向峰，赵音，易美主编
. -- 北京：中国商业出版社，2023.6
ISBN 978-7-5208-2528-3

Ⅰ. ①物… Ⅱ. ①吴… ②赵… ③易… Ⅲ. ①物流-系统工程 Ⅳ. ①F252

中国国家版本馆 CIP 数据核字(2023)第 122027 号

责任编辑：黄世嘉

中国商业出版社出版发行
（www.zgsycb.com　100053　北京广安门内报国寺 1 号）
总编室：010-63180647　编辑室：010-63033100
发行部：010-83120835/8286
新华书店经销
北京宝莲鸿图科技有限公司印刷
*
787 毫米×1092 毫米 16 开 15.5 印张 381 千字
2023 年 6 月第 1 版　2023 年 6 月第 1 次印刷
定价 49.80 元
* * * *
（如有印装质量问题可更换）

前言 PREFACE

近年来，随着社会经济的不断发展，国内物流业加速转型升级。聚焦补齐现代流通体系短板，着眼现代流通体系高质量发展，加快形成现代流通统一大市场的物流4.0时代业已到来。基于流程自动化、设备网络化和企业间的联合等成为物流系统规划管理的主要特点，简化流程、提升效率、维护供应链的稳定、发现并消除风险等成为物流系统规划设计的基本要求。物流系统规划管理工作的转型升级，给现代物流管理人才培养提出了更高的要求。为主动适应物流系统管理岗位群“数字孪生、数据可视、开放兼容”等技能新要求，实现专业人才培养目标，教材开发团队按照“思政+素养保底色，实操+虚仿显特色，建模+分析育本色”的宗旨编写了《物流系统规划与设计》。

本教材的特色包括以下几个方面。

课程思政全程浸润：不仅每一章都以“思政+技能”综合案例作为引导，而且课程思政元素贯穿教材全过程，解决了课程思政元素与教材脱节的问题，实现为国育才、立德树人的目标。

虚拟任务全景仿真：教材分为基础篇、技术篇和实训篇三部分，其中基础篇和技术篇部分以“理论+技能”的方式组织内容，实训篇以“虚拟仿真环境”下的工作任务为背景展开，层层递进，环环强化。

课上课下全方位育人：本教材服务“三教改革”，支持教师以本教材为纲实施翻转式教学。例如，本书基础篇可设计为课前学生自主探究任务，技术篇可设计为课上协作完成任务，实训篇可设计为课后强化或拓展任务等。

岗、课、赛、证全面融合：教材紧贴行业现实，追踪产业发展趋势，依托不同人物，融合了岗位需求、课程目标、比赛要求、证书要求，真正做到了全面融合。

本教材共分基础篇、技术篇和实训篇三部分。其中，基础篇和技术篇包括以下八个项目：开宗明义——现代物流与供应链，厘清思路——现代物流系统规划设计总论，未雨绸缪——物流系统调研预测与战略分析，实利厚实——物流系统网络规划设计，巧占C位——物流节点选址规划与设计，通达天下——物流运输系统规划设计，精打细算——现代物流中心规划设计，数智赋能——物流信息系统规划设计；实训篇对应以下五个综合虚仿实训任务：物流中心调研、流通型仓储企业经营对抗方案实施、智慧电商云仓经营对抗方案实施、物流中心运营优化方案实施、物流创新创业实战方案实施。

本教材由吴向峰、赵音、易美担任主编；周艺、谭慧芳、朱玮羚、陈勇、杨贵红、姜晶、郭锦锦、聂俊、伍晓青担任副主编；本教材由吴向峰统稿，并负责项目一、项目二、虚仿实训任务的编写工作；项目三由赵音负责编写；项目四由易美负责编写；项目五、项目六由周艺、谭慧芳、朱玮羚、陈勇共同编写；项目七、项目八由杨贵红、姜晶、郭锦锦、聂俊、伍晓青共同编写。在编写过程中，上海百蝶教育刘华荣总经理、济南华峻科技李新总经理等对教材的编写提出了很多很有价值的建议，并在虚仿平台开发、孪生数据应用等方面给予了大力支持。在此，编者对他们一并表示衷心感谢。

本书教材适用于高等院校的物流管理、现代物流管理、铁路物流管理、交通运输、电子商务、供应链运营管理、工商企业管理、网络营销、国际贸易（商务）等专业以及“物流管理”“物流工程”“虚拟仿真”等方向的教学用书，也适用于仓储、物资管理、流通管理、供应链运营、快递运营与管理等行业在职人员培训用书和岗位培训参考书等。

由于本教材综合了编者及行业内的一些最新研究成果，有些内容还是首次提出，加之时间仓促，难免存在失误，欢迎读者批评指正，也欢迎广大同人共同探讨，推动我国高等教育物流管理（类）专业教育教学改革。

编　者

2022 年 9 月 19 日

目录 CONTENTS

基础篇 精神铸魂 · 知识强基

项目一

开宗明义——现代物流与供应链

【学习目标】

专业知识目标

- 了解物流行业发展历程
- 理解现代物流的内涵
- 掌握现代物流系统及构成要素
- 应用供应链及供应链管理

职业能力目标

- 能分析现代物流系统及构成要素的含义
- 能设计不同结构类型的供应链系统
- 能分析把握现代物流发展的趋势

素养目标

- 在物流及供应链发展学习中提升历史知识和产业发展的人文思想
- 培养物流职业兴趣，增强团队协同能力
- 提升团队协同学习的角色构建与认同，培养团队意识

【重点难点】

学习重点

- 现代物流系统目标
- 企业物流系统要素
- 物流系统分类

学习难点

- 供应链结构模型
- 供应链管理发展趋势

任务一 现代物流及其发展

1.1.1 物流及现代的发展

作为本书的核心关键词之一，物流概念及产业的产生不是理论研究的结果，而是从社会经济、企业经营的需求中派生出的概念。各学科领域的专家学者，利用各自学科的理论、方法研究物流，形成了形式上的跨学科理论。一般来说，物流一词的使用始于 1905 年。作为军事领域的“后勤”一词，其实就是物流的滥觞。我国古语“兵马未动，粮草先行”就包含着现代物流概念的萌芽。

专属词汇方面，物流（Logistics）是从古希腊语 Logistike（计算）、Logistes（计算人员），到拉丁语的 Logista，再到法语的 Logistique，最后发展至英语的 Logistics。《牛津词典》释义：Logistics 是“在战地管理军事物资的运输、供应和维护的科学”。现在欧美很多国家定义物流概念时更多地使用 Logistics。这不但反映了物流内涵的不断丰富，也折射出不同发展时期物流的重点内容。

物流从服务军事的“后勤学说”演变成了工业革命的最重要“武器”，成为经济发展的重要基因。作为一种古老的传统的经济活动，物流是不断演进的概念，经历了从传统意义上的实物配送（Physical Distribution PD）到今天的现代物流（Logistics）的转变过程。

现代物流这一专有名词，在 20 世纪 60 年代才在西方正式出现，相比于过去的物流形态，既有传承性，又有创新性。现代物流这个概念兴起不过几十年，而物流活动却历史悠久。物流实践与我们的生活息息相关。物流概念的产生不是理论研究的结果，而是从需求中派生出来的概念，是从社会经济、企业经营的需求中派生出的概念。物流是跨学科的概念，到目前为止，对于物流，世界各国均没有一个完整、准确、得到大家公认的统一概念。

物流这个概念于 20 世纪 80 年代末至 90 年代初引入我国。在此之前，尽管在我国尚未形成“物流”的概念，但是类似物流的行业是客观存在的，我国的“储运”业与国外的“物流”业就很相似。但不可否认的是，当时在中国真正意义上的现代物流尚未形成。改革开放初期，部分学者以物流概念引进、“拓荒”为己任，为我们开启了认识、认知现代物流的窗口，这批可敬的学者包括吴清一、吴润涛、王之泰、丁俊发、王继祥等。

总之，物流直译为物的流动，本质是“物”，精髓是“流”，不外乎具有这样三方面的内容：物体的移动；使物体移动的活动和技术；使以上能够成立的条件，如基础设施等。

要真正理解上述概念，就要从管理行为、经济活动、行业发展、管理科学等多维度去了解物流发展的历史。限于本书篇幅，笔者仅从国外和国内两个区域一窥物流发展简史，帮助读者梳理物流发展的脉络。

1. 国外物流发展简史——物流即服务

不可否认的是，现代意义上的物流，最早形成于西方发达国家，因此，要谈物流的发展，先从西方说起。西方现代社会的物流，特别是作为经营领域的物流，实际上开始于“二战”，然而其前身可以追溯到更早时期。例如，美国对物流的认识，理论上最初产生于 1901 年，约翰 · F. 格鲁维尔（John F. Crowell）在美国政府工作报告《农产品流通产业委员会报告》中第一次论述了对农产品流通产生影响的各种因素和费用，从而揭开了对物流认识的序幕。1916 年，阿什·肖（Arch Shaw）在《经营问题的对策》一书中，初次论述物流在流通战略中的作用；L. D. H. 维尔德（Weld）指出，市场营销能产生三种效用：所有权效用、空间效用和时间效用，同时还提出流通渠道的概念。著名营销专家弗莱德·E. 克拉克（Fred Clark）首次将物流活动上升到理论高度，他在 1929 年《市场营销的原则》中将物流纳入市场经营行为的研究范畴。1927 年，拉尔夫·布索迪（Ralph Borsodi）在《流通时代》一书中，首次使用 Logistics 来称呼物流，为物流的概念化奠定了基础。

综合来看，推动西方物流发展的因素主要包括以下几个方面。

（1）战争因素

“二战”期间，美国军队围绕战争期间军需物资的供应建立了现代军事后勤，即指战争物资的生产、采购、运输、仓储。全球海运领域的龙头企业——丹麦马士基集团的发展历史，就是典型案例。1904 年，丹麦穆勒家族成立了一家正规船公司，命名马士基。“二战”前夕，马士基一共拥有 36 艘船，在全球航运界只能算是不起眼的小角色。正是在“二战”中的表现，让其崛起为世界第一大海运公司。此外，“二战”中物流的重要作用的实践，推动了战后对物流的研究和重视。1945 年，美国正式形成了戴尔塔 & 阿尔法输送组织。1946 年，美国正式成立了全美输送物流协会（AST&L），该组织主要职能是对专业输送者进行考试，并颁发证书，从而将物流活动的培训纳入正规化的轨道。

（2）经济活动能力因素

需要说明的是，战争其实只能算是现代物流催生发展的催化剂，要知道，物流不是单纯的军事活动或行为，物流是一种经济活动，其高速发展背后体现更深刻的是经济、社会关系的发展。20 世纪 50 年代，物流是融合在生产企业中，对物流的理解也只停留在工厂产成品的物理性的移动功能，在当时，企业的经营思想是以生产制造为中心，根本无暇顾及流通领域中的物流问题。当美国步入大生产、大消费时代，对物流提出新的要求，物流才从生产中独立出来。这就是说，社会分工的需要，催生了现代物流产业。物流从诞生之日起就带有很强的运输色彩，由于运输成本在物流中占有重要地位，有些人将运输等同于物流。另外，道路、港口、机场等基础设施的建设速度决定着物流的发展速度。

（3）国家政策因素

西方物流的发展，与其国家政策也有很大关系。20 世纪 60 年代，美国政府放开了对卡车运输和铁路运输从业者严格的准入制度和运费规定，得以使物流行业充分自由竞争，才使美国物流进入飞跃发展阶段。英国物流的发展，始于 20 世纪 60 年代运输政策的变化，从而使物流成为英国服务性行业中就业人口较多的行业，成为英国的经济支柱。据统计，80 年代中期，英国仅与公路运输有关的就业人数就已占到全国就业人口的 15. 8%。降低经济活动成本是现代物流产生的主要原因之一，当时美国物流成本占 GNP 的 15%，而英国是 16%，日本达到 27%，企业开始意识到物流对企业降低成本的作用。

（4）国际化因素

在国际化进程中，物流的实践展现了现实效益，使其在企业经营战略中的地位逐渐提高。托盘，这个再简单不过的东西的发明，让美国成为世界物流强国之一；集装箱，这一革命性的标准化，加速了“物流改变世界”的格局。正如西方专家所说，物流托盘的一体化和物流集装箱的单元化是西方物流乃至西方国家经济发展的基因。20 世纪 80 年代之后，随着物流的发展，用户对运输服务的准确性和及时性比以往任何时候要求都高，能否提供高质量的服务成为物流企业竞争的重要条件，以铁路运输为主的多式联运开始迅速普及，迎来了西方物流革新的新时代。

（5）供应链及精益管理因素

进入 20 世纪 90 年代，供应链理论开始赋能物流，它所追求的是商品流通过程中所有链条企业的物流整合，新的物流服务业态，即第三方物流服务应运而生。21 世纪初，精益物流概念开始出现，给物流及供应链管理提供了一种新的思维方式。精益物流虽然概念庞杂、内容博大，但简单地说，其中心思想就是我们常说的：以客户需求为中心，提高客户满意度，准时，准确，降低成本，提高效率。综合物流概念的导入，提高了物流的效率，改变了过去对物流的认识仅停留在物流的各个环节上，缺乏对物流系统认识的缺陷。

不断发展的社会经济环境，让西方国家不断刷新对物流尤其是现代物流的认识，《福布斯》杂志说，不管是亚马逊还是沃尔玛，都是所谓披着零售外衣的物流公司。从某种意义上来说，现代物流改变了世界。在西方国家，现代物流就是利用现代信息技术和设备，将物品从供应地向接收地转移的、准确的、安全的服务模式和先进的服务流程，也就是我们现在常说的物流即服务。

2. 中国物流发展简史——大国崛起的见证

现代物流思想来源于西方，但在中国，物流有着悠久的和深厚的渊源，我国古人的许多运输活动就有着物流的萌芽和基因。一骑红尘妃子笑，就包含着今天快递荔枝的成分；诸葛亮的木牛流马，就是当时最先进的物流运输工具。

从汉唐时期的丝绸之路到明代的郑和下西洋，这是中国历史上两次大规模的国际物流活动，其影响的深远，到今天还可以感到其魅力。丝绸之路分陆上丝绸之路与海上丝绸之路。陆上丝绸之路，主要路线是，以长安（今西安）、洛阳为起点，经甘肃、新疆，到中亚、西亚，并连接地中海各国的陆上通道，途经万里，跨越百国，时间长达两千多年。到宋代，我国更打造了发挥巨大作用的海上丝绸之路，泉州在南宋晚期更一跃成为世界第一大港口和海上丝绸之路的起点。因此可以说，海上丝绸之路是中国跨境物流的新纪元，也是中国国际航运物流的开端。同时，公元前 486 年开始建造的京杭大运河，是中国南北水上物流的肇始。

古代中国的政治、经济、社会行为处处体现了中国人独特的管理智慧。中国人很早就知道，标准化是有效降低运营和管理成本的措施，尤其是物流标准化，其中的伟大实践，莫过于“书同文，车同轨”，彰显了物流标准化中两大要素优势，一是信息传递便捷，二是交通转运方便。

课程案例：先秦：书同文、车同轨

小组协作思考问题：

1. 标准化的优势有哪些？
2. 我国古代其他标准化管理案例有哪些？
3. 谈谈你对中国式管理的认识，并思考如何应用到当代物流管理中。

由于我国工业化起步较晚，最初我们对生产环节的高效运转、对流通的价值获取、对利用物流降低成本等的认知，在中华人民共和国成立之初远远落后于经济发达国家。改革开放以来，现代物流概念引入了中国，并被人们所认识和实践，随着社会主义市场经济的发展，我国现代物流快速发展起来。概括起来，我国现代物流发展历程可以划分为四个阶段。

第一阶段：萌芽阶段，大体在20世纪80年代以前。这一时期，交通运输业作为经济建设重点领域，其“现代化”被提到议事日程上；传统的仓库和储备形态，已不足以支持经济发展和企业生产的要求。将储运联结在一起，实现一体化，自然成为一种选择。因此，在经济界和企业界已经自发出现了对于现代物流的需求。

第二阶段：学习和引进阶段，20世纪80年代到90年代初。改革开放以来，我国各个领域都开始了解发达国家的进展，当时承担组织、领导和管理“物流资通”的原国家物资总局，参照国外“物流”领域进行学习和引进。

第三阶段：起步阶段，20世纪90年代。随着改革开放进一步深化和社会经济的发展，这无疑给现代物流的发展带来了很大的活力。起步阶段的一项非常重要收获，是对现代物流的探索出现两个重要的特点：多领域的探索和从理论向实际运行与操作的转化。

第四阶段：发展阶段，2000年至今。我国现代物流进入发展期的主要标志是大规模的、普遍的现代物流的建设，在全国迅速普及。

20世纪我国开始的交通基础设施大规模建设，形成了目前在国际上已处于高质量行列的综合交通网络，为物流的高质量发展提供了基础。我国物流业经历了从概念引进到推广应用、成长壮大、创新发展的历史过程。

虽然现代意义上的中国物流业发展时间并不长，但我国物流发展壮大是全方位的，在物流总量扩张的同时，我国出现了一大批规模巨大的物流企业，目前国际上排名前10的港口中，我国也占有数个。

物流领域“国家队”的诞生，彰显着我国为推进物流业务专业化整合、做大做强做优物流产业的决心。2021年12月6日，由原中国铁路物资集团有限公司等4家大型国企为基础整合而成的中国物流集团有限公司正式挂牌成立。作为我国唯一以综合物流为主业的新央企，瞄准的是全球产业链、供应链的物流能力。

可以说，大国竞争也是物流业的竞争，大国必须有强大的物流业。物流业与国家利益密不可分，当今我国物流业已经作为国民经济的基础性、战略性产业。

总之，物流业一手托起生产端，一手联通消费端，把上下游紧密衔接在一起，不仅连接供应链产业链，更为重要的是发挥着双向催化的重要作用，促使供应链产业链加快运转。

1.1.2　物流及现代物流定义

1. 物流概念的由来

物流概念的内涵是随着物流经济活动不断变化而变化的，不同时期的专家学者对物流有着不同的定义。

物流界学者普遍认为，早期记载有关物流的活动是1918年由英国犹尼里佛的利费哈姆勋爵成立的“即时送货股份有限公司”，该公司旨在全国范围内把商品及时送到批发商、零售商以及用户的手中。

1935 年，美国销售协会最早对物流进行了定义：物流（Physical Distribution，PD）是包含于销售之中的物料和服务，与从生产地到消费地流动过程中伴随的种种活动。

1981 年，日本综合研究所编著的《物流手册》，对物流的表述是：物料从供给者向需要者的物理性移动，是创造时间性、场所性价值的经济活动，包括包装、装卸、保管、库存管理、流通加工、运输、配送等活动。

而现代物流的代言词（Logistics）最早出现在“二战”期间，美国首先采用后勤管理（Logistics Management）对军火的运输、补给、屯驻等进行全面管理。

综上，关于物流概念，可以分为传统物流（Physical Distribution）和现代物流（Logistics）。

2. 现代物流与传统物流的区别

现代物流与传统物流的不同，在于现代物流已突破了商品流通的范围，把物流活动扩大到生产领域。物流已不仅仅从产品出厂开始，而是包括从原材料采购、加工生产到产品销售、售后服务，直到废旧物品回收等整个物理性的流通过程。

现代物流是物质资料从供给者到需求者的物理性运动，但不是物和流的简单组合，而是经济、政治、社会和实物运动的统一。

3. 物流定义

我国国家标准《物流术语》的定义中指出：物流是物品从供应地到接收地的实体流动过程，根据实际需要，将运输、储存、装卸、搬运、包装、流通加工、配送、信息处理等基本功能实施有机结合。

物流定义主要包括以下两个方面：一是空间状态的变化，使物资产生空间效果，如运输；二是时间上的转移，使物资产生时间效果，如储存。

任务二 现代物流系统及构成

1.2.1 系统及现代物流系统

1. 系统的概念

（1）系统产生及演变的历史背景

伴随着人类文明的前进和演化，日益复杂的分工和对世界认识的不断深入，加上古人丰富的社会实践经验，形成了最早的系统概念，人们开始利用系统思考的方法和系统管理的朴素思维指导实践活动。例如，公元前 256 年，秦太守李冰父子，通过建设“鱼嘴”分水工程，“飞沙堰”分洪排沙工程，“宝瓶口”引水工程，120 个附属渠堰，建成了举世瞩目的都江堰水利系统。

系统观念的日益发展，系统思维方法的不断改进和提升，使包括系统工程（Systems Engineering）、运筹学（Operations Research）、一般系统论（General Systems Theory）等学科在内的系统科学蓬勃发展，使其成为当代最重要的学科之一。

关键词链接

英文中系统（System）一词来源于古代希腊文（Systεmα），意为部分组成的整体。系统的定义应该包含一切系统所共有的特性。一般系统论创始人贝塔朗菲给系统下的定义是："系统是相互联系相互作用的诸元素的综合体。"

协作思考并分组讨论：

1. 本项目引导案例中"双循环"是否为系统？哪些是部分？如何进行相互联系和相互作用？

2. 生活中常见的系统有哪些？

（2）系统的定义

系统是指一个由相互联系、相互作用的许多要素结合而成的具有特定功能的统一体。需要注意的是，该定义只是从一般意义上对系统进行描述，可称为"系统一般定义"。该定义说明了一般系统的基本特征，但对于定义复杂系统有着局限性。

数学定义：按照上面链接表述的内容，我们引入数学思想做出如下定义，如果存在一个对象集S，若对象集S同时满足下列两个条件：一是S中至少包含两个不同元素（Element）xi，i=0，1，…，n（n为正整数）；二是S中的元素在某种时空环境下，存在一定方式的相互联系。则称S为一个系统，S的元素为系统的组分，可以表示为：

$$S=F（x_1，x_2，\cdots x_n）（n\geq 2）$$

拓展思考：数学思想是指现实世界的空间形式和数量关系反映到人们的意识之中，经过思维活动而产生的结果。数学思想对于我们认知和改造现实世界有何作用？

不仅如此，通过长时间的积累总结人们发现，任何一个系统都是由输入、转换、输出三部分组成，加上反馈就构成了一个完备的循环系统（图1-1）。从这个角度思考，系统又是一个输入、转换、输出、反馈不断循环的螺旋上升（变化）的综合整体。

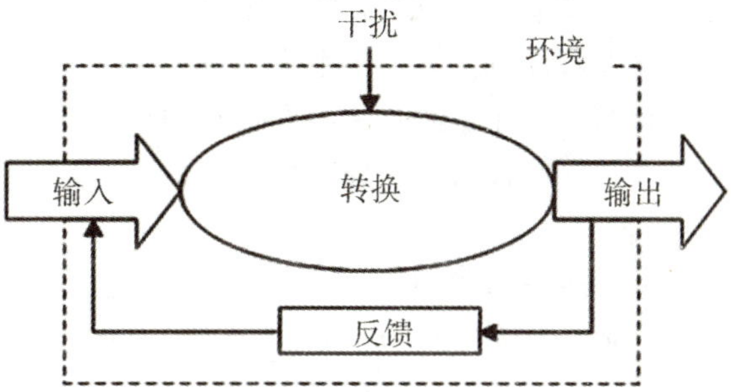

图1-1 系统构成示意图

综上，本书结合系统定义的不同维度表述，将系统定义为："是一个由某种逻辑方式相互联系、相互作用的两个及以上要素组成的，通过输入、转换、输出、反馈等环节循环构成的，实现各部分不具备的新功能的有机统一体。"

（3）系统结构及功能

系统的结构（Architecture）是指系统内各元素之间物理上或逻辑上的关系，如各元素在数量上的比例关系，时间上的先后关系，空间上的联结关系，管理上的隶属关系等。

系统的功能（Function）是系统的基本属性。不同的系统具有不同的功能。

由于任何系统都有自身的结构和功能，因此，一个大的系统，通常按其复杂程度分解成一系列小的系统，这些小系统称为包含它的大系统的子系统，子系统有机地组成了大系统。

(4) 系统的特征

根据前面系统定义，不难发现，就一般系统而言，具有以下特征。

①集合性：把具有某种属性的一些对象看作一个整体，这个整体就是一个集合，集合里的对象叫作集合的元素或要素。

②关联性：组成系统的各要素既相互作用，又相互联系，相关性说明这些联系之间的特定关系，如结构联系、功能联系、因果联系等。

③层次性：系统作为一个相互作用的诸要素的总体，可以分解为一系列的子系统，并存在一定的层次结构，这是系统空间结构的特定形式。

④整体性：系统不是各个要素的简单集合，而是协调地存在于系统整体之中的。系统所具有的功能区别于内部各要素的功能或各要素功能的简单叠加，形成系统后能够产生新的功能。

⑤目的性：人造系统都具有明确的目的，系统的目的一般用具体的目标来体现，比较复杂的系统具有不止一个目标，因此需要指标体系来描述系统的目标。

⑥适应性：任何系统都是在一定的环境中产生出来，又在一定的环境中运行、延续和演化。

(5) 系统基本原理

系统观点是我们认识改造世界的方法之一，作为当代管理学最重要的原理之一，系统论涉及目标管理、组织管理、绩效管理、预测及计量管理等方面。

①整体性原理：系统之所以成为系统，首先是系统具备整体性原理。

②最优化原理：在保证实现环境允许系统达到的目标的前提下，使整个系统对时间、空间、物质、能量及信息的利用率最高。

③木桶原理：系统技术水平的高低不仅取决于构成系统的各个部分的技术水平的高低，而且取决于系统整体技术水平的高低。

④模型与模拟化原理：从某个系统上总结出的规律，可以推广和还原到与它相似的系统上去。

2. 物流系统的概念

按照中国国家标准《物流术语》的定义，物流是物品从供应地到接收地的实体流动过程，根据实际需要，将运输、储存、装卸、搬运、包装、流通加工、配送、信息处理等基本功能实施有机地结合。

物流系统是指在一定的时间和空间内，由所需位移的物资（包括安装设备、搬运装卸机械、运输工具、仓储设施、人员和通信联系等若干相互制约的动态要素）所构成的具有特定功能的有机整体。物流系统的目的是实现物流的时间和空间效用，在保证社会再生产顺利进行的前提下，实现各物流环节的合理衔接，并取得最佳的经济效益。

因此，物流系统是社会经济系统的一个子系统或组成部分，与一般系统一样，具有输入、转换及输出三大功能，通过输入和输出使系统与社会环境进行交换，使系统和环境相依而存，而转换则是这个系统带有特点的系统功能（图 1-2）。

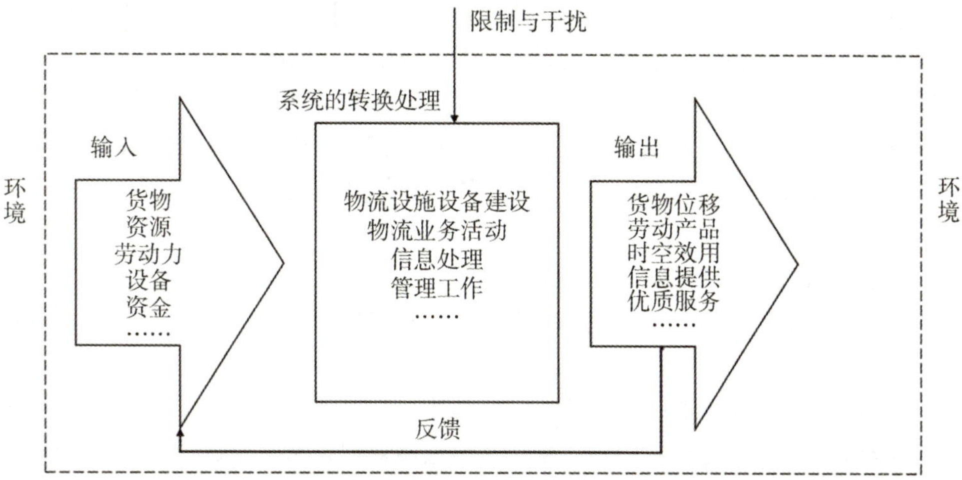

图 1-2　物流系统基本模式

3. 物流系统的特点

关于物流系统的特征，根据不同的标准，有不同内容。从系统的管理维度角度来看，物流系统是一个“人机系统”、大跨度系统、可分系统、动态系统、复杂系统、多目标函数系统。

物流系统区别一般系统的特点为：物流系统的特定功能是以物资为工作对象，以完成物资物质实体流动为目的。同时，将物流诸环节联系起来，视为一个物流大系统，能够进行整体设计、规划和管理，以最佳的方式、最好的配合，充分发挥其系统功能的效率，实现物流系统的最优化，以最少的费用提供最好的物流服务。具体体现在以下几个方面。

（1）服务性

物流系统连接着生产与再生产、生产与消费，因此，它具有很强的服务性。具体体现在以最低费用按交货期将所订货物适时而准确地交给用户。

（2）快捷性

快捷性是社会化大生产对物流系统的服务性提出的具体要求。即要保证订货、出货、配送等的合理顺畅，以实现按客户指定的地点和时间及时交货。

（3）节约性

节约性是指要经过整合资源，提高运输、保管、搬运、包装、流通加工等作业效率，提高资源利用率，达到节约时间和成本的最终目的。

（4）库存控制

库存控制是降低物流系统运营成本的客观要求，主要经过采用正确的库存方式、调节库存结构、适当配置物流据点和提高配送效率等方式，维持适当的库存量。

（5）规模适当化

以分散或集中等不同方式建立集约物流系统，从而获得规模效益，达到降低物流系统的运营成本的目的。

理想的物流系统是能够满足上述所有目标，但实际上要同时满足所有目标是不现实的，因为物流系统的功能要素之间存在着“效益背反”现象，即某一功能要素的优化和利益发生的同时，必然会存在另一个或几个功能要素的利益损失。例如，要保证快捷性，势必要保证充分的库存量和库存据点，从而增加库存费用；将铁路运输改为航空运输，虽然运费增加了，却提高了运输速度，减少各物流据点库存的同时，减少了储存费用。物流成本与物流服务之间也存在“效益背反”问题。因此，需要研究物流系统的总体效益，协调处理好各要素目标的关系，以实现物流系统总体目标的最优化。

4. 物流系统的结构

（1）物流系统的流动结构

物流系统是一个完整的“流”，它具有以下七个流动要素：流体、载体、流向、流量、流程、流速和流效。

（2）物流系统的功能结构

物流系统的功能要素包括：运输、储存（含仓储管理和库存控制）、包装、装卸搬运、流通加工、配送、物流信息处理、物流增值服务等。

（3）物流系统的网络结构

物流网络是由执行运动使命的各种运输方式（铁路、公路、水路、航空等）和执行停顿动作的节点两个基本元素所组成。各种运输方式与节点之间相互联系、相互配置，由于它们的结构、组成、联系方式不同，形成了不同的物流网络。

1.2.2 现代物流系统目标

1. 物流系统的目标

从一定意义上说，物流系统可以被看作为实现某物流目标体系而设计的一种机制，这个目标体系应当从宏观和微观两个层面分析。

（1）宏观目标

总的来说，就是要形成完善的物流体系，使其有利于社会经济的发展，满足人民的生活需求，主要包括以下目标（表 1-1）。

表 1-1 宏观目标一览表

宏观目标	描 述
物流基础设施布局合理，功能完善	进行合理的基础设施布局规划，以完善的基础设施功能和较高的信息水平保障现代物流的发展，形成一个协调有序、快速便捷的物流系统
体制、制度健全，政策法规完善	完善物流相关法律法规、统一物流术语及行业作业标准、统一仓储、货运规则等
高效快捷，降低社会物流成本	减少不必要环节，突破物流瓶颈，提高作业效率，降低成本
加强不同物流的协作，提高物流的便利性	搭建信息平台，构建基于供应链的协调机制，实施各种联合运输、集装化运输、实施联合库存管理等
减少物流对生态环境的影响	绿色物流

课程环节：绿水青山也是物流的金山银山——绿色物流的真正含义

(2) 微观目标

总的来说，就是要通过实施规模化物流、标准化物流等现代物流技术及管理手段，降低物流成本，提升物流服务质量，具体见下表（表1-2）。

表1-2　微观目标一览表

微观目标	描　述
服务目标（Service）	无缺货、损货、丢失，且费用便宜
快速、及时目标（Speed）	按指定地点、按时送到
降低成本目标（Space Saving）	有效地利用面积和空间
规模化目标（Scale Optimization）	设施规模、机械化、自动化、信息化
库存调节目标（Stock Control）	确定库存方式、库存数量、库存结构、库存分布等

需要说明的是，上述目标之间不是彼此割裂的关系。在认识和运营物流系统时，要充分考虑宏观层面目标和微观层面目标之间的相互对应相互影响关系，这也是系统论的关键所在。

2. 物流系统中的目标冲突

物流系统是一个复杂的社会经济系统，它的总目标是实现其整体经济效益极大化。但物流系统各要素都有各自的目标，这些目标各不相同，往往自相矛盾，存在非常激烈的“悖反”现象作用。这种现象通常称为“二律背反”或者“效益悖反”现象，具体表现在以下几个方面。

(1) 物流服务水平与物流成本之间的关系

①在物流服务水平不变的前提下考虑降低成本。不改变物流服务水平，通过改变物流系统来降低物流成本，这是一种尽量降低成本来维持一定服务水平的办法，亦即追求效益的办法。

②为提高物流服务水平，不惜增加物流成本。这是许多企业提高物流服务水平的做法，是企业在特定顾客或其特定商品面临竞争时，所采取的具有战略意义的做法。

③积极的物流成本对策，即在成本不变的前提下提高服务水平。在给定成本的条件下提高服务质量。这是一种追求效益的办法，也是一种有效地利用物流成本性能的办法。

④用较低的物流成本，实现较高的物流服务水平。这是增加销售、增加效益，具有战略意义的办法。

(2) 物流系统要素之间存在目标冲突

通过大量案例分析可知，当物流系统中各功能要素独立存在时，各自的目标明显存在相互冲突的地方。比如，从储存的角度来看，为了达到降低库存水平的目的，企业可能会降低每次收货的数量，增加收货次数，缩短收货周期；或者是宁可紧急订货，也不愿提前大批量订货，但这样就无法达到运输的经济规模，导致运输成本增加。此外，在包装与运输这两个要素之间也存在着目标冲突。物流包装的目的是保护商品在物流过程中避免损坏，同时要降低包装成本。

(3) 物流系统要素内部的目标冲突

从系统的角度看，物流系统的功能要素都是物流系统的子系统，如果将物流系统内部功能要素之间的目标冲突应用于任何一个功能要素的话，物流系统要素内部也存在着类似的目标冲突。以运输功能为例，各种运输方式都存在各自的优劣势。比如，采用铁路运输成本比较低，但不够灵活；采用公路运输灵活性强，可提供“门到门”的服务，但长距离运输运费相对昂贵，且易污染和发生事故；采用航空运输速度快，不受地形的限制，但成本昂贵。

(4) 物流系统与外部系统之间存在冲突

物流系统本身也是一个更大系统中的一个子系统，物流系统要与外部系统发生联系，而构成物流系统环境的就是这些与物流系统处在同一层次的子系统。与物流系统一样，环境中其他系统都有着特定的目标，这些目标之间的冲突也是普遍存在的，物流系统以这种方式同环境中的其他系统发生联系。

1.2.3 企业物流系统要素

关于物流系统构成要素，历来众说纷纭，从基于人、财、物传统设计和构建系统的角度，往往将物流系统分为：一般要素、物质基础要素、功能要素和支撑要素四大类，具体见图 1-3 所示。

- 现代物流系统的构成要素
  - 物流系统的一般要素
    - 劳动者要素
    - 资金要素
    - 物的要素
    - 任务目标
  - 物流系统的物质基础要素
    - 物流设施
    - 物流装备
    - 物流工具
    - 信息技术及设施
  - 物流系统的功能要素
    - 运输
    - 仓储
    - 包装
    - 装卸搬运
    - 流通加工
    - 配送物流信息处理
  - 物流系统的支撑要素
    - 体制、制度
    - 法律、规章
    - 行政、命令
    - 标准化系统

图 1-3 现代物流系统内部要素分类

随着外部环境的不断变化，系统管理的难度日益增大，仅靠设计固化的人、财、物等传统因素，已经不能满足当今系统设计和管理的需要，因此，根据环境管理理论、系统动态控制理论等进行物流系统构成要素分析更为合理。物流系统虽然形式多样，但根据系统基础建构和外部环境之间的关系，任何物流系统的主要结构都可归结为内部、环境和边界三大部分。每一部分都是由一定的要素，以一定的联系组合而成。因此，物流系统的组成要素也可相应地分为内部、边界和环境三类。物流系统的组成结构如图 1-4 所示。

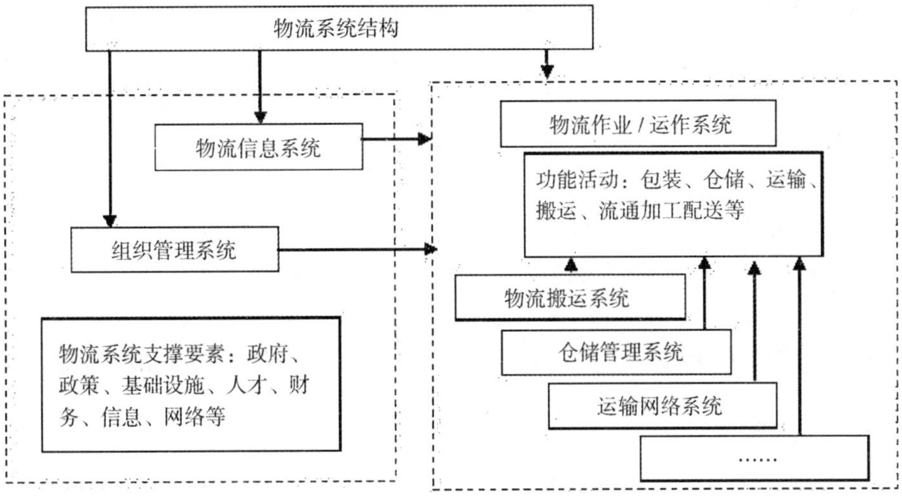

图 1-4　现代物流系统构成要素及关系

（1）内部要素

内部要素及其相互联系是与系统的目的和功能直接相关的，是对系统的内部描述，主要是对系统的边界要素进行运用、处理和转换，进一步可以分为物流作业活动相关的功能要素和物流管理活动相关的控制要素。物流系统的功能要素是指物流系统所具有的基本能力，这些基本能力有效地组合、联结在一起，组成物流作业系统，实现物流系统的运输、保管、搬运、包装、流通加工等功能。物流系统的控制要素相互作用构成物流管理系统，在保证订货、进货、库存、出货、配送等信息通畅的基础上，提高物流作业系统的效率。

（2）边界要素

边界要素和环境要素及其与系统的联系是对系统的外部描述。边界要素是系统内部要素与环境要素之间相互联系的接口，主要包括输入要素和输出要素，具体有人、财、物、设备、产品、信息、服务等。

① 人是物流主要因素，是物流系统的主体。

② 财是物流活动中不可缺少的固定和流动资金及其有效利用。

③ 物是物流中原材料、成品、半成品、能源、生活用品等物质条件。

④ 设备包括围绕物流活动的建筑、机电设备、运输设备、搬运装卸设备等。

⑤ 信息包括人工或计算机处理的各种物流的统计资料、数据、报表、账目等。

（3）环境要素

环境要素及其相互联系是与系统目的和功能间接相关的要素，是系统生存和发展的外部条件。物流系统的环境要素复杂多变，包括制度、法律、政策、市场、资源、自然条件等。

1.2.4 物流系统分类

从不同的角度来看，物流系统有不同的分类。

1. 按规模划分

按规模划分能够分为社会物流系统（宏观物流系统）和企业物流系统（微观物流系统）。社会物流系统由一个国家或地区内的整个物流环节所构成，将会对国家经济的效益产生影响，如上海地区、深圳地区社会物流系统。企业物流系统则直接影响企业经济效益，如海尔物流系统。

2. 按地域划分

按地域划分可分为国内物流和国际物流。在一个国家内的物流系统就是国内物流系统，国际物流则是不同国家之间的物流，其范围要比国内物流广泛。

3. 按系统结构划分

按系统结构划分可分为单一型、串联型、并联型、混联型以及网络型系统。如图 1-5 所示。

（1）单一型：输入物资，转化后输出物资即为单一型物流系统。

（2）串联型：几个分物流系统串接连续组合而成的系统，如流水作业线中的物流系统。

（3）并联型：几个分系统的共同输出作为整个系统的整体输出，如各车间生产的零件和外构件等分别运至装配车间。

（4）混联型：如单一型、并联、串联出现在同一个系统的物流系统。

（5）网络型：构成网络结构的复杂物流系统，如复杂的运输系统。

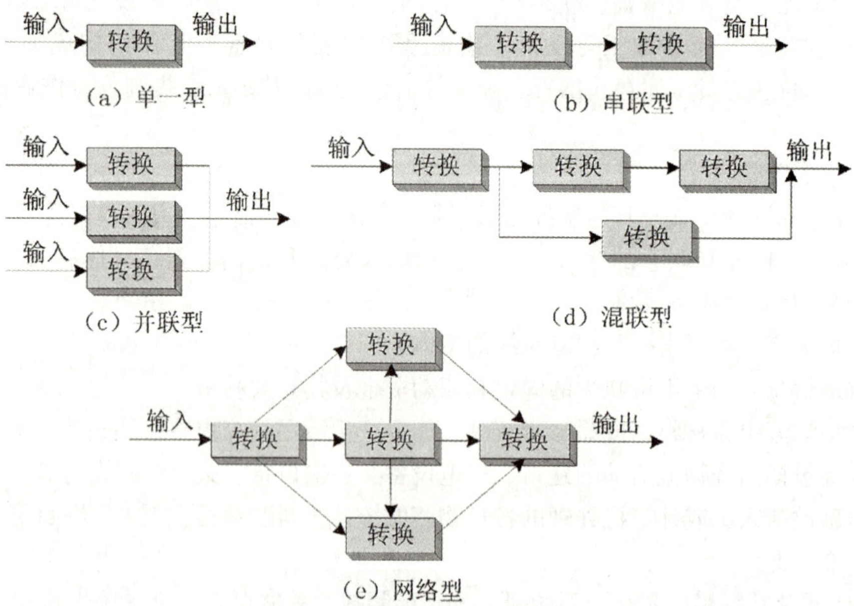

图 1-5 物流系统五种结构形式

4. 按系统功能划分

物流系统的整体功能就是实现物质的时间和空间效用。这一目的的实现依赖于运输、保管、包装、搬运、流通加工、配送等物流活动。因此，从系统功能的角度出发，物流系统能够分为运输子系统、包装子系统、搬运子系统、流通加工子系统等。

任务三　供应链系统

1.3.1　供应链管理的形成

21 世纪，由于科学技术的不断进步和社会经济的不断发展、全球化信息网络及技术变革的加速，围绕新产品的市场竞争也日趋激烈；产品寿命周期不断缩短，企业面临着缩短交货期、提高产品质量、降低成本和改进服务的压力。这些都给当代企业经营带来了巨大机遇与挑战。

1. 当代企业面临竞争和经营环境的主要特征

（1）以 5G 为代表的 ICT（信息与通信）技术高速发展与应用。

（2）大数据高度共享与区域协同。

（3）AI 等新技术的应用范围逐渐扩大。

（4）市场和劳务竞争全球化和区域经济合作不断加深。

（5）产品研制开发的难度越来越大。

（6）可持续发展成为所有产业发展的基本要求。

（7）全球性技术支持和售后服务。

（8）用户的要求越来越苛刻。

2. 当代企业经营面临的挑战

（1）产品生命周期越来越短

随着消费者需求的多样化发展，企业的产品开发能力也在不断提高。新产品的研制周期大大缩短。与此相应的是产品的生命周期缩短，革新换代速度加快，给企业造成了巨大的压力，需要企业投入大量的资源。

（2）产品品种数量飞速膨胀

随着消费者的需求多样化越来越突出，厂家为了更好地满足其要求，便不断推出新的品种，从而引起了一轮又一轮的产品开发竞争，结果产品的品种数量成倍增长。如果每一种产品都生产一批以备用户选择的话，那么制造商和销售商都要背上沉重的库存负担，严重影响了企业的资金周转速度，进而影响企业的竞争力。

（3）对订单响应速度越来越快

随着市场竞争的加剧，每个企业都感到用户对时间的要求越来越高，这个时间主要是指交货期。用户不但要求厂家要按期交货，而且要求的交货期越来越短。企业不仅要有很强的产品开发能力，而且要尽可能地缩短产品的上市时间。

（4）对产品和服务的期望越来越高

用户对产品质量、服务质量的要求越来越高，这些要求导致产品生产方式革命性的变化。传统的标准化生产方式是“一对多”的关系，现在的企业必须具有根据每一个顾客的特别要求定制产品或服务的能力，即所谓的“一对一”的定制化服务。

总之，20 世纪 90 年代以来，顾客（Customer）消费水平不断提高，企业之间竞争

(Competition) 加剧，加上经济、社会环境的巨大变化 (Change)，使得需求的不确定性大大加强。为了摆脱困境，企业采取了许多先进的制造技术和管理方法，但并没有实质性改观。究其原因，问题不在于具体的制造技术与管理方法本身，而在于传统的生产与管理经营模式。

3. 企业传统经营管理模式存在的问题

(1) 企业生产和经营系统的设计没有考虑供应链的影响。

(2) 供、产、销系统没有形成“链”，存在着部门主义障碍。

(3) 信息系统落后。

(4) 库存管理系统满足不了供应链管理的要求。

(5) 没有建立有效的市场响应、用户服务、供应链管理方面的评价标准与激励机制。

(6) 系统协调性差。

(7) 没有建立对不确定性变化的跟踪与管理系统。

(8) 与供应商和经销商都缺乏合作的战略伙伴关系。

以上这些问题的存在使企业很难一下子从传统的“纵向一体化”管理模式转到“横向一体化”上。但是，随着企业业务越来越趋于国际化，从 20 世纪 80 年代中后期开始，在企业管理中形成了一种“横向一体化”的管理热潮。许多企业将原有的非核心业务外包出去，自己集中资源发展核心能力，通过和业务结成战略联盟占据竞争中的主动地位。企业越来越清楚地认识到竞争优势的关键在于战略伙伴关系的建立，“横向一体化”形成了一条从供应商到制造商再到分销商的贯穿所有企业的“链”——供应链 (Supply Chain)，链上的节点企业必须达到同步、协调运行，才有可能使链上的所有企业都能受益——产生了供应链管理 (Supply Chain Management，SCM)。

1.3.2 供应链管理的概念

1. 供应链的概念

供应链概念的形成，有一个阶段，概括起来，主要包括以下三个阶段。

1989—1999 年：早期的观点认为供应链是制造企业中的一个内部过程，它是指把从企业外部采购的原材料和零部件，通过生产转换和销售等活动，再传递到零售商和用户的一个过程。

2000—2010 年：供应链的概念注意了与其他企业的联系，注意了供应链的外部环境，认为它应是一个“通过链中不同企业的制造、组装、分销、零售等过程将原材料转换成产品，再到最终用户的转换过程”。

2010 年以后：到了最近，供应链的概念更加注重围绕核心企业的网链关系。例如，核心企业与一切向前的关系及一切向后的关系，此时强调供应链的战略伙伴关系。

对于供应链的定义，不同时期和不同行业对此有不同侧重的表述。

中华人民共和国国家标准《物流术语》对供应链的定义：“供应链 (Supply Chain) 是生产和流通过程中，涉及将产品或服务提供给最终用户活动的上游与下游企业所形成的网链结构。”

美国供应链管理学会的供应链定义：“Life cycle processes supporting physical, information, financial, and knowledge flows for moving products and services from suppliers to end-users."

本书综合各类供应链概念的定义认为：供应链是围绕核心企业，通过对信息流、物流、资金流的控制，从采购原材料开始，制成中间产品以及最终产品，最后由销售网络把产品送到消费者手中的功能网链结构模式。它是一个范围更广的企业结构模式，它包含所有加盟的节点企业，不仅是一条连接供应商到用户的物料链、信息链、资金链，而且是一条增值链，物料在供应链上因加工、包装、运输等过程而增加其价值，给相关企业都带来收益。

2. 供应链特征

供应链是一种网链结构，由围绕核心企业的供应商、供应商的供应商和用户、用户的用户组成。一个企业是一个节点，节点企业之间是一种需求和供应关系。供应链具有以下特征（表 1-3）。

表 1-3　供应链特征一览表

供应链特征	描　述
复杂性	供应链结构模式比一般单个企业的结构模式更为复杂，是复杂系统，需要用复杂系统理论解决问题
动态性	因企业战略和适应市场需求变化的需要，其中的节点企业需要动态地更新。不能静态地分析和考虑问题，需要有过程性观点
面向需求	供应链的形成、存在、重构，都是基于一定的市场需求而发生。供应链的最终目的是一个个的单个用户，需求有随机性
交叉性	节点企业可以是这个供应链的成员，同时又是另一个供应链的成员，众多的供应链形成交叉结构 。要考虑异构性

3. 供应链管理的概念

中华人民共和国国家标准《物流术语（GB/T 18354-2021）》中将供应链管理的定义描述为：利用计算机网络技术全面规划供应链中的商流、物流、信息流、资金流等，并进行计划、组织、协调与控制等。

全球供应链论坛（WSCS）将供应链管理定义为：为消费者带来有价值的产品、服务以及信息的，从源头供应商到最终消费者的集成业务流程管理。

无论是哪种定义，都要关注供应链管理的基本内涵、本书结合各种供应链管理定义，将供应链管理内涵总结如下（表 1-4）。

表 1-4　供应链管理内涵表

供应链管理的基本内涵	具体表述
以顾客满意度为目标的服务化管理	对下游企业来讲，供应链上游企业的功能不是简单地提供物料，而是要用最低的成本提供最好的服务
物流、信息流、资金流等的集成管理	强调这几个流必须集成起来，只有跨企业流程实现集成化，才能实现供应链企业协调运作的目标
借助信息技术实现的管理	这是信息流管理的先决条件
更加关注物流企业参与的管理	物流的作用特别重要，因为缩短物流周期比缩短制造周期更关键

也就是说，无论何种供应链管理的定义，一定将管理的重点放在以下三个方面。

(1) 强调核心竞争力，体现“横向一体化”：也就是清楚地辨别本企业的核心业务并狠抓核心资源。

(2) 外包（Outsourcing）：非核心业务外包给业务伙伴并与业务伙伴结成战略联盟关系。

(3) 合作性竞争：从竞争对手到结盟伙伴，共同开发新技术，成果共享，同时将过去由本企业生产的非核心零部件外包给供应商，双方合作共同参与竞争。

1.3.3 供应链的结构模型

从供应链结构模型的发展来看，经历了从简单模型到复杂模型、从单阶段模型到多阶段模型、从单产品模型到多产品模型、从确定型模型到随机型模型的发展过程。具体来说，供应链结构模型包括以下种类。

1. 链状模型

链状模型是一种最简单的静态模型，表明供应链的基本组成和轮廓概貌。产品从自然界到客户经历了供应商、制造商、分销商和零售商几级传递，并在传递过程中完成产品加工（流通加工）、产品装配形成等转换过程，被客户消费掉的最终产品仍回到自然界，如图 1-6 所示。

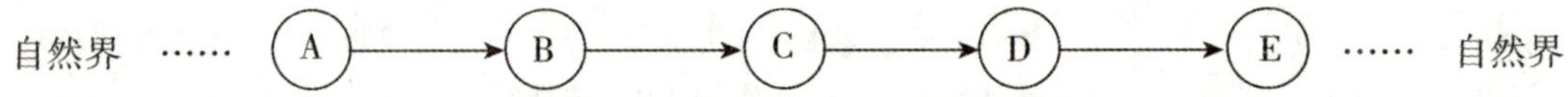

图 1-6 链状供应链模型示意图

2. 供应链的网状模型

一个厂家会与多个厂家相互联系，在网状模型中，$C_1 \sim C_K$ 的供应商可能不止一家，而是有 B_1、B_2、…Bn 等家，同样 $C_1 \sim C_K$ 的一级分销商也可能有 D_1、D_2、…Dn 等家。同理，向前和向后延伸就形成了一个网状模型。如图 1-7 所示。

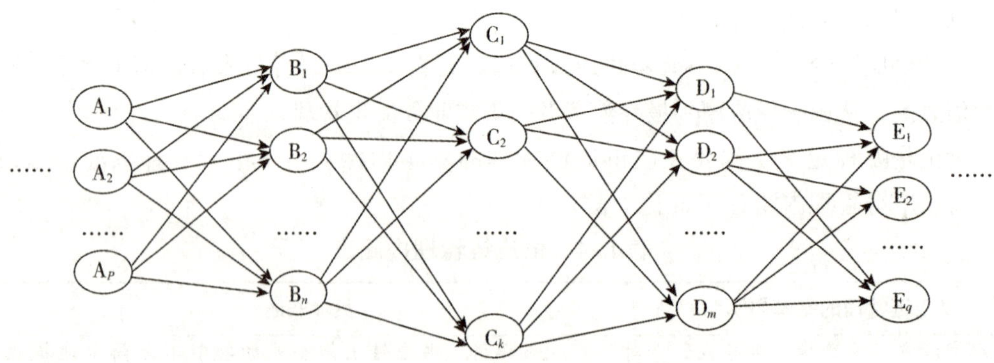

图 1-7 网状供应链模型示意图

需要说明的是，网状模型更能说明现实世界中产品的复杂供应关系。从广义上看，网状结构模型理论上可以涵盖世界上所有的企业组织，而每一个企业组织都可看成其上面的一个节点，并认为这些节点存在供需联系。从狭义上看，通常一个企业仅与有限个企业发生联系，但这并不影响对供应链模型的理论假设。网状结构模型对企业供应关系的描述性很强很直观，适合于对供应关系的宏观把握。

网状模型中物流有向流动，从一个节点流向另一个节点，从某些节点流入，又从某些节点流出。将物流流入的节点称为入点（矿山、油井），流出的节点称为出点（消费者、客户）。图 1-7 中绝大部分节点既是出点，又是入点，有些厂家规模非常大，内部结构非常复杂，与其他节点相联系的只是其中一个部门，而且在企业内部也存在着供应关系，用一个节点来表示这些复杂关系显然不行，这就是将这个厂家的节点分解成很多相互联系的小节点，这些小节点就构成一个子网，也称为企业内部供应链。

1.3.4　供应链管理的发展

在百年未有之大变局的 21 世纪 20 年代，随着大数据、人工智能、物联网、区块链等技术的不断应用，供应链及其管理的发展也出现了新趋势，概括来说，主要包括以下几个方面。

1. 供应链数字化

以低端制造业参与全球分工的模式难以为继，提升产业链现代化水平需要参与附加值较高的创新环节，基于互联网架构，云端架构，支持全业务数据流通，实现商品、库存、物流、支付全渠道打通，以会员、商品、订单为线索，追踪供应链各个环节，实现供应链可视化管理。此过程中所沉淀下来的数据，又能够帮助企业商业做好预测和决策。

2. 供应链敏捷化

以供应链为基本单位的竞争的出现，要求企业要适应环境，以变应变，必须提高制造系统对外部环境变化的应变能力，如工业 4.0，供应链最大的竞争点就是速度，其核心又是自动化设备，供应链必须适应外部的快速变化。

3. 供应链柔性化

顾客消费水平和需求的多样性日益增多，这些都对企业提出了定制化和个性化的要求，使产品寿命周期缩短、产品迭代升级加快和品质持续提升、成本不断降低、服务不断优化。客户的个性化需求越来越多，时间的要求也经常变化，供应链管理在柔性化方面需要关注三个问题：能否快速响应、组织架构是否支持、物流体系是否灵活。

4. 供应链的绿色化

整个供应链运行过程中要减少能耗，减少产品损失和浪费。比如，以前在供应链管理过程中不太强调包装箱的回收、产品的回收，现在非常强调这一点。如果上游企业有这个理念，而自己没有，就无法形成一种稳定的可持续发展的供应链。

5. 供应链全球化

全球范围内的供应链计划、执行和深入正在稳步推进，随着国际分工不断深化和跨国公司在全球范围内配置资源，全球供应链体系不断扩展和创造价值，全球供应链能否在全球的竞争中处于优势地位，已经成为衡量一国全球经济竞争力的一个重要指标。

6. 供应链集成化

现在有很多客户都把自动化设备和供应链联结在一起，把传送带等自动化设备和供应链系统很好地集成。因此，将来整个供应链必须是一个集成的供应链，从计划层面到执行层面，设备都要集成在一起。

7. 供应链社交化

以前供应链可以提高一些传统的交互方式，现在智能设备和移动终端比较普及，因此，需要整个供应链的协同更加有效，将与供应链有关的信息都可以体现出来，如报警体系、任务、工作流的控制、报表等。

8. 供应链智慧化

智慧供应链是将技术和管理进行综合集成，从而系统地知道现代供应链管理与运营的实践。在企业和企业之间，实现供应链信息化、数字化、网络化、集成化、智能化、柔性化、敏捷化、可视化、自动化、智能化等先进技术特征。

9. 供应链生态化

现在的竞争不仅是企业和企业之间的竞争，而且是企业生态圈之间的竞争，供应链容易受到经济环境、政治环境的影响，只有企业之间战略协作才能建立和维护好合作关系，要掌握沟通、信任、适当、承诺、依赖、合作、信息共享等原则和策略。在供应商选择、合作程度、参与度、不确定性、临近性等方面要进行长期规划和充分论证，并适时调整策略以满足供应链生态圈的战略发展需要。未来很大程度上依赖于对供应链生态圈上下游活动的管理能力，关键供应商将成为企业中一个战略性角色，并构建新型合作关系，从而获得关键性竞争优势。

10. 供应链协同化

过去企业内纵向一体化整合逐步转向横向生态圈资源整合与跨界合作。企业应从市场研究、产品开发、原材料、零部件、制造、物流、仓储、销售和服务进行全面规划，与上下游企业协同作战，才能有效提高供应链效率，降低风险。协同是构建核心竞争力的关键因素，引领经济高质量发展的重要驱动。

项目总结

现代物流是物流系统管理的基本载体，只有清晰地分析出现代物流系统的基本内容，才能进一步进行系统规划与设计。同时，要考虑基于供应链大环境下设计与分析，参考供应链结构模型进行具体分析。

项目思考

1. 我国物流发展分为哪几个阶段？
2. 现代物流系统的目标与构成要素有哪些？
3. 供应链结构模型有哪些？

项目二

厘清思路——现代物流系统规划设计总论

【学习目标】

专业知识目标

- 了解现代规划的意义
- 理解现代物流规划的概念及内涵
- 掌握现代物流规划设计分类
- 应用现代物流规划设计步骤

职业能力目标

- 能分析现代物流系统规划设计的分类及组成
- 能规划设计不同场景下的物流系统架构
- 能使用不同规划设计的方法

素养目标

- 通过引导案例提炼培养创新创业精神
- 在规划及设计方法的学习中提升系统的人文逻辑
- 培养精益求精、严谨认真的职业素养
- 提升团队协同学习的角色构建与认同，培养团队意识

【重点难点】

学习重点

- 物流系统规划设计目标与内容
- 物流系统规划设计原则与分类

学习难点

- 物流系统规划设计的系统分析方法
- 物流系统规划设计的步骤

【引导/课程案例】

从心怡到菜鸟——ALOG心怡的进阶之路

2020年8月11日，心怡科技正式并入菜鸟网络，这家成立于2004年的5万人规模物流科技企业，正式成为阿里物流体系的中流砥柱。并购背后，是中国物流科技演进版图，也是中国物流行业从传统行业向科技智能转型，拥抱AI的历程。

2000年，邢玮开始了创业之路，心怡初期在客户获取上十分艰难，但是心怡并未走当时拼价格的竞争老路，“心怡科技的核心优势不在于廉价，而且廉价也不应该成为任何企业的核心竞争力”。

于是心怡科技尝试了送货入户的服务。比如几箱蛋白粉这种大件，当时的快递公司送不动，传统物流又不愿意送“最后一公里”。大家都不愿意干的活，心怡科技干了——在收到客户良好的反馈后，“极致的物流服务”成为心怡科技的生存之道。

接下来，心怡科技开始接触麦考林、凡客等电商企业，电商物流对技术有着更精准、更高效的要求。心怡科技就照着客户的要求去改进，甚至往往比客户想要的更进一步。在10年时间里，高技术成了心怡科技的金字招牌。例如，在心怡科技的自动化立体仓库内，心怡科技的托盘式自动化输送线和堆垛机，可以实现自动式入库出库，作业过程中全程实现无人化；心怡科技的自动化分拣机，可以实现包裹的快速分拣，其主线最大线速度1.8米/秒，分拣最大机械效率7300箱/小时，13个道口可节省70%人力成本。

再后来，心怡科技还联合人工智能企业旷视科技在杭州创建“机器人实验室Robotics A”，研发供应链管理和大数据系统，用人工智能系统让供应链更加智慧。

2014年，心怡科技获得来自阿里巴巴集团A轮融资，阿里巴巴集团成为公司的第二大股东。2014年雅安地震后，灾区物资奇缺，面对险恶的路况，心怡科技动用各方资源，逢山开路遇水架桥，用了一天一夜，硬是把中国妇女发展基金会捐赠的物资送到了灾民们的手上，心怡科技也成为最早抵达灾区的物流企业。

心怡科技携手天猫，必将走向更加辉煌的明天。心怡科技用了20年的时间，预见、参与了整个中国电商物流行业的变革。

（资料来源：陆琳，吴向峰等．互联网时代电商物流独角兽——ALOG携手天猫．中国管理案例共享中心．）

案例思考

1. 从一家普通的送货企业，到电商物流领头羊，你从心怡科技的发展中得到什么启示？
2. 推进中国电商发展的核心动力是什么？
3. 现代物流系统的内涵有哪些？
4. 中国现代物流有哪些成就和标志性技术？

任务一　现代物流系统规划与设计概述

2.1.1　系统规划与设计的概念及意义

1. 物流系统规划与设计的概念

物流系统规划与设计是对拟建的物流系统做出长远的、总体的发展计划与蓝图。它是以国家、地区的经济和社会发展的规划为指导或者以企业的发展战略为指导，以物流系统内部的自然资源、社会资源和现有的技术经济构成为依据，考虑物流系统的发展潜力和优势，在掌握运输、仓储等基本要素的基础上，研究确定物流系统的发展方向、规模和结构，经济、合理、有效地配置各种资源，统筹安排运输、仓储等物流设施，使物流系统可持续发展，获得最佳经济效益、社会效益和生态效益，为物流运作创造最有利的环境。

2. 物流系统规划的意义

物流系统规划是指确定物流系统发展目标和设计达到目标的策略与行动的过程。物流系统是一个涉及领域非常广泛的综合系统，它涉及交通运输、货运代理仓储管理、流通加工、配送、信息服务、营销策划等领域。物流系统又是一个开放的复杂系统，影响其发展的内外部因素多且变化大，其依托的外部环境的变化也有很大的不确定性。因此，不论是改进现在的物流系统还是开发新物流系统，进行物流系统规划都显得尤为重要。

3. 物流系统规划与物流系统设计的区别和联系

从系统规划和设计来看，物流系统规划着眼于物流系统建设的全面长远发展，更具全局观点，是对拟建物流系统的可行性论证的依据。而物流系统设计，强调对物流系统制订详细的方案，是在可行性论证之后，对系统的建设给出具体的运作和施工设计。因而，物流系统规划强调宏观的指导性方案，物流系统设计强调微观的可操作性计划。

与此同时，两者均属于物流系统设计过程的较高阶段，所采用的理论方法和依据基本相似。两者均从系统分析的角度出发，运用物流学的基本原理，以定性与定量相结合的方式，对物流系统进行研究剖析。因此，物流系统规划和设计密不可分，在实际操作中也往往将两者合二为一。

2.1.2　现代物流系统规划与设计的目标

系统的思想是物流系统规划与设计的重要思想体系。系统方法论对于物流系统规划与设计工作具有指导意义。在实际工作中，面对影响物流系统规划与设计的复杂的因素，必须有意识地应用系统的方法论。

物流系统规划与设计是在一定系统范围内对整个物流系统建设与运行进行总体的战略部署。它以国家、地区的经济和社会发展的规划为指导或以企业的发展战略为指导，以物流系统内部的自然资源、社会资源和现有的技术经济构成为依据，考虑物流系统的发展潜力和优势，在掌握运输、仓储等基本要素的基础上，研究确定物流系统发展方向、规模和结构，经济、合理、有效地配置资源，统筹安排运输、仓储等物流设施，使物流系统可持续发展从而获得最佳经济效益、社会效益与生态效益，为物流运作创造最有利的环境。

由于物流系统的规划与设计的政策性与综合性强，因此，要善于从宏观着眼，从微观入手，运用系统方法论解决问题的方法与步骤进行综合分析与认证，全面规划，统一布局，协调各方面的矛盾，使规划方案在经济上合理，在技术上先进与适用，在建设实施中现实与可行。

2.1.3 现代物流系统规划与设计的作用

1. 现代物流系统构成复杂，需要系统规划与设计统筹考虑

物流涉及生产领域、流通领域及消费领域，涵盖了几乎全部产品在社会上与企业中的运动过程，是一个非常庞大且复杂的领域。如果每个领域都从局部利益考虑，再加上局部资源的有限性，会破坏物流大系统的协调和系统整体性。例如，物流基础设施建设、物流信息标准化建设中，由于枢纽节点规划的不一致，信息标准的不统一，就会给互联互通、多式联运增加困难。

2. 物流系统本身存在“背反”现象，需要通过规划协调实现系统目标

物流运作往往要经历很长的过程，这个过程通常由诸多环节组成，物流系统的一个重要特性就是这些环节之间往往存在“效益背反”现象，如果没有共同的规划可以制约，各个环节各自独立地去发展，就可能使“背反”现象强化（图 2-1）。

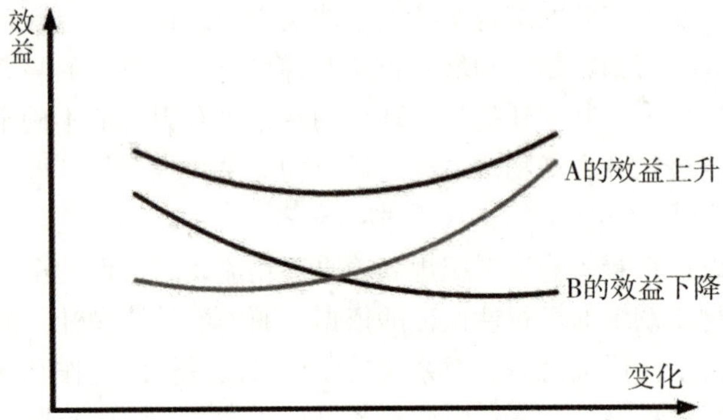

图 2-1 物流效益背反示意图

3. 物流领域容易出现严重的低水平重复建设现象，需要有规划的制约

物流领域进入的门槛比较低，而发展的门槛比较高，同时，物流领域的建设投资巨大，尤其是基础建设的投资规模巨大，需要有规划的引导。如果缺乏有规划的引导和制约，任其发展，必然会导致资源配置的低水平，达不到现代物流的低成本、高效率的目标。

4. 实现我国物流跨越式的发展，物流建设投资更需要有规划的指导

我国物流系统建设刚刚起步，与发达国家有几十年的差距，要迅速追赶，需要跨越发达国家几十年时间的发展。就我国目前的技术水平和管理水平而言，实现这一跨越是完全有可能的。但是，如果缺乏规划的引导和制约，一哄而上，就会出现重复建设、投资脱离实际需要、热衷于新项目建设等现象，从而浪费了宝贵的资源与时间以及良好的发展机遇。

因此，实际工作中，必须制定一个全面、系统、科学的规划，来促进物流系统的高质量、快速发展。

2.1.4 物流系统规划设计涉及的内容

物流系统规划与设计涉及三个层次的内容，即战略层、战术层与运作层。各层次规划的任务有：一是战略层，主要是客户的服务水平确定、物流系统的发展方向、规模与网络

结构设计、各级节点（供应商、制造商、零售商等）的选址决策、运输式选择等。二是战术层，主要是整个系统以及每个节点的设施规划，多级库存管理（库存水平、库存分布、控制方法）。三是运作层，主要是具体的运作管理，如运输路线选择、车辆调度、货物拼装、仓库管理、物料搬运等。

战略层规划是长期性的，一般时间的跨度是一年以上。它需要考虑内外环境的、趋势性的信息，经常是平均的、概括性的数据，最终的规划结果一般只要求得到一个在合理范围内接近最优的框架性方案。而运作层则要使用非常准确的、详细的数据，能根据大量数据计算得出合理的作业调度计划。

因此，物流系统规划设计主要以这四个方面内容为基础，即客户服务水平确定、网络节点选址决策、库存规划和运输规划。

1. 客户服务水平确定

客户服务水平的确定是物流系统规划的核心，它比其他因素对系统设计的影响都要大。如果客户服务水平设置得较低，那么可能要在较少的存储节点中集中存货，利用较廉价的运输方式；如果客户服务水平要求较高，则需要更快速的运输和足够的库存保障。随着服务水平接近上限，要想继续提高它往往需要花费更多的代价。因此，物流系统规划设计的首要任务是权衡利益，确定适当的客户服务水平。客户服务水平可以包括产品的可得性、产品的交货周期、送货速度、订单履约的速度和准确性等。

2. 网络节点选址决策

物流节点分布包括确定节点的数量、类型、地理位置、规模，并分配各节点所服务的市场范围。物流节点、供应点与需求点的地理分布构成物流系统网络的基本框架，决定了产品到市场之间的线路。好的选址方案应考虑所有的货物移动过程及相关成本，包括从工厂、供应商或港口经中途储存点，然后到达客户所在地的产品移动过程及成本。通过选择不同的渠道来满足客户需求，如直接由工厂供货、供货商或港口供货，或经特定的储存点供货，选用渠道不同，分拨的费用也是不同的。因此，满足客户要求、寻求成本最低或利润最高的需求分配方案是选址战略的核心。

3. 库存规划

库存规划主要是在物流系统中建立适当的库存水准和库存补充策略，确定是推动式管理方式还是拉动式管理方式，特别对于多级分销网络要确定货物存放的节点类型、地理位置与库存水平。

4. 运输规划

运输规划所涉及的问题包括运输方式选择、运输批量、运输路线选择、车辆时间安排、货物拼装，这些决策受客户需求与物流节点分布、库存水平的影响。

任务二　现代物流系统规划设计的原则与分类

2.2.1　现代物流系统规划设计的原则

一个物流系统由许多要素所组成，要素之间相互作用，物流系统与环境相互影响。这些问题涉及面广而又错综复杂，因此，进行物流系统分析与设计时，应认真考虑以下一些基本原则。

1. 系统性原则

系统性原则是指在进行物流规划时，必须对物流系统中各种要素进行系统思考和系统设计。这是因为物流系统是一个由多种物流要素构成的复杂系统，而且各要素之间存在着大量的“效益背反”现象。物流本身的系统性特点就要求在进行物流系统规划时，首先，必须对构成要素进行系统思考和系统设计。其次，物流系统是社会经济系统的子系统，两者相互联系、相互制约，因此，在进行物流规划时，必须将物流规划置于社会经济发展规划之中。另外，物流系统规划还要考虑物流系统中多主体的管理职能分工、管理权限与既得利益，以减少规划的实施障碍。

2. 可行性原则

可行性原则是指在进行物流规划时，必须使各种要素的定位、目标和措施符合既定的资源约束条件，具有可操作性。为了保证物流系统规划具有可行性，在进行物流规划时要注意以下几个问题：首先，规划要素的定位、目标和措施要与国内外可比区域的总体物流发展水平相适应；其次，规划要素的定位、目标与措施还要考虑到区域内一些弱势地区或部门的“落后性”和“跟随能力”，不能超越弱势地区或部门实现的可能性。

3. 经济性原则

经济性原则是指在物流系统的功能和服务水平一定的前提下追求成本最低，并以此实现系统自身利益最大化。具体体现在以下几方面。

（1）规模化

通过一次性处理大量货物，提高设备设施的使用效率和劳动生产率，以达到降低物流成本的目的，如配送中心集中进货、库存集中化、将小批量运输合并为大批量运输等。此外，规模化还有利于采用先进的作业技术，实现自动化和省力化。

（2）连续与计划

通过有计划地组织物流活动，保证物流要素在系统中流动顺畅，消除无谓的停滞，保证整个过程的连续性，避免无谓的浪费，达到物流合理化的目的。

（3）短距离化

通过物品分离减少物流中间环节，以最短的线路完成商品的空间转移。

（4）共同化

通过物流业务的合作，提高单个企业的物流效率，如自有仓库加公共仓库、共同配送中心内的共同作业等。通过加强企业之间的协作，实施共同物流，是中小企业实现物流合理化的重要途径。物流共同化可以以货主企业为主体，也可以以物流企业为主体。

（5）标准化

标准化包括作业标准化、信息标准化以及工具标准化等。实现标准化是有效开展物流活动、实现物流效率化不可缺少的环节。物流涉及多个部门、多个环节，标准化是实施物流各个环节相互衔接、相互配合的基础条件，如集装箱的标准化、包装容器的标准化、托盘的标准化以及保管和装卸器具的标准化等。

4. 战略性原则

战略性原则是指在进行物流规划时，必须对物流规划中的各类要素进行长期的、战略性的思考与设计。物流规划的战略性原则主要体现在三个方面：一是在进行物流规划时，对规划要素的评价与取舍要有战略视角，即从长期发展的角度进行评价并决定取舍；二是在进行物流规划时，对规划要素要有全局意识，而且是中长期的全局意识；三是要充分考虑到各种环境因素可能发生的变化，使物流规划具有一定的柔性，以适应环境的变化，减少调整成本。

5. 社会效益原则

社会效益原则是指在规划设计时应该考虑环境污染、高质量发展、社会资源节约等因素。一个好的物流系统不仅经济上是优秀的，在社会效益方面也应是杰出的。物流的社会效益越来越受到政府和企业的重视。我国倡导的循环经济、绿色物流是其中的重要组成部分。另外，政府与法律、法规方面对物流系统的社会效益也做出了引导和规定。

为实现物流合理化目标，建立起高效率的物流系统，这些基本原则需要相互结合，统筹考虑，要做到如下几方面的要求。

（1）社会效益与经济效益相结合

在实际规划设计工作中，必须兼顾这两方面的效益，这样才能保证所规划的物流系统可持续发展。

（2）整体效益与局部效益相结合

在分析物流系统时常常会发现，物流子系统的效益与物流系统整体的效益并不总是一致的。有时从物流子系统的局部效益来看是经济的，但物流系统的整体效益是好的，这种方案是可取的。

（3）长远利益与当前利益相结合

在进行分析与设计时，既要考虑当前利益，又要考虑长远利益，如果所采用的方案，对当前和长远都有利，这样当然最为理想。但如果方案对当前不利，而对长远有利，此时要通过全面分析后再做结论，一般来说，只有兼顾当前利益和长远利益的物流系统才是好的物流系统。

（4）定量分析与定性分析相结合

物流系统分析不仅要进行定量分析，而且要进行定性分析。物流系统分析总是遵循“定性—定量—定性”这一循环往复的过程，不了解物流系统各个方面的性质，就不可能建立起探讨物流系统定量关系的数学模型，将定性与定量二者结合起来分析，才能达到优化的目标。

2.2.2　物流系统规划与设计的分类

物流系统规划与设计以一定区域或一定范围的物流系统建设布局为研究对象。由于观察与分析的对象不同，分析问题的视角不同，物流系统规划与设计的方法与内容也有所区别，因此常有不同的划分。从物流系统管理层次上看，物流系统规划可分为物流系统战略层、物流系统策略层（战术层）与物流系统运作层的规划；从规划所涉及的范围来看，物流系统规划设计又可分为宏观层面的物流系统规划与设计和微观层面的物流系统规划与设计。本节主要从宏观与微观这两个层面来分析物流系统，并以此为基础来研究探讨各类物流系统规划与设计的理论与方法。

宏观层面的物流系统规划设计是从社会再生产总体角度来认识和研究物流系统的活

动。它研究的是一定区域经济社会的物流系统的总体构成，与社会发展的关系，以及如何建立与运作等。它是区域性的物流系统规划，又称为社会物流系统或区域物流系统。微观层面的物流系统规划主要是从一个企业物流经营的角度进行系统规划与优化，即如何利用各种社会资源，对整个物流活动中的局部或者某一个环节的具体物流活动进行设计与优化。它包括一般企业的物流活动与物流企业的活动。

1. 社会物流系统规划与设计

社会物流系统规划与设计是通过对多种资源的整合，形成服务于一个城市、一个区域甚至一个国家或一个国家集团的社会基础服务体系，以提升全社会物流服务水平，降低物流成本。它通过将物流活动纳入整个社会活动加以调控。其目的在于协调社会资源配置与企业经济活动之间的关系，构建一种良好的投资环境和社会活动基础，使整个社会物流系统可持续发展。社会物流系统是国民经济活动和区域经济发展的动脉，是联系生产与消费的纽带，是社会发展和人民生活水平提高的基础条件，也是衡量一个国家或区域现代化程度的主要标志之一。

世界各国都将构筑社会物流系统作为增强综合竞争能力的基础要素和重要战略措施。西方发达国家早在几十年前，就通过加大国家基础设施建设的投入、在税收等方面给予优惠等方式，促进社会化物流系统的形成和发展。

根据我国物流系统规划的实践，从物流系统服务的地域范围来看，主要有三种类型：国家级物流系统规划、省级物流系统规划、城市或地区级物流系统规划。另外，按照行业分类不同，还有军事物流、农业物流、医药物流、食品物流、汽车物流、石化物流、烟草物流、建材物流等行业物流系统规划。

（1）国家级物流系统规划

国家级物流系统规划应当着重于以物流系统的基础设施和物流基础网络为内容的物流基础平台规划，应与国家的基础设施建设的国策相吻合。物流系统基础平台规划应包括铁路、公路和航空等主要干线的规划，不同干线的合理布局，综合物流枢纽节点的规划以及综合信息网络平台的规划。规划过程中要从现代物流系统的整体出发以便统筹协调、全面综合地规划，而不是从某个部门的利益出发。其重点在如何建立社会物流系统的中枢网络，核心是主枢纽城市的选择和联系主枢纽城市的主干线通道建设。

（2）省、市或区域级物流系统规划

省、市或区域级物流系统规划应从区域经济发展的角度出发，研究区域物流系统对区域经济的促进和带动作用，着重于地区级物流节点以及综合物流园区的规模和布局的规划。在规划过程中，首先要解决在中枢网络的衔接，然后解决如何利用中枢网络发展各自区域的物流系统，发挥物流节点的集散功能，提高物流效率。

在区域物流平台上，将有大量的企业与经济事业单位进行物流运作，要使这些运作做到合理化和协调发展，需要有规划的指导。

2. 企业物流系统规划与设计

企业物流系统是从企业角度研究与之有关的物流活动，是具体的、微观的物流活动，它是指某一企业或部门为了满足一定的物流服务需求，实现具体的物流服务目标而构建的物流服务系统。

生产企业、销售企业、消费者个人等是物流服务的需求者，他们在生产经济或生活过程中产生了物流服务需求，这种物流服务需求的满足方式既可以采用“自给自足”的方式，也可以由专业物流服务提供商即第三方物流企业来承担。一个家电制造企业，如海尔，在其生产过程中，会产生原材料或家电零部件运输、仓储、配送等物流服务需求。为满足这种需求，需要构筑一个物流服务系统提供相应的物流服务，该物流系统可以由家电制造企业自己来构筑，也可以由供应商来构建，当然还可以由第三方物流企业来构建。

从企业的物流活动的范围与业务性质来看，物流系统的规划与设计应包括生产物流系统、供应物流系统、销售物流系统、回收物流系统、废弃物流系统的规划与设计，企业类型不同，其所包含的物流活动也不完全相同，规划设计的内容也有所区别。

因此，从企业类型来看，规划工作又分为工业制造企业的物流系统、商业企业的物流系统，以及第三方物流企业的物流系统的规划与设计。

（1）工业制造企业的物流系统

工业制造企业的物流系统是要将传统的物流运行环节进行一体化综合，即以传统的仓库储存、保管以及仓库内的简单加工和长途运输为主，辅以物流配送、物流信息系统管理等功能，形成综合物流系统。通过物流系统的规划来降低成本和提高物流效率。目前物流系统规划设计工作主要在汽车制造、家电和电子制造、医药、烟草、石化工业品制造、建材制造等企业中进行。

（2）商业企业的物流系统

商业企业的物流系统是未来物流规划的主流，如果说工业物流系统的作用在于提高工业企业的利益，而商业物流系统则直接面对广大消费者，从物流系统中直接受益的是消费者和社会全体。商业物流系统对提高人民生活水平与生活质量，促进经济发展至关重要。

商业企业物流系统的规划是追求物流配送的准确性和及时性。它要做到既不缺货，又不能有过多的库存。商业企业物流系统涉及的品种多，而且是小批量、多批次，商业企业物流系统的成功依赖于销售数据的及时性与准确性。因此，商业物流系统需要建设具有高水平、高效率的物流信息系统。

（3）第三方物流企业的物流系统

大型商业企业集团有的组建自己的物流系统，为集团的连锁店和超市提供物流服务；也有的将部分或全部物流业务外包，由第三方物流企业来完成。例如，有的大型商业企业建立自己的配送中心，负责商品的运输、储存、分拨和配送等物流业务。同样，这些业务可以由第三方企业来承担，特别是负责商品到消费者手中的配送业务，为了降低成本，第三方物流企业都需要配备配送中心，采用共同配送的形式开展业务。为了与商业企业进行有效快速的沟通，物流企业物流系统规划与设计需在共同配送中心里建立物流信息平台，在此信息平台上，配送中心与各商业企业保持及时准确的信息交换。

以航空运输为主要运输方式，以小件包裹配送或“门到门”的快速配送为主要模式的快递物流业务发展非常快，是第三方物流企业涉足的主要领域。在物流企业的规划设计中，这部分内容也需要重点考虑。

3. 社会物流系统与企业物流系统的关系

社会物流系统与企业物流系统是完成各种物流活动不可缺少的资源，它们相互联系，相互衔接，相互补充，共同完成各种物流服务业务。但这两类系统是不同的系统，是有区别的，社会物流系统不能替代企业物流系统；反之，亦然。

(1) 目标不同

建设社会物流系统的主要目标是满足整个社会经济发展需要，追求整个社会的综合社会经济效益和可持续发展；而规划企业物流系统的目标是满足某个具体企业的经营需要，追求这个具体企业的经济效益。

(2) 服务对象不同

社会物流系统将社会经济领域的所有经济实体作为服务对象，包括工业制造企业、商业销售企业、物流企业，它要面向整个社会经济活动，要抽象出整个经济社会物流服务需求的共性和普遍性，为整个社会构筑一个优化的物流服务体系；而企业物流系统不一样，企业构建物流系统的服务对象很明确，就是为自己或某一特定的客户群提供服务，服务的目标客户比较具体。

(3) 资源配置不同

社会物流系统是以整个社会对物流资源的需求，考虑配置社会物流资源，如铁路、公路、水路、航空、港站码头、公共物流园区、公共信息平台等公共物流资源。其目的是要解决在市场经济环境下，由单个企业难以实现的而又不可缺少的物流资源配置问题，需要由政府干预创建一个公共物流资源平台，以满足企业需要。而企业物流系统从自身需求考虑，配置企业内部资源及对社会资源的利用，要素的组成具有一定的个性化。系统的构建属于企业行为。

同时，社会物流系统与企业物流系统是相互联系、衔接与补充的关系。社会物流系统是企业物流系统的基础，企业物流系统是构建于这一物流基础平台之上的具体物流服务实体，社会物流系统的功效只有通过企业物流系统才能实现；同样，企业物流系统也离不开社会物流系统的支持，没有政府投资建设的交通基础设施，任何企业将难以开展物流服务。

社会物流系统直接制约企业物流系统的构筑，如企业物流或配送中心选址都受交通条件的限制。社会物流系统通过对企业物流系统的影响，引导物流资源优化配置。同样道理，企业物流系统是影响社会物流系统建设的关键因素，社会物流系统的构筑需要满足企业物流系统构筑的需要，否则将导致社会物流系统资源闲置，如物流园区建设成败的关键是有没有企业进驻。企业物流系统通过对社会物流系统的资源选择，促进社会物流系统的优化。

任务三 现代物流系统规划设计的方法与流程

2.3.1 现代系统规划设计的系统分析方法

物流系统规划设计的系统分析方法是指在进行规划设计工作时，要按照系统方法论中处理问题的基本方法，根据系统的概念、构成和性质，把规划对象作为一个系统进行充分了解和分析，再将分析结果加以综合，使之有效地实现系统的目标，并且将评价方法贯穿于分析与综合过程中。

1. 分析方法的主要步骤

分析、综合、评价是物流系统规划设计中处理问题的基本方法。三者关系如图 2-2 所示。在实际规划设计工作中，分析、综合、评价的方法往往是同时综合运用，没有很明确的界限，并且要多次反复，直到满意为止。

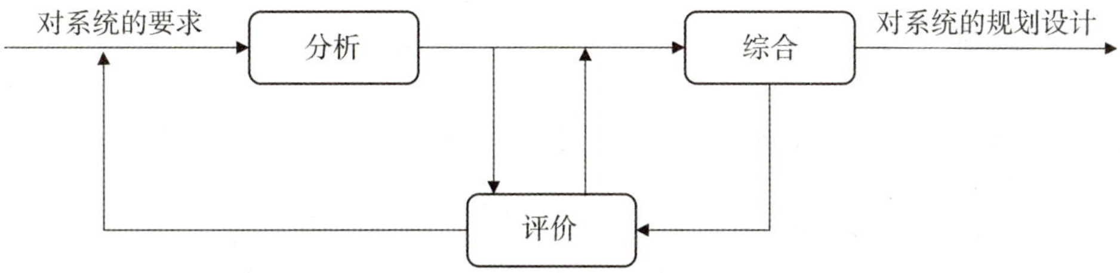

图 2-2　物流系统规划设计的系统分析方法

(1) 分析过程

分析过程的主要任务是为研制系统搜集必要而足够的信息，并初步拟订出能满足系统要求的多套替代方案，用各种手段和方法分析对象系统的要求、结构及功能等，弄清系统的特性，并考虑到环境、资源、状态等约束条件，建立各种替代方案所需的分析模型，根据评价准则对分析结果进行评价，以得到若干个较为满意的推荐方案。

此分析过程是以系统整体效益为目标，以寻求解决特定问题的最优策略为重点，运用定性与定量分析方法，给予决策者有价值的信息，以求得到有力的决策。在分析进行过程中，需要考虑以下五个基本要素：目标、替代方案、模型、指标体系、评价准则。

①目标。目标是决策的出发点，为了正确获取决策所需的各种有关信息。物流系统分析人员的首要任务就是充分了解建立物流系统的目的和要求，同时还应确定物流系统的构成和范围。

②替代方案。一般情况下，为实现某一目标，总会有几种可采取的方案或手段，这些方案彼此之间可以相互替换。选择一种最合理的方案是物流系统要分析研究和解决的问题。

③模型。模型是系统分析的基本方法，是对实体物流系统的抽象描述。它可以将复杂的问题化为易于处理的形式。在分析过程中，借助于模型来有效地求得物流系统规划设计所需要的参数，并据此确定各种制约条件，同时还可以利用模型来预测各替代方案的性能、成本与效益，有利于对各种替代方案进行分析和比较。

④指标体系。指标是对替代方案进行分析的出发点和衡量总体目标的具体的可以测量的明细项。它是物流系统规划与设计系统目标所涉及的各个方面。费用与效益是最重要的两个指标，它具体又可分为一些可测量的明细指标项。分析阶段就要根据系统的目标来确定具体的明细指标。

⑤评价标准。评价标准是物流系统分析中确定各种替代方案优化顺序的依据，是评价方案优劣的尺度。评价标准根据具体情况而定，费用与效益的比较是评价各方案的基本手段。

（2）综合过程

系统综合是以分析过程中提出的各种推荐方案为基本，选定系统规划设计的方法，研讨系统分析的结果，收集整理设计数据，为系统分析的每个推荐方案给出总体框架结构、子系统详细设计及方案实现方法，以供评价决策。

（3）评价过程

系统评价过程是对分析或综合设计出来的可供选择的方案，用技术、经济和环境多视角来综合评价过程。特别是审核系统综合设计的合理性与实现综合设计方案的风险性，从而选择适当的可能实现的方案。

具体的工作任务包括设定评价方法，进行方案的费用评估、效益评估、风险评估，在单项评估的基础上进行综合评估，最后通过决策，选择可行的方案。

2. 分析常用理论方法

（1）数学规划法（运筹学）

它是一种对系统进行统筹规划，寻求最优方案的数学方法。其具体理论与方法包括线性规划、动态规划、排队论和库存论等。线性规划、动态规划和库存论等常用以解决物流系统中物料储存的时间与数量等相关问题。

（2）统筹法（网络分析法）

运用网络来统筹安排，合理规划系统的各个环节。它用网络图来描述活动流程的线路，把事件作为节点。在保证关键线路的前提下，安排其他活动，调整相互关系，以保证按期完成整个计划。

（3）系统优化法

在一定约束条件下，求出使目标函数最优的解。物流系统包括许多参数，这些参数相互制约、互为条件，同时受外界环境的影响。系统优化研究就是在不可控参数变化时，根据系统的目标来确定可控参数的值，使系统达到最优状态。

（4）系统仿真法

系统仿真是指利用模型对实际物流系统进行实验研究。上述方法各有特点，在实际中都得到了广泛的应用，其中系统仿真技术是近年来应用最为普遍的方法。系统仿真技术的发展及应用依赖于计算机软硬件技术的飞速发展。今天，随着计算机科学与技术的巨大发展，系统仿真技术的研究也在不断完善，应用也在不断扩大。

3. 分析常用软件

Microsoft Excel 是微软公司的办公软件 Microsoft Office 的组件之一，是由微软公司为 Windows 和 Apple Macintosh 操作系统编写和运行的一款试算表软件。Excel 可以进行各种数据的处理、统计分析和辅助决策操作，广泛地应用于管理、统计财经、金融等众多领域。可以说，Excel 是数据分析和统计岗位从业人员的最基础的使用工具。

以上软件为例，规划求解即是 Excel 一组命令的组成部分，这些命令有时也称作假设分析工具。借助“规划求解”，可求得工作表上某个单元格（目标单元格）中公式的最优值。“规划求解”通过调整所指定的可更改的单元格（可变单元格）中的值，直接或间接与目标单元格中公式相关联的一组单元格中的数值进行调整，最终在目标单元格公式中求得期望的结果。

在 Excel 中，有一个规划求解的加载宏。加载该宏之后，就可以利用 Excel 的规划求解功能进行规划求解。

以 Excel2013 版本为例，调出“规划求解”命令的操作步骤如下。

第一步，规划求解功能默认不会开启，需要手动打开，首先打开“选项”；第二步，打开“加载项”；第三步，在右侧下方，选择“Excel 加载项”后点击“转到”按钮；第四步，勾选“规划求解加载项”，点击确定，这样就启用了该功能（图 2-3）。

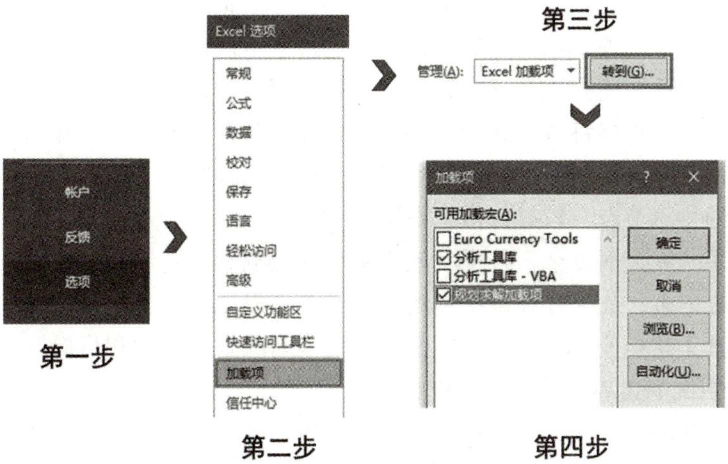

图 2-3　调出“规划求解”命令的操作步骤

2.3.2　现代物流系统规划与设计的步骤与主要任务

物流系统规划与设计要根据物流系统的功能要求，以提高系统服务水平、运行效率和经济效益为目标，制订各要素的配置方案。

物流系统规划与设计一是要以经济的方式将规定数量的货物按规定的时间、规定的要求送达规定的目的地；二是要合理配置物流节点，维持适当的库存；三是要实现装卸、保管、包装等物流作业的最有效率和效益；四是要在不影响物流各项功能发挥的前提下，尽可能地降低各种物流成本支出；五是要实现物流与信息流的有机结合，保证物流全过程的信息顺畅。

满足一定服务目标的物流系统往往由若干子系统（要素）组成，物流系统规划与设计时要根据系统的目标确定具体由哪些要素组成，并对每一个子系统或要素进行规划设计。每个子系统的规划设计需要与整体物流系统规划过程中的其他组成部件相互平衡、相互协调。因此，首先要形成一个总体框架结构，然后在此框架的基础上采用系统分析的方法对整个系统的各要素进行规划与设计。

以规划工作的时间维为主线，把整个规划设计的流程或步骤分为四个主要阶段，这四个阶段分别是：确定目标和约束条件、现状调研和需求分析、制订设计方案、方案评价和选择、方案实施和效果评价。物流系统规划与设计的一般流程或步骤如图 2-4 所示。

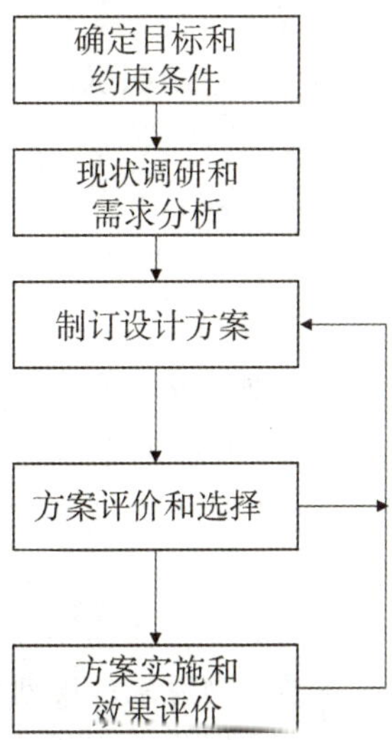

图 2-4　规划与设计的一般流程

1. 确定目标和约束条件

这一阶段的主要工作是确定整个规划设计工作的目标、组织机构与计划步骤。

(1) 明确规划设计的目标、约束条件

在整个物流系统规划设计的过程中，首先最重要的是确定物流系统规划设计的目标。目标的定位直接决定物流系统的组成部分。例如，对于企业物流系统分析与设计来说，比较常用的目标有以下三种：总资金成本最小、运营成本最低以及顾客服务水平最高。总资金成本最小的目标旨在使物流系统中总投资最小，相对的物流系统设计方案往往是减少物流节点的配置数量，直接将货送到用户手中或选择公共仓库而不是企业自建仓库；运营成本最低的目标也往往需要利用物流节点实现整合运输；顾客服务水平最高的目标，又往往需要配置较多的物流节点、较好的信息系统等。

由于物流系统庞大而复杂，各子系统之间相互影响和相互制约也很多，而且系统受外部条件的限制也很多，如果存在系统制约就有必要加以说明。这是因为由于各种原因，系统中的有些因素无法被改变，而这些制约因素可能与既定的目的和目标有冲突。

(2) 确定系统的边界，明确规划设计的内容

根据规划设计制定目标，确定物流系统的边界，并明确规划设计的主要内容。不同研究对象，它们所涉及的范围与内容有所不同，规划的方法也有区别，因此在规划工作的准备阶段，应对物流系统的边界加以界定，为分析阶段研究问题对象的要素间的相互关系和要素同环境的关系奠定基础。

另外，在设计新物流系统或改进现有物流系统时，一个重要的问题是考虑完整的系统还是考虑系统的各个部分。解决这个问题的依据是：资源的可得性、物流系统规模、物流系统各组成部分的相对重要性、系统费用、系统整合程度等方面指标。最好的方法当然是针对整个系统来分析设计，然而在某些条件下，系统输入条件的改变和系统的每个部分联系不大，而时间资源有限，且物流系统太大无法把它作为整个系统来解决。这时，一个比较实际的方法是整体考虑，分步设计，最后再把各个独立部分结合起来。

(3) 设立组织机构

物流系统规划与设计的组织机构应包括为做好规划工作而设立的领导小组、工作机构与专家组。鉴于物流系统规划与设计工作的复杂性和系统性，规划工作必须有一个强有力的领导小组，同时考虑到规划与设计工作的专业性，还要设立专家组，负责提供专业技术咨询服务。

(4) 制定整个规划项目的计划表

规划工作本身就是一个系统工程。为了对整个规划项目进行有效管理，有必要引入项目管理的方法来进行统筹管理，制定项目的计划进度表，以控制整个项目按时保质地完成。

2. 现状调研、需求分析与方案拟订

在确立物流系统规划与设计的目标后，要对拟建物流系统的现状进行调查，收集必要的资料与数据，并对这些数据进行分类、整理、分析，识别问题，寻找解决问题的方法，结合系统目标制订物流系统的初步方案。具体步骤与内容如下。

（1）现状调研

了解拟建物流系统的现状，做各种调查，收集相关资料数据。

（2）需求分析

对基本资料进行分析、预测未来的需求，依据需求，识别存在的问题，提出适当的解决问题的各种方法，拟订多套替代方案。

（3）方案的目标分析

确认方案的具体目标，并构思出物流系统方案必须达到的技术标准和经济效益标准。

（4）方案的总体规则

将创新引发的各构成部分的物流业务转为总体方案，并对物流系统进行总体功能设计与总体框架结构设计。

（5）子系统的功能设计

设计出总体框架结构中各子系统具体的功能、实施方法与步骤并加以说明。设计的内容要根据系统的目标与范围来确定。具体内容可分为物流运营网络子系统分析设计、物流管理子系统分析设计、物流管理子系统设计。对于具体的物流系统规划与设计的项目，可能是全部子系统的规划设计业务，也可能是其中一部分子系统。

①物流运营网络子系统分析设计。物流运营网络规划设计的主要任务是确定货物从供应地到需求地整个流通渠道的结构，包括：决定物流节点的类型，确定物流节点的数量，确定物流节点的位置，分派各物流节点服务的客户群体，确定各物流节点间的运输方式、运输路线、车辆时间安排、货物拼装等，并对设施内部的功能布置、设备选择、作业方式做出抉择。

出于供应地和需求地顾客数量较大、物流节点可选地址太多、运输因素复杂等原因，即便最优的物流运营网络结构设计工作也必然是相当复杂和艰巨的。

②物流管理子系统分析设计。物流管理子系统分析设计的目的是对组成物流系统的人、物以及彼此的关系等要素进行有效的管理，规范和协调物流业务活动及相关参与主体利益冲突，并合理划分物流业务职能，从而实现物流资源的有效整合。

物流管理子系统涉及面比较广，渗透到物流系统各个方面。因此，物流管理子系统规划设计的内容也十分广泛，主要包括：物流系统与生产资料市场关系的处理、物流战略与战术计划制订、物流系统内部组织结构设计、人员配置、岗位职责与作业规范设计、绩效考核设计、物流系统的控制程序的建立，等等。

③物流信息管理子系统规划与设计。物流系统是由多个功能要素组成的复杂系统，物流信息系统成为各个要素之间沟通的关键，在物流活动中起着中枢神经系统的作用。多个功能要素通过货物实体的运动联系在一起，一个功能要素的输出就是另一个功能要素的输入，有效的物流信息管理使这些物流功能要素成为一个有机的整体，而不是各个孤立的部分。

物流信息管理子系统规划与设计的主要任务是：首先，确立要建设的物流信息子系统的目标，物流信息子系统的目标要与整个物流系统规划的目标相一致，通过对现状的需求调查，把握要解决的问题；其次，在此基础上，进行新的物流信息子系统的需求分析，包括业务流程分析与数据流程分析；再次，建立物流信息子系统的功能模型和信息模型，设计物流信息子系统的总体结构和功能模块，进行物流信息子系统的软件、硬件、网络、组织机构配置及制订项目开发计划等；最后，对所需的资源、经费进行分析和描述，制订物流信息子系统建设的资源分配计划，形成物流信息子系统总体方案。

3. 方案评价与选择合适方案

物流系统方案评价是物流系统规划工作的一个必不可少的步骤和重要组成部分，它是对经分析和规划设计后形成的各种备选方案进行经济、技术与社会等多个层面的比较与评价，即要根据物流系统的评价标准，采用有效的方法，比较这些备选方案的优劣，从而辅助决策者选择最优或最满意的方案并付诸实施；另外还要研究方案实施的时间进度安排。

物流系统方案评价的目的是确定拟订的物流系统各备选方案是否达到了预定的各项性能指标，能否满足各种内外约束条件下实现物流系统的预定目标。同时，按预定的评价指标体系评出参评的各备选方案的优劣，为决策即最终的选择实施方案打下基础。

由于具体规划的物流系统的结构互不相同，规划的内容与目标也千差万别，因此，物流系统评价时研究的对象、考虑的因素、评价的标准、所采用的方法、评价过程与步骤也各不相同。一般应经过确定评价目标与评价内容、确定评价因素、建立评价指标体系、制定评价准则、选择确定评价方法、进行单项与综合评价等几个步骤。方案评价方法的选用应根据物流系统的具体情况而定，一般采用定量分析评价法、定性分析评价法以及两者集合的方法（如程序评价法、层次分析法、模糊评价法、目标设计法等）。

4. 方案实施与实效评估

实施规划好的物流系统方法是一项相当复杂的系统工程。设计方案的科学性、合理性、效益性和实际可操作性，必须通过规划的实施以及实施的效果来检验。因此规划的目标能否实现，关键在于实施。

在方案实施过程中，可能会遇到各种各样的实际问题，有些是设计者并未事先预料到的，这时，实施人员要充分领会方案的整体目标、构思和设计理念，在遇到问题时最大限度地满足设计要求。如果确有无法满足的部分，需要对规划设计方案作必要的调整，但要保证不影响物流系统整体目标的实现；在实施过程中，要遵循一些基本原则，如适度合理性原则、统一领导和指挥的原则、权变的原则等，还要注重领导的风格。同时，要对实施的方案进行追踪，分析实施前后的变化，对实施结果进行实效评价，提交实效评估的报告，作为方案修正的依据或今后物流系统规划设计的参考。

项目总结

掌握系统规划的概念与含义，了解现代物流系统规划与设计的目标，并在设计原则的指引下，充分考虑应用常见规划设计系统分析方法，是进行系统规划设计的重要前提。

项目思考

1. 系统规划的概念和含义是什么？
2. 现代物流系统规划设计的原则有哪些？
3. 现代物流系统规划设计的系统分析方法有哪些？

技术篇 ▶▶▶▶▶ 技术为王 · 创新为本

项目三

未雨绸缪——物流系统调研预测与战略分析

【学习目标】

专业知识目标

- 了解系统调研的主要内容
- 理解调研的程序
- 掌握调研资料收集的方法
- 应用物流需求预测及系统战略分析

职业能力目标

- 能进行调研资料的收集及处理
- 能利用不同方法进行物流需求预测
- 能对物流系统的环境进行分析

素养目标

- 通过引导案例及仿真实训增强"四个自信"、培养"工匠精神"
- 在实训调研过程中培养学生用人文的方法思考和理解客户需求
- 培养敬业、奉献、正面的职业精神
- 提升团队协同学习的角色构建与认同，培养团队意识

【重点难点】

学习重点

- 调研资料的收集与分析
- 物流需求预测

学习难点

- 物流系统战略分析与决策

【引导/课程案例】

2021年中国物流行业现状及趋势分析（节选）[①]

物流产业是国民经济的动脉系统，它连接经济的各个部门并使之成为一个有机的整体，其发展程度成为衡量一个国家现代化程度和综合国力的主要标志之一。

（1）社会物流总额

随着中国经济的发展，国内消费水平不断提升，较大规模的国际制造业产能陆续向中国大陆转移，我国已经成为全球重要的制造中心和最大的消费市场之一。在商品流通活动日趋频繁和产业政策大力扶持双重因素推动下，我国物流业整体规模不断扩大，全国社会物流总额从2012年的177.32万亿元增加到2021年度的335.20万亿元。整体物流行业处于上升阶段。

（2）社会物流总费用

我国物流行业在需求旺盛的情况下，社会物流总费用（包括运输费用、保管费用和管理费用）也快速增长。2012—2021年度我国社会物流总费用从9.40万亿元增长到16.70万亿元。从构成情况看，运输费用占社会物流总费用的比重一直保持在50%以上，交通运输产业的成本与效率对物流行业具有重要影响。通常，“社会物流总费用占GDP的比率”这一指标被用来评价整个经济体中的物流效率，指标值越低表示物流效率越高、物流发展水平越高。我国社会物流总费用占GDP的比率从2012年度的17.45%下降到2021年度的14.60%，整体上呈现下降的趋势，体现出我国物流行业的总体运行效率逐渐提高。未来，随着现代化信息技术的进一步应用和物流行业专业化、集中化水平日趋提高，我国物流行业将有更大的发展空间。

（3）社会货运规模

交通运输作为经济社会发展中实现各区域人和货物交流的必然需求，与国民经济发展有着密切的关系。随着企业和政府采取有效措施推动交通与物流基础设施的规模跨越式增长，以及运输设备技术水平和运输组织模式的创新提高，物流货运规模得到迅猛发展。在各种运输方式中，铁路、公路及水路货运量占我国总体货运量的比例保持在98%以上，其中公路货运量占比超过七成，公路运输仍然是实现物流活动的主要方式。

（4）仓储规模

仓储环节是物流上下游流程的接合部，是现代物流的一个重要组成部分，在物流系统中起着至关重要的作用，也是物流企业研究和规划的重点。高效合理的仓储可以加快物资流动的速度、降低成本，保障生产、经营的顺利进行，并可以实现和强化对资源有效控制和管理。

自商务部2012年12月印发《关于促进仓储业转型升级的指导意见》以来，各地商务部门不同程度地加强了对于仓储业的管理与指导，仓储业的产业规模继续扩大。加之近几

① 中国物流与采购联合会及. 2021年中国物流行业发展报告.

年电子商务、跨境业务的爆发式增长，带来了仓储需求的大量增加，仓储行业进入快速发展期。

随着我国经济发展进入新常态，物流业作为重要的服务产业，将面临从追求规模速度增长向追求质量效益提升的转变，做优存量、推动行业提质增效的要求使得信息化、智能化、平台化、一体化、自动化成为现代物流行业发展的必然趋势。

案例思考

1. 何为调研？调研需要注意哪些问题？
2. 影响我国物流行业发展的关键要素有哪些？
3. 我国经济发展新常态的内涵有哪些？
4. 调研你所在省（直辖市、自治区）的当年物流状况，参照以上案例加以说明。

任务一　系统调研概述

物流系统调研工作是指物流系统规划设计中对拟建物流系统的现状进行调查，并系统地收集、分类、整理分析和汇总有关规划与分析所必需的资料、数据和信息的活动。在物流系统规划设计中有大量的相关基础资料需要调查、收集、整理和分析，并作为系统初步方案设计的支撑依据和数据准备。一个物流系统规划设计方案的可行性与有效性完全依赖于调研中所获得的基础资料的充分性与正确性。为了更好地做好调研工作，必须明确调研的主要内容与工作步骤，掌握基础资料的收集、分类、整理与分析的方法。

3.1.1　物流系统调研的主要内容

物流系统调研工作是为物流系统规划方案设计工作提供服务，它的内容必须根据规划设计目标、研究对象来确定。对于宏观层面上的社会物流系统规划与微观层面上的企业物流系统规划，调研工作在内容与侧重面上有所不同，需要围绕着规划设计的目标制定调查研究的内容。

对于社会物流系统，规划设计时要根据本地区的实际情况，立足于经济可持续发展，结合国家产业结构调整的方针和区域经济发展的战略，以及城市综合发展规划、交通总体规划等，科学地做好物流的整体发展规划，统筹兼顾、协调发展。调查的内容有：区域物流的总体构成，物流与社会的关系及其在社会中的地位，物流与经济发展的关系，国家的产业政策和区域经济发展规划，交通总体规划，区域的自然资源、社会资源、经济资源、社会物流资源。而对于企业物流系统，不同系统的调研内容由于关注的角度不同也有所区别。例如，物流企业需要通过为物流市场提供相应的物流服务，满足物流市场需要，并从市场得到回报来维持企业的生存与发展。市场需要什么，如何满足市场的需要，都需要进行调研。因此，物流系统规划设计需要调研的内容一般包括以下几个方面，只是不同的物流系统侧重面有所不同。

1. 物流服务需求调研

物流服务需求调研主要是调查特定范围内的物流需求结构与发展趋势，主要包括以下内容。

(1) 服务水平，如物流消费水平、物流消费观念、送货时间、物流服务费用、物流服务质量水平等。

(2) 物流需求的空间分布，如现有的和潜在的客户分布等。

(3) 物流服务对象的特征，如货物的尺寸、重量和特殊的搬运需求等。

(4) 需求特征，如客户的订单特征、需求的季节性变化，需求发展趋势等。

(5) 需求规模，如需求量、OD 流量等。

(6) 需求的环境条件。

2. 物流资源状况调研

物流资源状况调研主要是掌握特定区域物流服务的提供能力、空间分布、结构分布、发展动向、发展趋势等，主要包括以下内容。

(1) 现有物流设施状况，如物流节点分布、规模、功能，交通网络，运输设备提供情况，仓储设备使用现状，信息系统运行情况等。

(2) 现有物流系统的运营状况，如物流服务企业组织管理体系、服务模式、营业状况、服务种类、作业方式、作业流程等。

(3) 限制现有物流资源发挥的制约因素。

3. 物流服务的竞争状况调研

调研工作主要是了解竞争对手的物流服务水平、服务方式、理赔情况、物流资源配置、网络布局、发展动向、市场占有率、优势与劣势等。

4. 社会经济发展状况调研

社会经济发展状况调研主要调查和分析物流服务区域内社会经济发展状况，如国家的产业政策和区域经济发展规划、区域经济规模、产业构成、空间布局、区域物流的总体构成。同时，还包括以下几个方面：自然资源状况，包括土地、水、气候、矿产等；社会资源状况，包括劳动力数量、年龄构成、技能、受教育水平、使用成本等；经济资源状况，包括工农业生产、交通运输、电力能源、城乡建设等状况。

5. 物流技术状况调研

物流技术状况调研主要调查与分析目前物流市场上物流技术的应用情况、发展水平、技术结构、发展趋势以及新技术的开发能力与开发情况。

3.1.2 调研工作的程序

为了保证整个调研工作有序、有效地进行，必须对整个工作流程进行科学管理。一般来说，调研工作要经历以下五个阶段（图 3-1）。

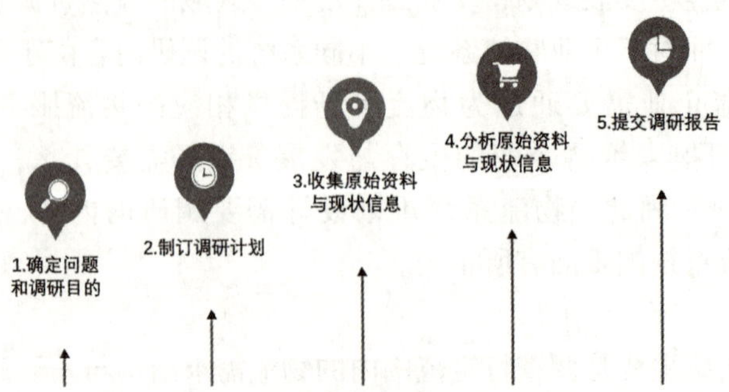

图 3-1 调研工作五个阶段示意图

1. 确定问题和调研目的阶段

在物流系统调研时，首先要界定清楚需要研究的问题，明确调研的目标。调研的问题与目标一般根据物流系统规划设计的总目标与规划设计要采用的具体方法、技术与模型来确定。不同规划设计的方法、技术与模型对基础资料内容要求都不尽相同，需要确定不同的调研目标。

2. 制订调研计划阶段

物流系统调研的第二个阶段是制订调研计划阶段，这个阶段工作主要是在充分理解调研目标的基础上，经过规划设计人员共同讨论，形成调研计划。首先，明确调研范围、对象、具体内容；其次，设计调查大纲或调查表与调查问卷；最后，确定调查方法、调研进度、管理协调控制方式。

3. 收集原始资料与现状信息阶段

接下来的工作就是收集信息，这是具体执行调研计划的过程，即按照调研计划的要求，具体开展对原始资料与现状信息的实际调查工作。这个阶段是整个调研过程中最花时间与精力的阶段，也是能否获得调研计划规定的数据资料、实现调研目的的关键。

4. 分析原始资料与现状信息阶段

原始资料与现状信息收集上来以后，就要对其进行检查、确认、分类整理，保证原始资料与现状信息的完整性、真实性和可靠性，并进一步对原始资料与现状信息进行统计分析，以得到规划设计所需要的决策数据与信息，形成调研成果。

5. 提交调研报告阶段

调研工作的最后阶段是提交调研报告。调研报告要全面系统地总结整个调研工作的过程，充分分析与说明调研成果，总结调研工作的经验和教训，提出调研结论和建议方案。

任务二　调研资料的收集与分析

3.2.1　调研资料收集的方法

在各类物流系统调研中，调研资料通常要通过一定的手段与方法来获取，调研的资料采集方法有很多，不同的方法其特点、运用条件、所需的费用以及所得资料不尽相同。在物流系统调研决策时，要注意区别各种方法之间的异同，掌握调研方法的技巧，选择最适合的方法加以使用，保证调研能够有效地获取所需资料。

物流系统调研资料收集是根据物流系统调研的任务和要求，运用科学的方法，有计划、有组织地向物流系统收集资料的工作过程。物流系统调研资料的收集在整个物流系统调研中具有极其重要的作用，所有物流系统研究、物流系统预测、物流系统决策都是建立在物流系统调研资料的基础上。做好物流系统调研资料的收集工作就要学会针对不同情况选择相应的物流系统调研方法。

调研的资料收集方法很多，不同的视角有不同的分类。根据调研的媒介不同，可分为口头调研、电话调研、书面调研等；按与调研对象的接触方式不同，可分为直接调研与间接调研；按调研对象的范围不同，可分为普查、抽样调研，而抽样调研又可分为随机抽样、非随机抽样等。本书是按照资料获取的途径与方式不同来划分，主要可分为以下几种。

1. 访谈调查

这是一种通过问题交流讨论或座谈的方式进行的调查。调查人员根据调研目标的要求，明确调研所需要解决的问题，准备好要访谈的内容与调查大纲，做到心中有数，以提高访谈调查的效率和质量；然后与调查对象进行面对面的询问调查，询问过程中，在敏捷地捕捉信息、快速记录信息的同时，调查人员要能够根据调查对象的陈述，及时补充完善调查内容。

2. 发问卷或调查表调查

这是一种由调查对象来填写预先设计好的问卷或调查表的方式来进行的调查，调查人员根据调研目标的要求，事先设计制作问卷或调查表；然后运用各种方式将问卷或调查表分发给调查对象，由调查对象根据问卷或调查表的要求填写问卷或调查表；最后调查对象将填写好的问卷或调查表再返回给调查人员。这种调查方式的特点是调查对象自主填写、自主提供调查内容，有比较充足的时间进行思考与琢磨，这样保证了调查内容的可靠性。对问卷与调查表的发放与回收方式主要有邮寄、电子邮件、派专人分发或回收、电子商务网站等。

3. 查找历史资料

这是一种从第二手资料中收集信息与数据的调查方法。调查人员根据调研目标要求，查找、收集由其他人收集、记录、整理所积累的可直接利用的相关历史数据与统计资料，从这些历史数据与统计资料中抽取所需信息。这些历史数据与统计资料主要包括：政府相关部门的统计资料与年鉴、企业经营的历史数据、各种学术文献、各类报纸杂志的信息等。利用计算机网络资源和互联网资源来查找历史资料是目前常见的资料收集方式，它通过搜索引擎进行网上搜索查找或通过查询软件进行数据库查找与下载。

4. 现场调查

这是一种由调查人员直接进入现场进行实地调查的方法。调查人员根据调研目标要求，提前准备好本次调查所需要解决的问题，设计制作调查表格、问卷；然后调查人员进入现场进行统计并直接填写表格，或询问相关人员填写问卷。这种调查方式由于是调查人员直接收集统计资料与问卷，所收集的资料与信息有较强的真实性、针对性与实用性。不足之处是投入的人力较多、时间较长、费用较高等。

拓展思考

电话调查法是指调查者预先选定要调查的问题，以电话的形式向被调查者征询意见，从而获得信息资料的一种调查方法。电话调查常用于样本数量多，调查内容简单明了，易于让人接受、需快速获取信息的调查事项的调查。现在最常见于老百姓比较关心的社会事务的调查、了解。例如，中央电视台经济频道（2 套）曾就一个社会普遍关心的话题，如孩子成长中的儿歌问题，展开电话调查，可以打电话、发短信来参与。

电话调查中应注意的几个问题：

1. 应预先设计好要了解的问题，最好以问卷形式进行。
2. 提高电话访问的效率。
3. 访问的时机要从受访者的实际情况出发。
4. 注意吸引被访者的注意力。

拓展思考：

1. 如何拨打调查电话？
2. 如何应对欺诈电话？

3.2.2　调研资料的整理

1. 调研资料准确性分析

由于收集上来的调研资料可能在完整性和正确性上还存在着问题，因此，需要对统计调查所获得的原始资料进行科学的整理。整理工作的首要任务是对调查上来的资料的准确性进行审核并加以确认。

（1）要检查是否存在异常数据

即非正常数据代表的数据点，如偶然出现的一次轻泡货物运输或某一特殊的高费率运输等都不能代表正常数据，对于这些异常数据的处理，要根据调研的具体目标展开原因分析，根据具体情况作剔除处理或提供关注信息（图 3-2）。

Step 1 识别和确认异常

- 培养良好的数据感
- 增加实践经验和相关工作时长

Step 2 数据异常分析

- 大胆设想：相关情形和条件的变化……
- 小心求证：细分维度求证

Step 3 做好控制

- 分析产生的机制和条件
- 形成调研数据分析预警

图 3-2　处理异常数据的步骤

（2）要对调研资料的误差进行检查

产生误差通常是不可避免的，其原因一般有两种：一种是抽样误差，即由于抽样调查是用结果推算全体，因此推算的结果与原来的全体之间必然有一定的误差。这类误差要加以测定。另一类误差是非抽样误差，如统计计算错误，调查表内容设计不到位，谈话记录不够完整，询问人员的偏见，调查对象回答不认真或前后矛盾等都可能造成误差，这类误差应设法修正或删除。

（3）对完整性进行检查

即检查是否有空缺与遗漏，并对丢失的数据进行处理。由于各种原因，收集来的调查数据会出现数据丢失现象，例如时间序列的数据少了某点时间的数据，对于丢失的数据要具体分析，考虑是否能重新收集或作估计补充，如采用估计方法一般可以用内插法、专家法进行估计。如果丢失的数据和未来信息有关，则可以通过预测的方法进行估计。

（4）进行总体评定

对调研资料进行总体评定，以保证收集来的资料既满足调研的目标与内容要求，又做到真实性、正确性和完整性。

总之，要在资料准确性分析过程中应本着实事求是的原则，对被确认的资料不允许作任意篡改。

2. 调研资料的分类汇总

为了便于统计分析、发现规律，对调研资料和数据要按空间结构、时间结构来进行分类汇总。按空间结构进行分类汇总就是要把所有的调查对象，按不同地区、不同性质类别、不同行业、不同层次分别进行分类归并，并把它们的资料数据归类到相应的分类结构中去，形成空间结构序列。而按时间结构分类汇总是对所有调查对象的资料与数据按时间顺序进行汇总排列，形成时间序列数据。例如，对于物流需求数据的调查，可以得到许多调查对象的资料数据，它们具有不同的特点，不能混在一起分析，只有对它们按不同地区、不同性质进行分类汇总，才能进行统计分析，找出规律，为需求预测与物流规划设计提供数据支持。对调研资料的分类汇总可按照经验或常识来分类，也可利用多元统计理论来分类，如聚类分析方法。

任务三 物流需求预测

3.3.1 物流需求预测的重要性与困难性

预测是根据对象的现状和过去发展变化的情况，找出规律，根据这个发展变化规律来推测出对象未来的发展变化趋势，它是人们对某一个确定的或未知事件的表述，目的是使这个未知事件发生不确定性极小化。因此，在预测过程中要注意以下几点：一是要正确掌握变化的原因；二是要了解变化的状态；三是要从量的变化中找出因果关系；四是在上述基础上，找出规律性的东西，对未来进行判断。

在物流系统规划设计中需要准确地估计物流系统所要处理的物流量，而对物流量的估计主要采用预测和推算的方式来进行，特别是对中长期物流需求量的估计都是采用预测的方式。物流需求预测在规划设计中非常重要，具体表现在以下两个方面。

1. 物流需求预测是制定物流发展战略目标的依据

通过预测，可以揭示和描述物流市场的变化趋势，明确未来物流发展的方向，并对物流发展中可能出现的各种情形，如利弊得失、成功的机会和失败的风险，进行全面、系统的分析与预见，从而为系统规划设计中制定物流发展战略目标提供依据，以有效地避免物流系统规划决策的片面性与局限性。

2. 物流需求预测是设计物流管理策略的重要手段

在物流系统规划设计中，需要制定物流管理的具体策略，如果能通过预测了解和把握物流市场的未来需求变化，就能采取有效的战术策略。如果预测到下一季度某类产品的市场需求量将有明显下降，则可预先调整库存水平与运输节奏，以避免库存积压，增加库存成本。

物流需求预测是物流系统规划设计中的一个难题，其原因主要在于需求的不确定性，而物流的需求还往往呈现为一种潜在的需求，即要在市场的运作中具体实现，因此，物流需求表现出更多的不确定性；预测的困难性还在于物流的需求不仅表现在量的多少，还表现在空间分布、时间分布的特征，显得更加复杂；另外，准确地预测需要有大量基础数据信息支持，而现在往往是基础统计资料不足，而且统计口径存在缺陷，由于历史的原因，对物流的范畴的定义不统一，物流量的数据的计算会出现重复与交叉现象，影响了预测的准确性。

为了提高预测的准确性，除了掌握大量基础资料和标准化数据以外，更多的是从改变预测的方法入手，采取一些措施，如降低预测的细节程度。预测的细节程度、详细程度越低，预测越准确；反之，预测的误差就越大。因此，对某个类别产品的需求预测的误差往往小于对某个型号产品的需求预测误差。另外，就是要缩短预测周期。同样的细节程度条件下，预测周期越长，预测的误差就越大，预测下周可能会发生的变化要比预测一年后会发生的变化更容易些。因此，将降低预测的细节程度与缩短预测周期这两种措施结合起来处理需求预测问题，就能大大提高预测的精度。中长期预测要在降低预测精细程度的条件下进行，而短期预测则可把预测的精细程度提高。

3.3.2　物流需求的特征

物流需求预测是物流系统规划设计的至关重要的基础工作，物流需求的大小、范围和需求的时间对确定物流系统的规模、运作能力、资金需求和经营的总体框架有着重要的影响。物流的需求预测涉及物流需求的时间和空间特征、需求波动的幅度和随机程度。

1. 物流需求的时间和空间特征

物流需求的时间特征表现在物流需求随时间的变化而发生波动现象。这是物流需求预测中经常会遇到的现象。需求随时间变化归因于销售的增长或下降、需求模式的季节变化和多种因素影响导致的一般性波动。多数预测方法都会处理物流需求这种随时间变化的波动，这种称为时间序列预测方法。

在物流活动中，物流需求除了有时间特征这一维度外，还有空间特征这一维度。在物流系统规划设计过程中，不但要确定物流需求在何时发生、需求量是多少，而且要知道这些需求量是在何处发生的。规划仓库位置、平衡物流系统网络中的库存水平和按地理位置分配运输资源等都需要知道物流需求的空间位置，所需的预测技术必须反映需求模式的地理性差异。

2. 规律性需求

物流系统需要处理各种各样的产品、物料。管理者将这些产品和物料进行分组，或仅仅对它们实行区别管理，以确定不同的服务水平。这些不同的产品、物料都会随时间形成不同的需求模式。如果需求是“规律性的”，就可以用图 3-3 中的某个一般性的需求模式表示。需求模式一般可分为趋势（Trend）、季节性（Seasonal）和随机性（Random）（图

3-3)。如果随机波动只占时间序列其余变化部分的很小比例，那么，利用常用的预测方法就可以得到较好的预测结果。

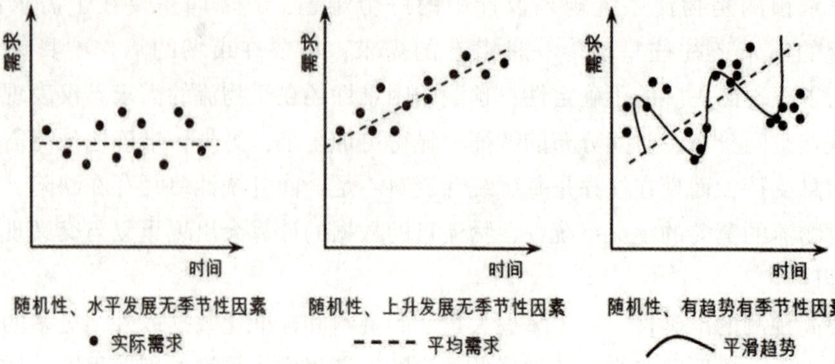

图 3-3　一般性的需求模式

3. 不规律性需求

物流需求并不是在所有阶段都显示出规律性需求模式，如果某些产品或物料的总体需求量偏低或需求时间和需求水平非常不确定，那么需求就是间歇式的，这样的时间序列就被称为“不平整的”（lumpy）或不规律性的（irregular），如图 3-4 所示。另外，刚刚进入产品线的新产品，或将要退出生产的产品也会出现这种模式的需求，这是因为这时只有少量的需求出现，需求量极不稳定，而且分散在不同的地区。这样就会造成每个储存点上的需求量不平衡。而这一类需求模式利用通常的预测方法是难以进行预测的，需要采用特殊的预测技术或组合预测技术来预测。

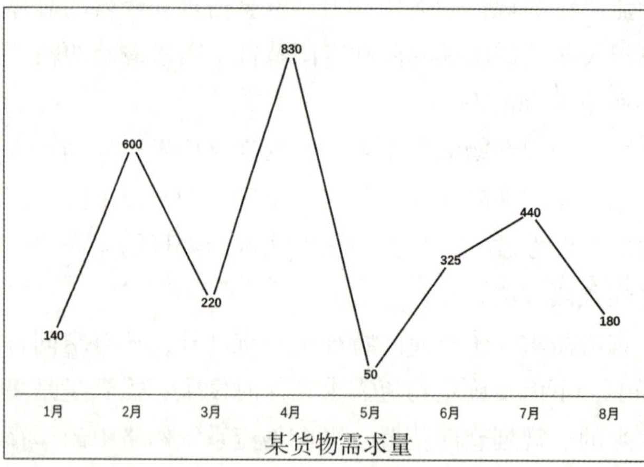

图 3-4　不规律性需求示意图

4. 派生性需求与独立需求

如果物流的需求是随着某种需求的发生而发生的，具有从属性，则这种物流需求模式就称为派生性需求（又称为相关需求）。派生性需求模式会有很强的倾向性，而且不显示随机性。我们一般采用推导的方法来计算。如采购物流需求就依赖于生产物流需求和物料的库存情况。在另一种情况下，物流需求的产生是随机的，影响物流需求变化的因素也众多，甚至不可获知，这样的需求模式被称为独立需求。对于这类独立需求，可采用一些预测模型来进行预测。多数短期物流需求预测模型都要求需求是独立的，并且是随机的。

3.3.3 物流需求预测的方法

需求预测可使用的预测方法很多，一般可分为三类：专家判断预测法、时间序列分析法和因果关系分析法。每一类方法对中长期和短期预测的相对准确性不同，分析的复杂程度也不同。同时，每一类方法的逻辑基础不同，主要看是依赖于历史数据，还是依赖于专家意见做出预测。

1. 专家判断预测法

专家判断预测法主要是一种定性预测的方法，它是在一种有组织的形式下，利用专家的直觉判断、综合分析对未来做出定性估计方法，它通过收集专家对分析过程所作的定性估计，然后即兴预测。这类预测的方法一般在历史数据缺乏，相关信息模糊又难以做出量化分析时使用。专家判断预测法的预测结果准确性未必不好，当影响需求的某些因素（如某项物流新技术的发展和应用前景、未来政府的产业政策变化等）难以预料时，专家判断预测法可能是唯一的方法。具体的专家判断预测法可分为以下几种。

（1）市场调查法

市场调查法是主要通过各种不同的市场调查方法（如问卷、面谈）收集对未来发展的趋势估计，依据调查结果，确定预测的定性判断。这种方法适合于中长期预测。

（2）小组意见法

小组意见法是指用会议的方式组织一批专家相互沟通、自由讨论，发表各自意见，然后综合各专家意见做出判断。这种方法的基本思路是认为群体讨论将得出比任何个人所能得到的更好的预测结果。这种方法适合于中长期预测。

（3）历史类比方法

历史类比方法是通过未来与历史进行对比分析，发现相似的模式，利用相似模式的历史数据进行预测。历史往往有惊人的相似。这种方法适合于中长短期预测。

（4）德尔菲法

德尔菲法（Delphi method）实际上也是一种专家意见法。它是以匿名的方式，轮番向所选取的多个专家投送预测调查问卷或预测调查表，在收到专家匿名反馈的意见后，进行析同辨异的统计分析。对于分歧较大的观点，在补充材料后编制进一步的调查问卷或调查表，再发送给专家征询。这样经过多次的轮番征询，使专家意见大致趋于一致，最后得出统一的预测值。这种方法由于接收了新的信息，对该组专家而言也是一个学习的过程，而且不存在群体压力或有支配权力的个体对整个群体的影响。

（5）综合估测法

综合估测法是一种定性与定量相结合的方法。它主要用于对事物未来发展速度的大致估计，这种估计不能得到一个确切的数值，但可以得到一个大致的范围，例如最高值是多少，最低值是多少，最可能值是多少，取值范围是多少等；又例如，可以用它来预测某地区物流市场明年的物流需求量是多少，物流提供能力是多少等。根据这些数据进行综合分析，可以求得一个统一的综合估测值。此方法的步骤如下：一是选择专家，可以是各种类型的专家，每种类型的专家选择若干名，并为每种类型、每个专家设定权重值；二是分别收集各类型每个专家的估测值（包括最高值、最低值、最有可能值）及发生的概率；三是对他们的估测值进行统计分析，得出一个统一的综合估测值。

【例 3.1】　某物流公司对两位主管经理、两位业务部门经理、三位业务员进行调查，征询他们对公司下一季度物流业务量的估计。试用综合估测法对公司下一季度的物流业务量进行预测。估计值、权重值与预测结果如表 3-1 所示。

表 3-1　物流业务量估计值、权重值与预测结果

专家类		专家名		最高值		最低值		最可能值		期望值	类别期望值
职务类别	权重	姓名	权重	估测值	概率	估测值	概率	估测值	概率		
主管经理	0.5	甲	0.6	155	0.3	115	0.2	140	0.5	139.5	142.3
		乙	0.4	165	0.3	110	0.2	150	0.5	146.5	
部门经理	0.3	丙	0.52	163	0.3	120	0.2	149	0.5	147.4	140.68
		丁	0.48	158	0.3	105	0.2	130	0.5	133.4	
业务员	0.2	戊	0.33	135	0.3	100	0.2	125	0.5	123	129.75
		己	0.33	140	0.3	105	0.2	130	0.5	128	
		庚	0.34	150	0.3	115	0.2	140	0.5	138	
综合预测值											139.3

其中，表 3-1 中每位专家的期望值由各估测值乘以相应概率并相加得出，而类别期望值是各位专家的期望值乘以相应的权重值并相加得出，综合预测值是由各专家类别的期望值乘以相应的权重值并相加得出。

2. 时间序列分析法

时间序列是分析数据按照时间先后顺序依次排列的数列。时间序列分析预测法是最常用的一种大类预测方法，它是根据所预测对象的纵向历史数据资料，按时间进程组成的动态数列进行分析，预测未来的方法。时间序列分析预测法是基于历史继承性这一原则而进行的预测，即短期内某个事情的发展趋势是其过去历史的延伸。它注重研究事情发展变化的内容。这类预测方法通常用于在外界影响比较稳定的条件下作短期预测。它主要内容包括简单平均法、加权平均法、移动平均法、加权移动平均法、指数平滑法等方法。

（1）简单平均法

简单平均法是取前几个时段（如：日、周、月、季、年等）的数值的平均值，作为后一时段的预测值。这种方法主要适用于那些变化比较稳定的预测对象，预测对象在各个时间段的发生值大体差不多，总体都围绕一个固定值上下随机波动，无趋势和季节性变化。

（2）加权平均法

加权平均法是对于时间序列的数值，根据它们各自对于预测值的重要程度分别设置重要度权数，然后将它们加权平均来求得预测值的预测方法。

（3）移动平均法

移动平均法是从时间序列的第一项数据开始，按一定的项数（或称为组距）逐项向后移动，按相同的项数求平均值，这些平均值构成了一个新的时间序列，也称为移动平均数列。这个移动平均数列对原数据的随机性加以修正，变化趋于平滑，更显现长期变动趋势，然后将这组移动平均数列的最后一个数值直接作为下一期预测值，或求这组移动平均数列的平均值作为下一期预测值。

（4）加权移动平均法

加权移动平均法是在各个时间序列中对每一项数值设置一个权重，再按一定的项数计算加权平均值，与移动平均法一样向后逐项移动形成加权移动平均数列，然后再进行预测。

（5）指数平滑法

指数平滑法也是一种加权移动平均法。此方法的预测思路是根据上一期实际值和上一期预测值导出下一期预测值。在预测中引入一个平滑系数 α，$0 \leqslant \alpha \leqslant 1$，其预测计算的表达式为：

下一期预测值 $= \alpha \times$（前一期实际值）+（$1-\alpha$）×（前一期的预测值）　（3-1）

为方便起见，可将式（3-1）写成：

$$S+1=\alpha A+(1-\alpha)S \tag{3-2}$$

$$St+1=\alpha At+(1-\alpha)St$$

式中：t——本期时间；

α——指数平滑系数；

At——第 t 期的实际需求量；

St——第 t 期的预测值；

$St+1$：第 $t+1$ 期或下一期的预测值，也可写成：

$$St+1=St+\alpha(At-St) \tag{3-3}$$

从式（3-3）可看出，下一期的预测值是上一期预测值加上一个修正的上一期预测的误差。在这里，平滑系数的大小决定了下一期预测对前一期预测的修正程度。在选择平滑系数 α 时，需要一定程度的主观判断。α 值越大，对近期实际需求情况给的权重值越大，模型就越快地对时间序列的变化做出反应。但 α 值过大可能使预测过于敏感，会随时间序列的随机波动而波动，而不是根本性变化。α 值越小，实际值的分量越轻，预测值的分量越重，数据平滑均匀的程度越大，预测值越不受时间序列的随机因素的干扰而波动，而对时间序列的根本性变化需要的时滞就越长。因此，要根据时间序列变化程度和对预测值要求程度决定 α 取值的大小。

【例 3.2】　表 3-2 中给出了某物流公司近三年来各季度的实际货物配送量，试用指数平滑法预测 2018 年第三季度的货物配送量，在这里分别取 $\alpha=0.03$，0.1，0.3，0.9 来预测货物配送量，并对不同的平滑系数进行误差比较。

表 3-2 用指数平滑预测需求量

年份	季度	时期	实际值	预测值			
				α=0.03	α=0.1	α=0.3	α=0.9
2015	4	1	390.00				
2016	1	2	275.00	390.00	390.00	390.00	390.00
	2	3	420.00	386.55	378.50	355.50	286.50
2016	3	4	210.00	387.55	382.65	374.85	406.65
	4	5	413.00	382.23	365.39	328.40	229.67
2017	1	6	287.00	383.15	370.15	351.68	394.67
	2	7	426.00	380.27	361.83	332.27	297.77
	3	8	236.00	381.64	368.25	360.39	413.18
	4	9	428.00	377.27	355.02	323.07	253.72
2018	1	10	293.00	378.79	362.32	354.55	410.57
	2	11	432.00	376.22	355.39	336.09	304.76
	3	12		377.89	363.05	364.86	419.28

解表 3-2 中是利用式（3-2）或式（3-3）来计算预测值的结果，在计算时平滑系数 α 分别取 0.03，0.1，0.3，0.9。第二期预测值取第一期的实际值。同时在表 3-3 中计算出各平滑系数情况下预测的误差。

表 3-3 指数平滑法预测误差比较

平滑系数	误 差		绝对误差		误差平方	
	总计	平均	总计	平均	总计	平均
α=0.03	-403.7	-40.4	836.6	93.7	92408.4	9240.8
a=0.1	-269.5	-26.9	875.2	87.5	91543.3	9154.3
α=0.3	-83.8	-8.4	977.1	97.7	104673.9	10467.4
α=0.9	32.5	3.3	1460.7	146.1	223145.8	22314.6

从表 3-3 可以看出，当 α 取 0.1 时误差的平均和较小，预测效果较好。对于时间序列数值波动较大时则平滑系数尽量取较小值。

（6）带有需求趋势校正的指数平滑法（Holt 模型）

从物流需求的特征分析可知，物流需求包含系统期望需求部分与随机特征的需求部分，而系统需求部分在一般形式下又包含需求水平、需求趋势和季节性需求。系统需求计算可以有以下几种形式。

①复合型：系统需求=需求水平×需求趋势×季节性需求

②附加型：系统需要=需求水平+需求趋势+季节性需求

③混合型：系统需求=（需求水平+需求趋势）×季节性需求

在预测系统需求时运用哪一种具体形式取决于需求的性质。

对于趋势和季节性变化不很显著的时间序列，用指数平滑法来预测可以获得很好的效果。但时间序列中有趋势和季节性特征时用指数平滑法来预测将会造成很大的误差。如果序列中趋势和季节性因素明显有别于随机特征，则可对指数平滑法作一些修正后再进行预测。

当假设系统需要有需求水平和需求趋势而没有季节性变动时，选用带有需求趋势校正的指数平滑法即 Holt 模型较为合适。本节中选用下列公式来预测带有需求趋势的未来系统需求：

系统需求=需求水平+需求趋势

Holt 模型只有在指数平滑法的基本模型基础上进行简单的修改，在观察完 t 期的实际需求后，整个预测模型作如下修正：

$$S,+1=\alpha A,+(1-\alpha)(S,+T,) \tag{3-4}$$

$$T1+1=\beta(S+1-S,)+(1-\beta)T, \tag{3-5}$$

$$F1+1=S+1+T1+1 \tag{3-6}$$

式中：a——需求水平的平滑系数，$0<\alpha<1$；

β——需求趋势的平滑系数，$0<F+1=S+1+T+1<1$；

A——第 t 期的实际需求量；

S——第 t 期的需求水平预测值；

$S+1$——第 $t+1$ 期的需求水平预测值；

T——第 t 期的趋势预测值；

$F+1$——第 $t+1$ 期趋势校正后的预测值。

在应用此模型之前，有两个条件要满足：一是需求模型的季节性波动的高峰与低谷产生的原因必须已知，这些峰谷值必须在每个周期的同一时间出现；二是季节性变化要比随机波动大。

如果季节性需求不平稳，不明显，无法与随机变化区分开来，那么很难开发出准确预测下一期需求走势的模型。如果情况如此，基本的指数平滑模型配以合适的平滑系统就可以降低时滞的影响，可以比更复杂的模型效果更好。因此，在选择模型时要非常慎重。

现假定需求的周期数为 L，在 t 期，已给定实际值 A,、初始需求水平 S,、初始需求趋势 T 以及一个周期的初始季节性需求 I，$I4+1$，$I+L-1$ 的预测，则第 $t+1$ 期对需求水平、需求趋势、季节性需求以及总的需求预测作如下校正：

$$S+1=a(A,/I1)+(1-\alpha)(S,+T,) \tag{3-7}$$

$$T+1=\beta(S+1-S,)+(1-\beta)T, \tag{3-8}$$

$$I+1=\gamma(A,/S,)+(1-\gamma)/2$$

$$\tag{3-9}$$

$$F2+1=(S+1+T+1)/4+1 \tag{3-10}$$

式中：L——季节性需求的周期；

I——第 t 期的季节性需求预测值。

【例 3.3】 以例 3.2 的数据为例，仍然预测 2018 年第三季度的货物配送量，只是在这里增加了对趋势的修正。假设需求水平的平滑系数 $\alpha=0.1$，需求趋势的平滑系数 $\beta=0.3$，又令需求水平的初始值为 $S2=390$，同时需求趋势的初始值 $T2=0$。

解：现从第 3 期（2016 年第二季度）开始预测。按式（3-4）、（3-5）、（3-6）要求根据第 2 期预测结果计算：

$S3=0.1\times275+0.9\times(390+0)=378.5$，

$T3=0.3\times(378.5-390)+0.7\times0=-3.45$，

$F3=S3+T3=378.5-3.45=375.05$。

其他时期依次计算，其结果如表 3-4 所示。

表 3-4 需求趋势校正后的指数平滑法预测结果

季度	时期	实际值	需求水平	需求趋势	系统需求	预测误差	绝对误差	误差平方
4	1	390						
1	2	275	390.000	0.000	390.000	115.000	115.000	13225.000
2	3	420	378.500	-3.450	375.050	-44.950	44.950	2020.503
3	4	210	379.454	-2.101	377.444	167.444	167.444	28037.326
4	5	413	360.699	-7.125	353.574	-59.426	59.426	3531.408
1	6	287	359.517	-5.342	-354.175	67.175	67.175	4512.646
2	7	426	347.457	-7.357	340.100	85.900	85.900	7378.792
3	8	236	348.690	-4.780	343.910	107.910	107.910	11644.527
4	9	428	333.119	-8.018	325.101	-102.899	102.899	10588.153
1	10	293	335.391	-4.931	330.461	37.461	37.461	1403.290
2	11	432	326.714	-6.054	320.660	-111.340	111.340	12396.590
3	12		331.794	-2.714	329.080			

从表 3-4 中可得出预测的误差和为 90.474，绝对误差和为 899.505，而误差平方和为 94738.052。

（7）带有需求趋势和季节性需求校正的指数平滑法（Winter 模型）

当需求的时间序列中可观察到既有趋势变动特征又有季节性波动的特征时，使用带有需求趋势和季节性需求校正的指数平滑法较合适。

（8）趋势外推预测法

趋势外推预测法可以用于当时间序列无明显的随周期变动的特征时的预测，这种时间序列是随时间的推移而呈现某种上升或下降的趋势，用时间变量的函数来反映这种趋势，并延伸至未来，通过计算未来时间的函数值来预测。预测模型主要包括线性预测模型、幂函数曲线预测模型、对数曲线预测模型、指数曲线预测模型、修正指数曲线预测模型、龚珀兹曲线预测模型、逻辑曲线预测模型等。此预测方法比较适应于中长期预测。

3. 因果关系分析法

因果关系分析法是一类对预测对象与其制约因素的相互联系进行分析，从而建立预测对象与其所能观察到的相关因素间因果关系的预测模型来进行预测的方法。这类方法首先要研究影响预测对象的变化的外部制约因素的作用，寻找有因果关系的外部因素，即预测变量的变化取决于其他有因果关系变量的变化水平。用此方法预测时，必须掌握大量的纵向与横向数据，并对此作因果关系的逻辑分析和相关度计算，然后再建立预测模型。

在物流需求的预测中，也有很多因果关系，例如，物流量的增长与经济发展水平呈因果关系，经济发展水平（如 GDP）的增长会导致物流量的增长。除了经济发展水平之外，物流量的增长还与交通基础建设投资、流通范围的大小有关，因此，物流量的增长与 GDP、交通基础建设投资、流通范围的大小等因素就构成了一元的或多元的因果关系。通过观察相关因素的变化量来对预测对象的变化量进行预测，这类预测法的常用方法有以下几种。

（1）回归分析预测法

回归分析预测法是根据预测对象与影响预测对象的因素之间的关系来建立回归模型，并通过回归模型进行预测。根据考虑因素的多少，回归模型可分为一元回归或多元回归模型。预测对象与影响预测对象的因素之间的相关关系往往存在着非确定性关系，即不能用精确的函数关系式来表达。但在统计学意义上，它们之间的相关关系可以通过统计的方法给出某种函数表达方式，这种处理变量关系的方法就是回归分析法。回归分析预测法是通过大量统计数据，在分析变量间非确定性关系的基础上，找出变量间的统计规律性，并用统计意义上的函数关系式来表达变量间的统计规律，并通过此函数关系式进行预测。

①一元线性回归预测法。一元线性回归预测法是当预测对象（也称为因变量）只受一个主要因素（也称为自变量）影响，并且它们之间存在着明显的线性相关关系时所采用的回归预测方法。

假设自变量 x 与因变量 y 之间有明显的线性相关关系，且当 x 确定之后，y 有某种不确定性，通过调查获得 n 组观察数据（X_1，Y_1），（X_2，Y_2）……（X_n，Y_n），则相关方程为：

$$P \text{ 或 } A=a+bx \tag{3-11}$$

其中：P 或 A——预测物流量；

a——常数；

b——回归系数；

x——影响物流量的因素。

模型中的 a，b 值的确定，采用最小二乘法计算，计算公式如下：

$$\begin{cases} a=\dfrac{n\sum\limits_{i=1}^{n}x_iy_i-\sum\limits_{i=1}^{n}x_i\sum\limits_{i=1}^{n}y_i}{n\sum\limits_{i=1}^{n}x_i^{\ 2}-(\sum\limits_{i=1}^{n}x_i)^2} \\ b=\dfrac{1}{n}\sum\limits_{i=1}^{n}y_i-\dfrac{a}{n}\sum\limits_{i=1}^{n}y_i \end{cases} \tag{3-12}$$

在建立相关方程前，必须进行相关性检验，即检验两个变量 x 和 y 之间是否存在明显的线性相关关系。相关性检验主要是对这两个变量的 n 组观察值通过数理统计分析中的 F 检验和 R 检验来进行的。F 检验是已解释方差与未解释方差之比，F 越大，回归效果越好。R 检验是已解释方差与总体方差之比，它反映出总体回归效果，越接近于 1 越好。

【例 3.4】 表 3-5 是我国 2010—2016 年国内生产总值与全国私营企业人均工资数据，试对其进行相关分析，求出线性相关方程，并作显著性检验。

表 3-5 国内生产总值与全国私营企业人均工资①

年 份	国内生产总值（亿元）	全国私营企业人均工资（元）
2010	413030.3	20759
2011	489300.6	24556
2012	540367.4	28752
2013	595244.4	32706
2014	643974.0	36390
2015	685505.8	39589
2016	741140.4	42833

解：可以利用 SPSS、SAS、Excel 等软件来进行回归分析，如用 Excel 软件，回归分析的结果如下：

相关系数 $R2=0.996>0.8$，F 检验值 $=1257.167$，$a=-8817.46$，$b=0.0699$，则相关方程为：

$$Y=-8817.46+0.0699X \tag{3-13}$$

检验结果表明，国内生产总值与全国私营企业人均工资之间具有很强的线性相关关系。当国内生产总值达到 80 万亿元时，全国私营企业人均工资将达到 47103 元。

②多元线性回归预测法。在物流系统中，不仅存在预测对象只受一个主要因素影响的情况，而且多个因素同时作用于这个预测对象的情况也很常见。对于后一种情形，一般可以用多元回归分析方法来进行预测。

多元线性回归预测法是对各个自变量和因变量的 n 组观察数据，在明确因变量与各个自变量间存在线性相关关系的基础上，给出适当的多元回归方程，并据此做出关于因变量的发展变化趋势的预测。建立一个多元回归模型需要复杂的统计方法，可以利用计算机的统计软件包来建立多元线性回归方程，其模型如下：

$$P \text{ 或 } A=k_0+k_1X_1+k_2X_2+\cdots+k_nX_n \tag{3-14}$$

其中：P 或 A——预测的物流量或吸引量；

ki——影响物流产生的因素（人口数、工厂建筑面积、仓库面积、GDP、车辆数量、人均消费水平、人均收入水平等）。

① 数据来源：中国统计年鉴。

（2）投入产出模型

投入产出分析是研究经济系统各个部分间表现为投入与产出的相互依存关系的数量经济分析方法，是在投入与产出的相互关系模型的技术上通过观察投入量的变化来预测产出量的变化。

（3）先行指标法

在预测对象与其制约因素的相互联系时，有时出现某些因素先发生可观察的变化，而后预测对象也发生变化的现象。先行指标法就是统计那些与所预测的序列同方向变动，但其变动发生在所预测的序列变动之前的变量数据，再利用这些先行变量来进行预测。

需要指出的是，随着计算机技术的快速发展，出现了很多利用计算机技术来进行预测的方法，如动态模拟预测法、神经网络预测法等。由于这些方法涉及较多的数学知识，是比较复杂的预测方法，在进行需求预测时，要把定性预测与定量预测结合起来进行多种方法的组合预测，以此提高需求预测的质量，为后续的规划设计决策提供可靠的依据。

以人工神经网络（Artificial Neural Network，ANN）为例，其基本原理是：由大量处理单元（神经元 Neurons）广泛互连而成的网络，由分布于若干层的节点组成。每个单节点都有自己的输入值、权重、求和与激活函数以及输出值，在处理之前，数据被分为训练数据集（Training Data set）和测试数据集（Testing Data set），然后将权重数输入，指派到第一层的每一个节点。每次重复时，系统处理输入，并与实际值相比较，得到度量后的误差，并反馈给系统，调整权重。大多数情形下，调整后的权重都能更好地预测实际值。当达到预定义的最小误差水平时，处理结束。

任务四　物流系统战略分析与决策

3.4.1　物流系统战略的类型

物流系统的战略规划是更大系统（如区域经济系统或企业系统）的战略规划的组成部分，其战略目标应与区域经济发展目标或企业的发展战略相匹配。物流系统发展战略的制定对物流系统具体方案设计与选择有重要的指导作用，是物流系统规划中各种专项策略制定的基本依据。物流系统战略规划的总目标是在保证物流服务水平的前提下，使物流成本最低化，实现最佳的经济效益、社会效益与生态效益，使物流系统可以持续性发展。具体到某一物流系统，由于所处的竞争环境不同、环节不同或发展阶段不同，具有不同的发展战略。物流系统的战略类型主要有即时（JIT—just in time）物流战略、基于客户服务的物流战略、基于时间的物流战略、横向协同物流战略、纵向一体化物流战略、第三方物流战略、竞合物流战略、绿色物流战略等，本书仅列举几例予以简述。

1. 即时物流战略

即时物流核心是在需要的时间及时将所需要的物料或产品运抵目标场所，及时补货，最大限度地压缩库存。即时物流战略主要依靠即时采购和即时销售完成。

2. 协同或一体化物流战略

协同化物流是打破单个企业的绩效界限，通过相互协调和统一，创造出最适宜的物流运行结构。主要包括以下三种模式。

（1）横向物流协同是指同产业或不同产业的企业之间就物流管理达成协调、统一运营的机制。

（2）纵向协同物流是流通渠道不同阶段企业相互协调合作，形成共同的物流管理系统。

（3）通过专业物流公司实现协同，是一种集成物流作业模式，由专业物流公司通过对物流业务合并、协调，利用先进设施设备和专业水平，创造出比供方和需方采用自我物流服务系统运作更快捷、更安全、更高服务水准，且更低廉的物流服务。

3. 其他物流系统战略

全球化物流战略即全球型企业在全球范围内协调物流活动，实现对资源的最佳利用，发挥最大的规模效益；互联网物流战略即利用互联网对物流进行管理，具有成本低、实时动态性和顾客推动的特征；绿色物流战略即物流管理考虑商品消费后的循环物流，考虑如何使企业现有的物流系统减少对环境所产生的负面影响。

3.4.2 物流系统的环境分析

规划一个物流系统的目的是要立足于物流服务市场，配置各种物流要素，形成一定的物流生产能力，使物流系统能实现既定的目标。只有通过考察分析影响物流系统绩效的内在和外在因素，才能做出合理的规划与设计方案。

影响物流系统战略定位的环境因素通常有以下七个方面。

1. 物流服务需求

由于竞争对手、物流服务市场不断发生变化，为了适应变化的环境，必须不断地改进物流服务条件，以寻求有力的物流系统，支持市场发展前景良好的物流服务项目。物流服务需求包括服务水平、服务地点、服务时间、产品特征等多项因素，这些因素是物流系统战略定位的基础依据。短的交货周期，意味着需要采用快捷的运输方式灵活配置更多的仓库，服务地点和服务时间直接决定物流系统的物流网络配置以及运输方案设计，产品特征影响仓储设备、搬运设备、运输设备等选择，同时也对选择快速响应的敏捷物流系统还是低成本的精益物流系统产生影响。

2. 行业竞争力

为了成为有效的市场参与者，应对竞争对手的物流竞争力，如竞争对手的服务水平、物流资源配置情况、服务方式及理赔情况等作详细分析，从而掌握行业基本服务水平，寻求自己的物流市场定位，以发展自身的核心竞争力，构筑合理的物流系统。

3. 区域市场特征

物流系统中物流网络结构直接同顾客及供应商的位置有关。地理区位条件、区位人口密度、交通状况、物流基础设施、市场渠道结构、物流运作效率等因素都会影响物流系统战略定位的效果。

4. 物流技术发展

在技术领域中对物流系统最具影响力的是信息、运输、包装、装卸搬运、管理技术等多种技术，其中物流信息采集与识别技术、物流信息交换与传输技术、物流信息存储与处理技术的应用对物流的发展具有革命性的影响。及时、快捷、准确的信息交换有助于随时掌握物流动态，不仅可以用来改进物流系统的实时管理控制与决策，而且可以为实现物流作业一体化，提高物流效率奠定基础。

大数据、人工智能、多式联运、集装箱技术、优化运输路线选择等，提高了运输衔接能力和运输效率。机器人、自动化仓储系统、自动导向车系统、自动分拣等系统的使用，提高了物流节点的生产力，增加了物流节点的物流输入和输出能力。

“低碳经济”和“碳中和”等国家发展战略催生出的包装创新，提高了物流操作效率，便于物流的运输、搬运、分析，增加了货物安全保护能力，同时提高了包装货物识别跟踪和管理的能力。

5. 社会经济发展

经济发展水平、居民消费水平、产业结构直接影响着物流服务需求的内容、数量、质量。为了满足用户需要，物流业的内容也在不断拓展、丰富，运输、配送、中转、仓储保管、装卸、包装、流通加工和信息服务等构成了现代物流活动的主要内容。因此，物流系统应适应物流服务需求的变化，不断拓展其功能，以满足经济发展的需要。

6. 人力资源条件

人力资源包括物流从业人员的数量、素质与结构。物流系统的建设与运营管理都需要足够的高素质人才，同时需要对物流人力资源进行合理配置和开发利用。人力资源条件会影响物流系统战略规划方案的选择，发展现代物流需要从战略高度重视人才建设。

7. 政府与政策支持

物流运输法规、税收政策、通关效率、物流技术标准等都将影响物流系统的规划。在规划设计时，要考虑政策性的因素，如政府的物流政策、税收政策以及法律、法规和发展规划等方面的要求，还要考虑环保因素，如废物排放量、污染程度、生态环境平衡等要求；同时，要遵循国家标准与行业标准。

3.4.3 物流系统的战略定位方法——SWOT 分析方法

物流系统战略定位的制定方法主要有 SWOT（优势、劣势、机会、威胁）分析法、战略地位与评价（SPACE）方法、波士顿（BCG）矩阵、大战略矩阵等，其中 SWOT 分析法是较为常用的方法之一。

1. SWOT 分析方法

所谓 SWOT 分析，即基于内外部竞争环境和竞争条件下的态势分析，就是将与研究对象密切相关的各种主要内部优势、劣势和外部的机会和威胁等，通过调查列举出来，并依照矩阵形式排列，然后用系统分析的思想，把各种因素相互匹配起来加以分析，从中得出一系列相应的结论，而结论通常带有一定的决策性。运用这种方法，可以对研究对象所处的情景进行全面、系统、准确的研究，从而根据研究结果制定相应的发展战略、计划以及对策等。

S（Strengths）是优势，W（Weaknesses）是劣势，O（Opportunities）是机会，T（Threats）是威胁。按照企业竞争战略的完整概念，战略应是一个企业“能够做的”（组织的强项和弱项）和“可能做的”（环境的机会和威胁）之间的有机组合。

2. SWOT 分析法特点

SWOT 分析方法从某种意义上来说隶属于企业内部分析方法，即根据企业自身的条件进行分析。SWOT 分析有其形成的基础。著名的竞争战略专家迈克尔·波特提出的竞争理论从产业结构入手对一个企业“可能做的”方面进行了透彻的分析和说明，而能力学派管理学家则运用价值链解构企业的价值创造过程，注重对公司的资源和能力的分析。

SWOT 分析，就是在综合了前面两者的基础上，以资源学派学者为代表，将公司的内部分析（20 世纪 80 年代中期管理学界权威们所关注的研究取向），与以能力学派为代表的产业竞争环境的外部分析（更早期战略研究所关注的中心主题，以安德鲁斯与迈克尔·波特为代表）结合起来，形成了自己结构化的平衡系统分析体系。与其他的分析方法相比较，SWOT 分析从一开始就具有显著的结构化和系统性的特征。就结构化而言，在形式上，SWOT 分析法表现为构造 SWOT 结构矩阵，并对矩阵的不同区域赋予了不同分析意义。内容上，SWOT 分析法的主要理论基础也强调从结构分析入手对企业的外部环境和内部资源进行分析。

3. 分析方法

优劣势分析主要是着眼于企业自身的实力及其与竞争对手的比较，而机会和威胁分析将注意力放在外部环境的变化及对企业的可能影响上。在分析时，应把所有的内部因素（优劣势）集中在一起，然后用外部的力量来对这些因素进行评估。

（1）机会与威胁分析（OT）

随着全球经济一体化过程的加快，全球信息网络的建立和消费需求的多样化，企业所处的环境更为开放和动荡。这种变化几乎对所有企业都产生了深刻的影响。正因为如此，环境分析成为一种日益重要的企业职能。

环境发展趋势分为两大类：一类表示环境威胁，另一类表示环境机会。环境威胁是指环境中一种不利的发展趋势所形成的挑战，如果不采取果断的战略行为，这种不利趋势将导致公司的竞争地位受到削弱。环境机会就是对公司行为富有吸引力的领域，在这一领域中，该公司将拥有竞争优势。

当然，对环境的分析也可以有不同的角度。比如，一种简明扼要的方法就是 PEST 分析，另外一种比较常见的方法就是波特的五力分析。不过 PEST 分析更多强调宏观环境（产业环境），而波特五力分析侧重竞争环境（行业环境）分析。

（2）优势与劣势分析（SW）

识别环境中有吸引力的机会是一回事，拥有在机会中成功所必需的竞争能力是另一回事。每个企业都要定期检查自己的优势与劣势，这可通过“企业经营管理检核表”的方式进行。企业或企业外的咨询机构都可利用这一格式检查企业的营销、财务、制造和组织能力。每一要素都要按照特强、稍强、中等、稍弱或特弱划分等级。

当两个企业处在同一市场或者说它们都有能力向同一顾客群体提供产品和服务时，如果其中一个企业有更高的赢利率或赢利潜力，那么，我们就认为这个企业比另外一个企业更具有竞争优势。换句话说，所谓竞争优势是指一个企业超越其竞争对手的能力，这种能力有助于实现企业的主要目标——赢利。但值得注意的是，竞争优势并不一定完全体现在较高的赢利率上，因为有时企业更希望增加市场份额，或者多奖励管理人员或雇员。

竞争优势可以指消费者眼中一个企业或它的产品有别于其竞争对手的任何优越的东西，它可以是产品线的宽度，产品的大小、质量、可靠性、适用性、风格和形象以及服务的及时、态度的热情等。虽然竞争优势实际上指的是一个企业比其竞争对手有较强的综合优势，但是明确企业究竟在哪一个方面具有优势更有意义，因为只有这样，才可以扬长避短，或者以实击虚。

由于企业是一个整体，而且竞争性优势来源十分广泛，所以，在做优劣势分析时必须从整个价值链的每个环节上，将企业与竞争对手做详细的对比。如产品是否新颖，制造工艺是否复杂，销售渠道是否畅通，以及价格是否具有竞争性等。如果一个企业在某一方面或几个方面的优势正是该行业企业应具备的关键成功要素，那么，该企业的综合竞争优势也许就强一些。需要指出的是，衡量一个企业及其产品是否具有竞争优势，只能站在现有潜在用户角度上，而不是站在企业的角度上。

企业在维持竞争优势过程中，必须深刻认识自身的资源和能力，采取适当的措施。因为一个企业一旦在某一方面具有了竞争优势，势必会吸引到竞争对手的注意。一般来说，首先，企业经过一段时期的努力，建立起了某种竞争优势；其次，就处于维持这种竞争优势的态势，竞争对手开始逐渐做出反应；最后，如果竞争对手直接进攻企业的优势所在，或采取其他更为有力的策略，就会使这种优势受到削弱。

4. 分析步骤

对企业发展中的优势（Strengths）、劣势（Weaknesses）、机会（Opportunities）和威胁（Threats）进行罗列分析，并按照一定的次序和矩阵形式排列起来，从控制或减弱不利因素影响、发挥自身优势出发，把各种因素相互匹配起来加以分析，进而得出一系列理论。优势、劣势主要是自身的实力和与竞争对手的比较，机会和威胁分析主要着眼于外部环境对企业的影响，从而将企业的战略与企业资源、外部环境有机结合。因此，明确企业的资源优势和缺陷，了解企业所面临的机会和挑战，对于制定企业未来发展战略有着至关重要的意义。

利用 SWOT 分析的主要步骤如图 3-5。

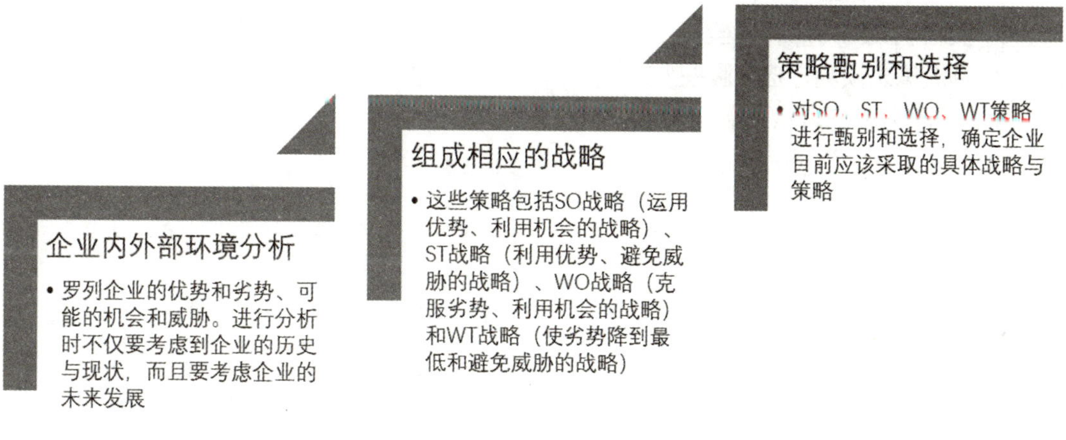

图 3-5　SWOT 分析步骤图

以某物流企业为例，通过内外环境条件战略因素 SWOT 分析如表 3-6 所示。

表 3-6　某物流企业 SWOT 分析

优势（Strengths）	劣势（Weaknesses）
1. 原有国际物流操作优势（也就是在国际物流的基础操作，如报关、清关、空运、海运、陆运、储存方面的操作优势） 2. 物流成功案例与经验 3. 全国领先的网络系统 4. 强有力的集约化管理系统 5. 与海关空运等系统的良好关系	1. 与一些超大型企业比，在资产与资金方面有不小的差距 2. 与海运、铁路相关联的大批量货物物流基础不强 3. 国际网络不很强，有网点，但要建立全球性网络，独自开展全球性物流是远远不够的
机会（Opportunities）	**威胁（Threats）**
1. 物流与电子商务高速增长 2. 国内外大型企业需要高水平物流服务 3. 加入 WTO 后跨国物流公司需要国内网络的配合	1. 海陆空大型运输企业与大型商业公司大力扩展物流业务，正在稳步推进 2. 加入 WTO 后跨国物流公司大量进入 3. 国内大批“翻牌”物流企业涌现，在零部件领域形成恶性竞争，导致利润率不断下降

项目总结

本项目涉及物流系统规划开发的系统调研阶段，主要包括系统调研概述、调研决策分析、需求预测、物流系统战略分析等内容，只有掌握客户真实需求，才能规划设计出适合未来生产需要的物流系统。

项目思考

1. 物流系统调研分析的主要内容有哪些？
2. 资料收集的方法有哪些？
3. 物流需求预测方法有哪些？
4. SWOT 分析的内容有哪些？

项目四

实利厚实——物流系统网络规划设计

【学习目标】

专业知识目标

- 了解物流网络含义
- 理解物流网络结构模式
- 掌握物流网络规划设计内容
- 应用物流网络规划设计不同方法

职业能力目标

- 能区分不同物流网络模式的特点和结构
- 能利用不同方法进行物流网络结构设计

素养目标

- 通过学习课程内容树立“低碳意识”和“绿色发展观念”
- 在实训过程中培养学生用人文精神思考和理解物流网络关系
- 培养“成本节约、提质增效”的职业习惯
- 提升学生坚强恒久的意志力量

【重点难点】

学习重点

- 物流网络的结构模式
- 物流网络规划设计内容、原则及因素

学习难点

- “低碳经济”下逆向物流网络规划设计

【引导/课程案例】

华为"备胎"管理与中国企业"双链"构建①

随着中国对外贸易的急剧扩张，我国产品出口出现了"逆比较优势"的现象，技术密集型产品的出口规模超越了一些技术先进的国家。华为公司在"备胎计划"中体现出的基于动态比较优势管理供应链中断风险，对中国其他企业具有一定的借鉴意义。

1. "备胎计划"的优势

"备胎计划"是企业为了避免潜在风险，维持正常运转，预防原定计划无法正常实施而设计的可用于替代常规计划的备选方案。具有以下优势。

第一，它增强了企业的抗风险能力。"备胎计划"保证企业对于生产所需的关键产品和供应渠道都有至少一个备用选项。当上游企业的供应被打断时，企业通过启用"备胎计划"维持供应链关键节点上的技术或产品供给，并基于比较优势在国内构建新的供应链。在被列入美国"实体清单"的第二天，华为公司宣布启用"备胎计划"。该计划保证了华为生产线的正常运作，一定程度上减少了华为的损失。"备胎计划"有效规避了企业生产对某一特定区域的技术依赖，降低了供应链中断的概率。

第二，"备胎计划"可以提高员工的危机意识，不断激发员工的创造力，提高企业的技术创新能力，有利于企业完成比较优势的动态转换。对于处于全球供应链中下游的企业而言，一味地通过静态比较优势参与生产会使其固化在全球供应链下游。"备胎计划"的实施有利于企业在"干中学"，避免和上游企业的技术差距进一步拉大，摆脱固定的专业化分工。

华为公司的"备胎计划"使员工正视本企业与美国企业在核心技术方面的差距，激励员工不断地进行技术研发。

2. "备胎计划"的弊端。

第一，"备胎计划"包含对企业生产中所需的核心技术的开发，在研发出新的产品和技术后，企业还需要持续投入资金以对其进行更新换代。"备胎计划"增加了企业研发成本。

第二，"备胎计划"是只有当企业供应链面临中断时才会采用的应急方案，其中的技术并不参与日常的生产活动。由于缺乏市场检验，企业无法真正了解"备胎计划"中的技术能在多大程度上替代原有技术。

3. 中国企业构建"内外双供应链"的选择

集中生产和配送以及资源的全球配置所带来的供应链结构的复杂性导致了中断风险的客观存在。在中国企业高度嵌入全球供应链的情况下，中美两国的技术竞争与经济博弈导致中国企业面临供应链中断的可能性进一步增加。如何构建安全可控的供应链成为广大中国企业需要面临的问题。因此，打造"内外双供应链"能比较有效地帮助中国企业应对全球供应链中的外部风险。

---

① 符正平，叶泽樱．大国博弈下全球供应链的中断风险与"备胎"管理——基于华为公司的案例．江苏社会科学．2021（4）．

同时应该看到，全球化依旧是世界经济发展难以逆转的趋势。企业构建内部供应链并不意味着企业要闭门造车，只有积极参与国际分工，才可能在新一轮全球产业链重构中占据领先地位。

中国企业应积极提升其在全球价值链中的位置。加大研发力度可以帮助企业掌握全球供应链上的关键环节，从而降低中断风险带来的打击。企业可与多国企业或研发机构联合开发高新技术。在新的起跑线上，我国企业要积极融入全球供应链的高端环节。

最后，企业要有“创新精神”，中国企业想要完善内部供应链，最大限度降低外部风险对其造成的影响，需要寻找到一个使西方企业和国内企业站在同一起跑线上的技术方向，即做到由“0”到“1”的创新。

（资料来源：符正平，叶泽樱．大国博弈下全球供应链的中断风险与“备胎”管理——基于华为公司的案例．江苏社会科学，2021（4）．）

案例思考

1. 华为“备胎计划”供应链的结构是怎样的？有何特点？
2. 从物流角度，新时代中国企业如何打造“内外双供应链”？
3. 何为创新精神？如何理解“寻找到一个使西方企业和国内企业站在同一起跑线上的技术方向”？
4. 你在学习生活中有哪些创新？将要进行何种创新？

任务一　物流系统网络的含义与组成要素

4.1.1　物流系统网络的含义

物流系统网络是物流系统的空间网络结构，是物流活动的载体。它是指货物从供应地到需求地的整个流通渠道的结构，包括物流节点的类型、数量与位置，节点所服务的相应客户群体，节点的连接方式以及货物在节点之间空间转移的运输方式等。

从图论的角度，可以把物流系统的网络结构抽象成由点与线以及它们之间相互关系所构成的因素。物流节点是物流系统网络中连接物流线路的连接点。

本书将物流网络定义为：物流网络（Logistics network），是物流过程中相互联系的组织与设施的集合（GB）——物流节点与链的集合。

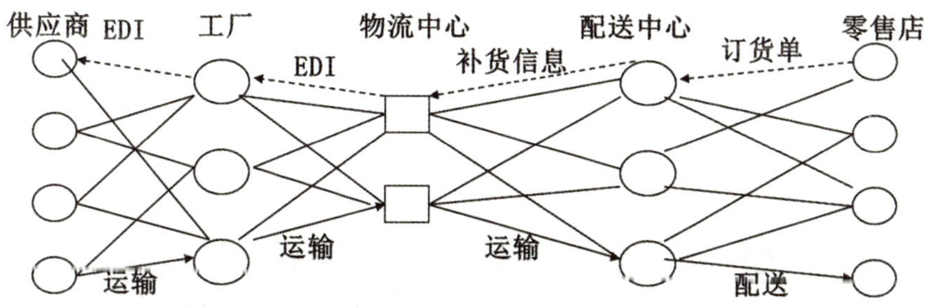

图 4-1　物流网络示意图

由图 4-1 可知，物流的过程，如果按其运动的程度即相对位移的大小来观察，又可看作是由多次的运动→停顿→运动→停顿所组成的。与这种运动形式相对应，物流系统网络结构也是由执行运动使命的各种运输方式和执行停顿的节点两种基本元素组成。各种运输方式与节点相互联系、相互匹配，通过不同的连接方式与结构组成，形成不同的物流系统网络。物流系统网络辐射能力的大小、功能的强弱、结构的合理与否直接取决于网络中这两个基本元素的匹配程度与方式。

按照以上分析维度，也可以将供应链系统作为一种网络，甚至是一种物流、信息流和资金流形成的复杂网络（图 4-2），这一点在第二章有详细论述。

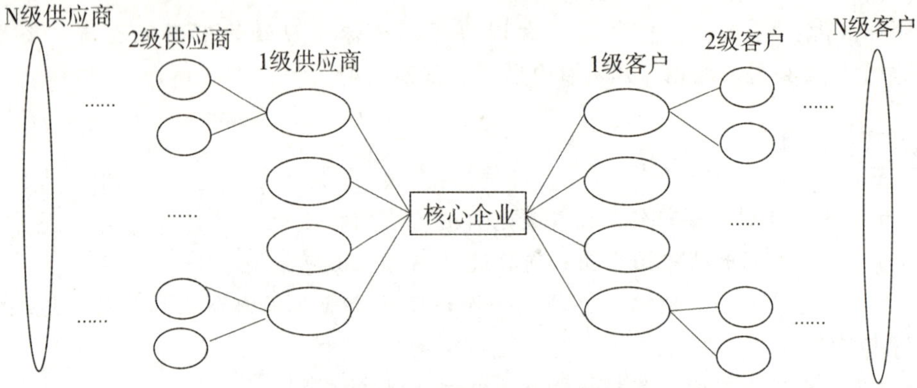

图 4-2　供应链物流网络示意图

4.1.2　物流系统网络的组成要素

物流系统网络主要由物流系统的节点与节点的连接方式（运输线路与运输方式选择）构成（图 4-3）。在一个物流网络系统中，不同层级、不同类型的节点之间的连接必须通过运输有效地连接起来，这包括运输线路和运输方式的选择。物流节点与运输线路构成了物流网络的主要框架结构，在这基础上选择不同物流处理方式完成物流系统的功能要求，达到物流系统的目标。

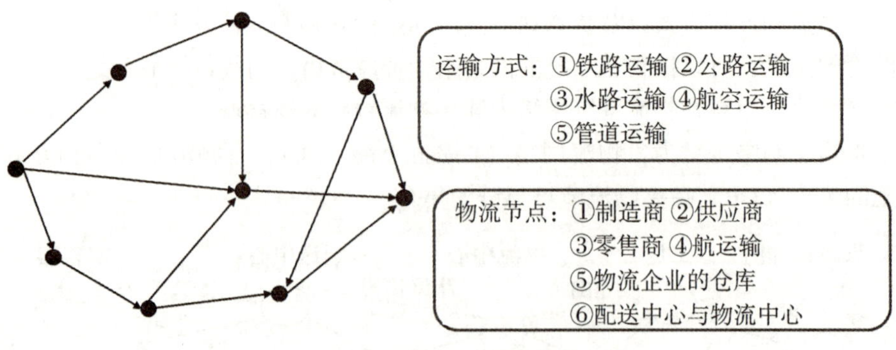

图 4-3　物流系统网络组成要素示意图

1. 运输方式

在物流系统网络规划与设计中通常综合运用不同运输方式进行构网，运输方式的分类有很多，根据规划设计的需要，常用到的运输分类方式是按照运输的组织形式进行分类的，如图 4-4 所示。

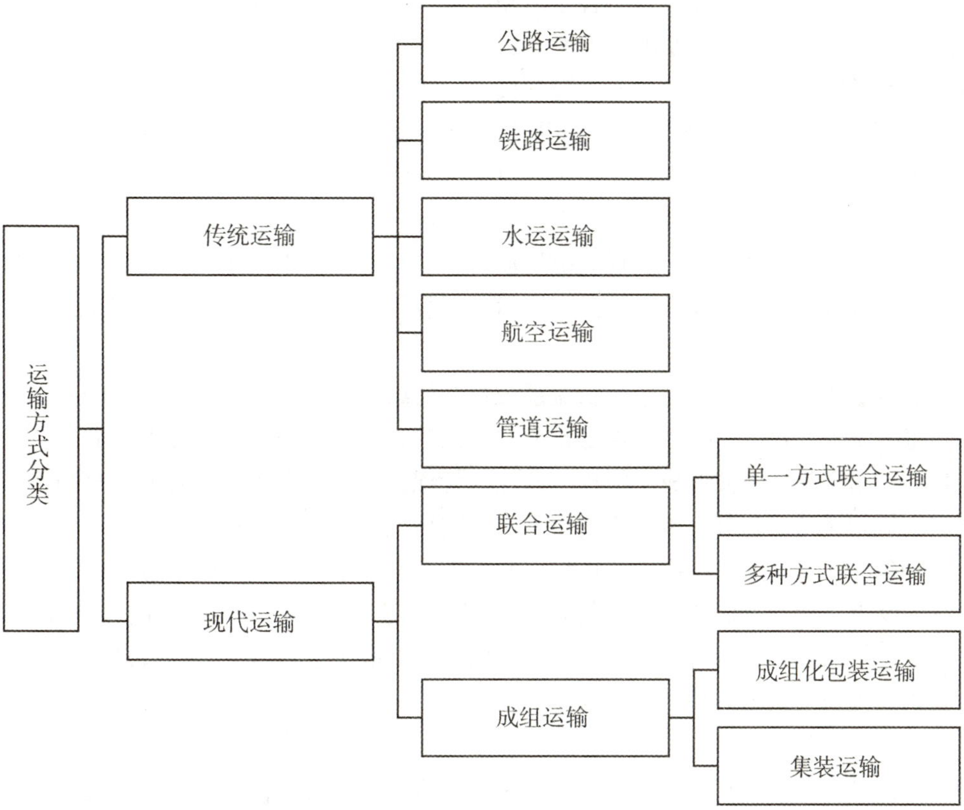

图 4-4　运输方式分类示意图

2. 物流节点

(1) 物流节点的概念

物流节点是指物流系统中货物从供应地到需求地的流动过程中经过停靠的地方，如制造商、供应商、零售商、物流企业的仓库、配送中心与物流中心，以及物流终点和起点等。物流系统中的所有活动都是在运输线路和物流节点上进行的，运输线路上所进行的运输活动是物流的主要功能要素，而物流功能要素中的其他要素，如仓储、配货、包装、装卸、分货、集货、流通加工等，则都是在物流节点上完成的。因此，物流节点是物流系统的重要组成部分，物流系统效率的发挥有赖于物流节点的位置和功能配置。在物流系统网络规划设计中，必须根据不同物流节点的功能和规模，来确定合适的物流节点配置，为物流网络功能的实现提供支撑。物流中心和配送中心是物流网络系统的重要节点。

(2) 物流节点的功能

物流网络中物流节点对优化整个物流网络起着重要作用，现代物流中的物流节点不仅执行一般的物流职能，而且还越来越多地执行协调管理、调度和信息等职能。因此，根据节点在物流系统中的地位与层次作用不同，有时物流节点被称为物流中枢或物流枢纽等。

①物流处理功能。物流节点是物流系统的重要组成部分，是仓储保管、物流集疏、流通加工、配送、包装等物流活动的载体，是完成各种物流功能、提供物流服务的重要场所。

②衔接功能。物流节点不仅将各条运输线路连接成一个系统，使各运输线路通过物流节点形成相互贯通、错综复杂的物流网络，而且将各种物流活动有效地联系起来，使各种物流活动通过物流节点的整合实现无缝连接。物流节点的衔接效率将影响整个物流系统的效率。如沃尔玛成功地运用货物对接的衔接技术，不仅减少物流节点中的库存量，而且没有引起运输成本增高，从而提高了整个物流系统的效率与效益。

物流节点的衔接作用主要表现如下：一是通过物流节点将不同运输方式或同一运输方式连接起来，通过多式联运，实现集疏运输与干线运输、干线运输与干线运输的衔接。二是通过物流节点将运输、仓储、加工、搬运、包装等物流功能有效地联系起来，实现物流作业一体化。

③信息功能。物流节点是整个物流系统物流信息收集、处理和传播扩散的集中地。在现代物流系统中，每一个物流节点都是一个物流信息节点，若干个这种类型的信息点和物流信息中心结合起来，便形成了指挥、调控、管理、调度整个物流系统的信息网络。物流系统网络规划设计过程其实也是物流信息系统网络规划设计的过程。

④管理功能。物流系统中的管理设施和机构基本集中设置于物流节点之中，从现代物流系统的观点来看，物流节点是集管理、调度、信息和物流处理为一体的物流综合设施。整个物流系统的运转是否有序化、合理化和效率化都取决于物流节点的管理水平。网络规划也是物流组织结构与管理方式的规划。

（3）物流节点的种类

在物流系统发展过程中产生了若干类型的物流节点，它们在物流活动中起着不同的作用。按不同的功能物流节点主要可分为以下三类。需要说明的是，在这里对物流节点主要以物流节点的主要功能来进行分类，这并不意味着这些物流节点除了承担其主要功能以外不能承担其他物流功能。例如，转运型物流节点也可具有储存功能，只是转运是其主要功能。

①转运型物流节点。转运型物流节点是以连接不同运输方式或相同运输方式为主要功能的物流节点，是处于运输线路上的中转节点，如铁路货站（或货场）和编组站、水运港口码头、航空港和公路货站等。一般来说，由于转运型物流节点处于运输线路上，以转换不同运输方式或同一运输方式为主，所以货物在这种节点上的停留时间较短。随着物流服务的快速、准时、低成本的发展，转运型物流节点已成为物流服务目标实现与否的关键因素。转运型物流节点具备搬运、装卸、存储、配载以及一定的流通加工和信息服务功能，在这个意义上，它同物流中心、配送中心有一定的共性，但其主要功能体现在交换运输上。因为物流系统的运作是以综合运输体系为依托的，而多种交通方式之间的转换往往是在转运型物流节点中进行的。转运型物流节点类型见表4-1所示。

表4-1 转运型物流节点分类说明

节点名称	描　述
公路货运站	公路货运站是公路运输线上衔接公路运输进行中转换载的设施
铁路货运站	铁路货运站是铁路运输上衔接两段或多段铁路线进行铁路运输货物中转或换载的设施

续表

节点名称	描　述
公铁联运站	公铁联运站是衔接公路、铁路两种不同运输方式的中转点。这种中转站一般有两种中转方式：一是汽车实行集货，由铁路完成大量运输；二是铁路运输到站后，由汽车完成小批量配送
港口	港口是衔接两种水路运输方式或同一种水路运输方式，对水运货物进行重组的转运站，有海运——内河航运中转运输、海运——海运中转运输及内河航运——内河航运中转运输三种转运方式。其实现方法有三种：一是利用码头卸货、重组再重新装船，实现转运；二是在港湾中两船直接靠接转运；三是利用港湾船从一艘卸货再装至另一艘或另几艘船转运
水陆联运站	水陆联运站是衔接水运及陆运的转运站。货物转运通过码头进行装卸和货物重组，实现陆运与水运的转换。水陆联运站也是港口的另一种衔接形式
空运转运站	空运转运站是衔接两种空中航线或衔接空运与其他运输方式的转运站，以后者为主要形式，一般称为空港
综合转运站	综合转运站是衔接两种以上运输方式，且结构复杂、功能完善的转运站

②储存型物流节点。储存型物流节点是以存放货物为主要职能的物流节点，货物在这种节点停滞时间较长。在物流系统中，储备仓库、营业仓库、货栈等都是属于这种类型的节点。

尽管不少发达国家仓库职能发生了很大的变化，一大部分仓库转化成不以储备为主要职能的流通仓库甚至流通中心。但是任何一个国家，为了保证社会经济的正常运行，保证企业经营的正常开展，保证市场的流转，仓库的储备职能仍将长期存在。仓库可按照不同的分类方法进行分类。

表 4-2　仓库分类一览表

分类标准	分　类
仓库的使用对象和权限	● 自有仓库：自有仓库是附属于各类企业的，为了储存企业自有物资（如：原料、半成品、成品）而建设的仓库 ● 营业仓库：营业仓库是社会化的一种仓库，面向社会，以经营为手段，以营利为目的 ● 公共仓库：公共仓库是为公用事业配套服务的仓库，如铁路站库、港口站库等
仓库结构和构造	● 平房仓库：平房仓库是有效高度一般不超过 5~6 米的单层仓库 ● 楼房仓库（楼库）：楼房仓库的各层间依靠垂直运输机械联系 ● 高层货架仓库：高层货架仓库也称立体仓库、自动化仓库或无人仓库，内部设施层数很高
仓库的技术处理方式和保管方式	● 普通仓库：普通仓库一般指常温保管、自然通风、无特殊功能的仓库 ● 冷藏仓库：冷藏仓库是指有制冷设备，并有良好的保温隔热性能以保持较低温度（从-20℃至 10℃之间分四个等级）的仓库 ● 恒温仓库：恒温仓库是指具有保持一定温度和湿度功能的仓库 ● 危险品仓库：危险品仓库是指能保管危险品并能对危险品起一定防护作用的仓库

③流通型物流节点。流通型物流节点是以组织物流快速流转为主要职能的物流节点，根据流向、流量等关键因素，可以分为流通性仓库、激活中心、分货中心、加工中心、配送中心、物流中心、物流园区等。

拓展思考：

(1) 位置不同，普通仓库往往位于地价较低的偏远地区，而流通型仓库则为了实现货物的快速流转，往往选址于交通条件较好的地区。

(2) 仓库相对的吞吐能力不同，普通仓库中货物往往长期存放，周转速度较慢，而流通型仓库中货物的周转速度较快，货物相对停滞的时间较短。

(3) 仓库内部构造及机械装备不同，普通仓库内部规划是以存货场地为主，作业机械较少，而流通型仓库中进出货物及理货工作所占面积相对较大，库内机械设备数量较多，运行频率高，通道面积比例大。

根据《物流概论》《现代物流管理》等课程知识，请辨析流通性仓库与传统仓库的异同点。

任务二 物流网络结构模式

4.2.1 物流网络基本形式

不同的物流系统因功能目标不同，需要有不同的物流网络结构。但综合来看，将货物从供应地运送到需求地的连接形式一般都可采用三种基本的物流网络形式：一种是直送模式，一种是经过物流枢纽节点中转模式，还有一种是回路运输模式，而物流网络的其他形式都可看作这三种基本形式的混合或变形。物流网络的三种典型结构如图 4-5 所示。

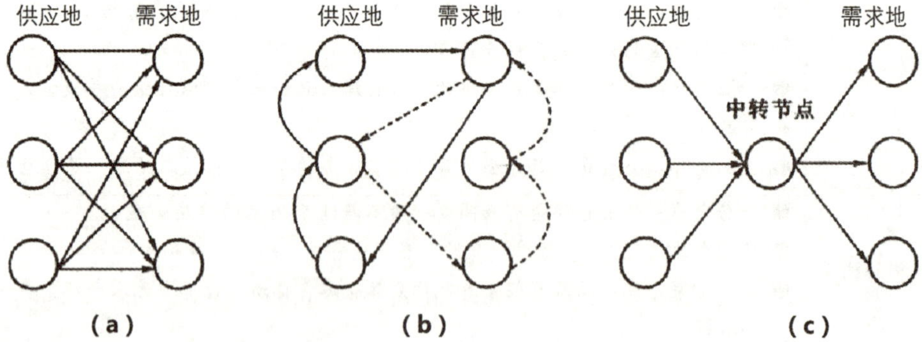

图 4-5 物流网络的三种典型结构

图 4-5 中，(a) 为物流直送模式示意图，即一个或多个供应地直送到一个或多个需求地。(b) 为回路运输模式示意图，即从一个供应地提取的货物连续运送到多个需求地，或从多个供应地连续收集货物后送至一个需求地。这种运送的线路是一种旅行商问题

（TSP）的线路结构，也称为“送奶路线”（Milk Run）网络结构。（c）是多个供应地通过物流枢纽节点处理后配送到多个需求地的示意图。图中只是一般形式，多个供应地可以用直送方式运到物流枢纽节点，也可用“送奶路线”方式集货到物流枢纽节点，同样配送也是如此，这种物流网络形式是一种可以普遍应用于经济活动的集运物流模式。

4.2.2　直送网络结构模式

在直送网络结构中，所有货物都直接从供应地运达货物需求地。每一次运输的线路是指定的，管理人员只需决定运输的数量并选择运输方式（图 4-6）。要进行这样的决策，物流管理人员必须在运输费用和库存费用之间进行权衡。

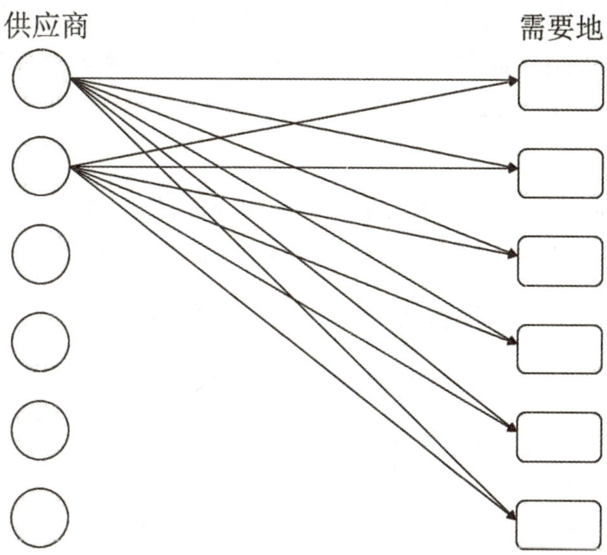

图 4-6　直送物流网络架构简图

1. 网络优势

直送网络的主要优势在于环节少，无须中转节点，可减少物流枢纽节点的建设运营成本，而且在操作和协调上简单易行，效率可能比较高。由于这种运输的规划是局部的，一次运输决策不影响别的货物的运输。同时，由于每次货物的运输都是直接的，因此，总的来说，从供应地到需求地的运输时间较短。

2. 适用条件

如果需求地的需求足够大，每次运输的规模都与整车的最大装载量相接近，那么，直送网络还是行之有效的。但如果各个需求地的运输需求量过小，没有达到满载的话，则直送网络的成本会过高。

3. 发展趋势

随着物流系统业务范围扩大，“1to1”的直送方式将变成“多 to 多”的直送方式，这种直送方式的效率将大幅下降，从而无法满足业务增长的需要。另外，“1to1”或者“多 to 多”直送方式辐射的范围非常有限，区域物流系统根本无法使用这种方式。

4.2.3 利用“送奶路线”的直送网络结构模式

这种网络结构模式是通过一辆卡车（或其他运输工具）把一个供应地的货物直接向多个需求地运送，或者由一辆卡车从多个供应地装载一个需求地的货物，再直接运送。一旦选择这种物流网络模式，管理者就必须对每条“送奶路线”进行规划，如图 4-7 所示。

直接运送具有无须中转仓库的好处，而“送奶路线”通过多个供应商或零售商的货物装载在一辆卡车上的联合运输降低了运输成本。例如，由于每家零售店的库存补给规模较小，这就要求使用非满载方式进行直接运送，而“送奶路线”使多家零售店的货物运送可以装载于同一辆卡车上进行，从而更好地利用车辆的装载能力，降低了运输成本。如果有规律地进行经常性、小规模的运送，而且多个供应商或零售店在空间上非常接近，“送奶路线”的使用将显著地降低成本。如丰川公司利用“送奶路线”运输来维持其在美国和日本的 JIT 制造系统。在日本，丰田公司的许多装配厂在空间上很接近，因而可以使用“送奶路线”从单个供应商运送零配件到多个工厂。而在美国，丰田公司利用“送奶路线”将多个供应商的零配件运往位于肯塔基州的一家汽车装配厂。同样，如果对于“一库多岗”的生产加工型车间，该模式也可以发挥很大优势。

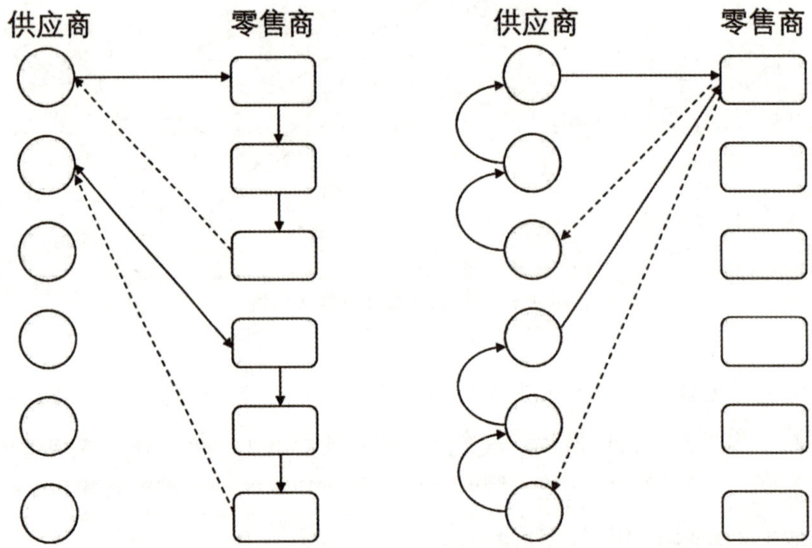

图 4-7 “送奶路线”的直送网络结构模式

4.2.4 通过配送中心中转的物流网络模式

在这种物流网络结构模式中，供应地的货物不是直接运送到需求地，而是先运到配送中心中转后，再运到需求地，如在零售供应物流网络中，可依据零售店的空间位置将零售店划分成几个区域，并在每个区域建立一个配送中心。供应商将货物送至相应的配送中心，然后由中心进行分拣后选择合适的运输方式，再将货物送到零售店，如图 4-8 所示。

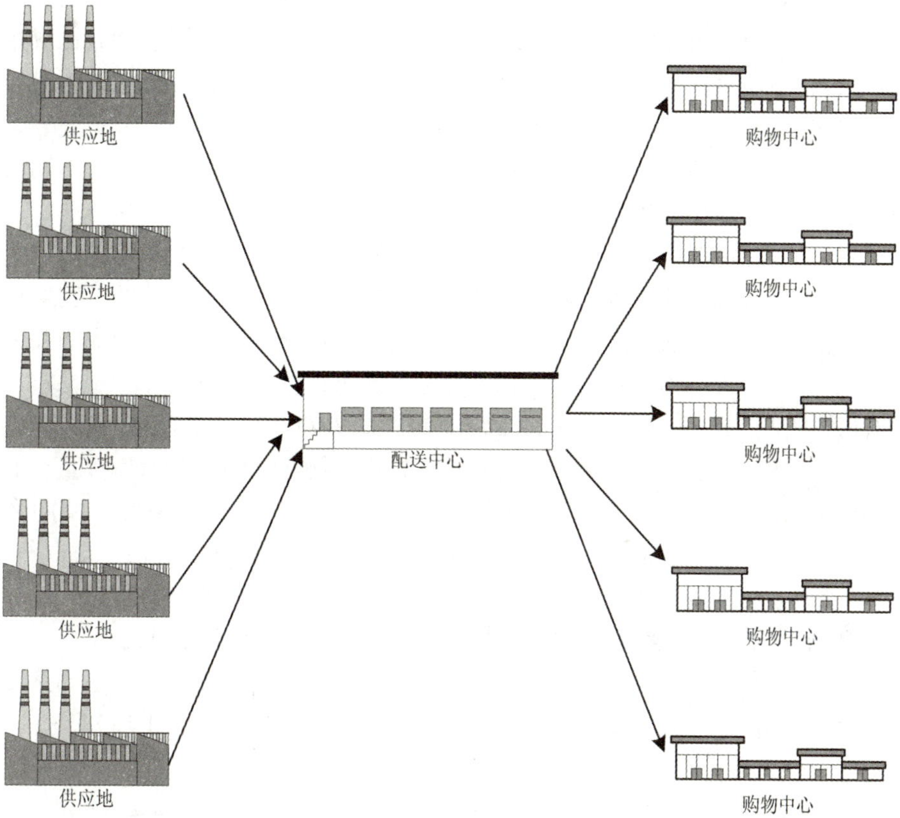

图 4-8　通过配送中心中转的物流网络模式

这种物流网络模式的核心集中表现在：收集（Collection）、交换（Exchange）和发送（Delivery），简称 CED 模式。配送中心是供应地与需求地之间运输的中间环节，它发挥两种不同的作用：一方面进行货物库存保管与分拣，另一方面则起着各种运输方式转换与货物交换的作用。利用这些特点，配送中心有利于降低整个物流网络的成本耗费。从具体运营角度来看，包括以下两种运营模式。

1. 所有货物通过配送中心的运送

简言之，就是供应商并不直接将货物运送到零售店，而是先运到配送中心，再运到零售店。也就是说如果运输的规模经济要求大批量地进货而需求地的需求量又偏少，那么，配送中心就保有这些库存，并为需求地的库存更新进行小批量送货。例如，沃尔玛商店在从海外供应商处进货的同时，把商品储存在配送中心，因为配送中心的批量进货规模远比附近的沃尔玛零售店的进货规模来得大。

总之，该模式下，配送中心的作用主要有两个。货物保管和转运点的作用，当供应商和零售店之间的距离较远、运费高昂时，配送中心（通过货物保存和转运）有利于减少供应链中的成本耗费。

2. 货物对接

货物模式是指每一辆进货卡车上装有来自同一个供应商并将运送到多个零售店的产品，而每一辆送货卡车则装有来自不同供应商并将被送至同一家商店的产品。也就是说，如果需求地对某一供应地的产品需求规模大到足以获取进货的规模经济效益，这样配送中心就没有必要为需求地保有库存了，在这种情形下，配送中心把进货分拣成运送到每一个需求地的较小份额，并与来自不同供应地的产品进行对接。这种方式称为对接仓储或货物对接（Cross-Docking）。当配送中心进行货物对接时，每一辆进货卡车上装有来自同一个供应地并将运送到多个需求地的货物，而每一辆送货卡车上则装有来自不同供应地并将被运送至同一个需求地的货物。

货物对接的主要优势在于无须库存，并加快了物流网络中产品的流通速度。货物对接也减少了物流处理成本，这是因为它不需要从仓库中搬进搬出，但成功的货物对换常常需要高度的协调和进出货物的节奏高度一致。货物对换适用于大规模的可预测商品，要求建立配送中心，以便在进、出货物两个方面的运输都能获得规模经济。

需要注意的是，成功的货物对接常常需要高度的协调性和进出货物的步调高度一致。以沃尔玛为例，沃尔玛已成功地运用货物对接，减少了物流网络中在途库存量，而且也没有引起运输成本增高。沃尔玛在某一区域内建立许多由一个配送中心支持的商店，因此，在进货方面，所有商店从供应商处的进货能装满卡车并获得规模经济；同样，在送货方面，为了获取规模经济，他们把从不同供应商运往同一零售店的货物装在一辆卡车中。

4.2.5 通过配送中心使用“送奶路线”配送与集货的物流网络模式

以配送为例，如果每个需求地的要货规模较小，配送中心就要使用“送奶路线”向需求地送货。“送奶路线”通过拼装小批量运送量来减少送货成本，如图 4-9 所示。

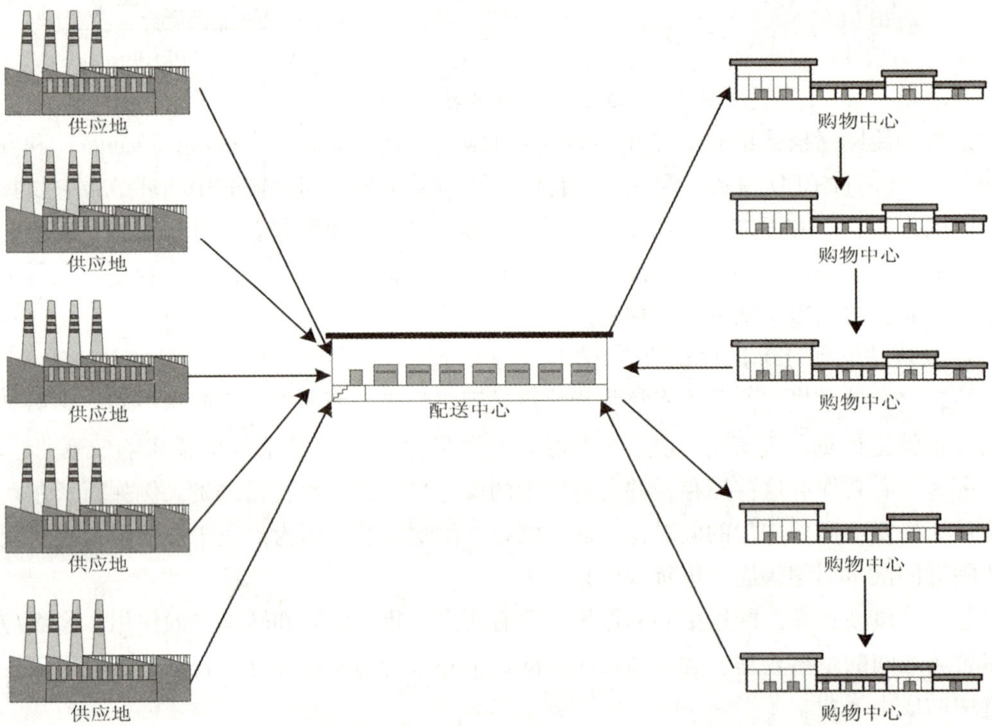

图 4-9 通过配送中心使用“送奶路线”配送与集货的物流网络模式

例如，日本的 7-11 公司将来自新鲜食品供应商的货物在配送中心进行货物对接，并通过“送奶路线”向连锁商店送货。因为单个商店向所有供应商的进货还不足以装满一辆卡车，货物对接和“送奶路线”的使用，使该公司在向每一家连锁店提供库存商品时降低了成本。同时使用货物对接和送奶路线要求高度的协调以及对配送线路的合理规划与安排。

在 B2C 网上交易中，像京东、苏宁这样的网上商店在向客户送货时，也是从配送中心使用“送奶路线”送货，以便减少小规模的送货上门的运输成本（图 4-10）。

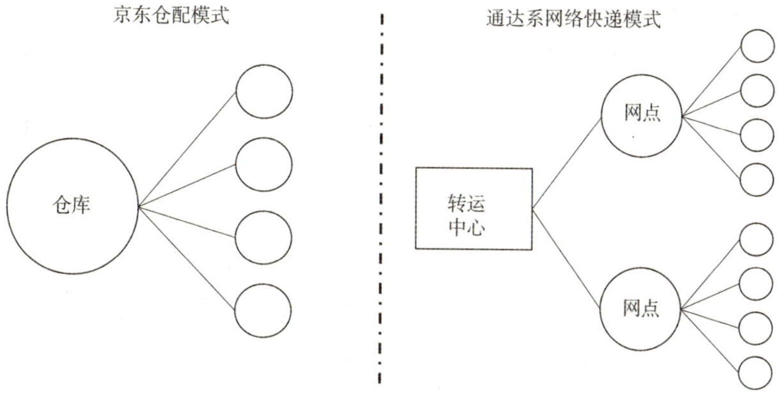

图 4-10　京东和通达系模式示意图

4.2.6　多枢纽节点的 LD-CED 网络模式

这种网络模式是由通过配送中心中转的物流网络模式演变而来的一种网络模式，即采用“物流中心+配送中心”的模式，也就是“Logistics Centre + Distribution Centre”（简称 LD），所谓 CED，即收集（Collection），交换（Exchange），发送（Delivery）的简写形式，此模式下配送中心具备货物收集、货物交换、货物发送等功能。

在这种物流网络结构中存在两类枢纽节点，即物流中心与配送中心。物流中心更多地侧重于为上游供应厂商方面提供服务与货物中转业务，而配送中心则更多地侧重于为下游客户提供服务。物流中心和配送中心不但是物流活动的核心，而且大量的物流也汇集到核心节点，并进行进一步的有效传递，这种网络模式如图 4-11 所示。

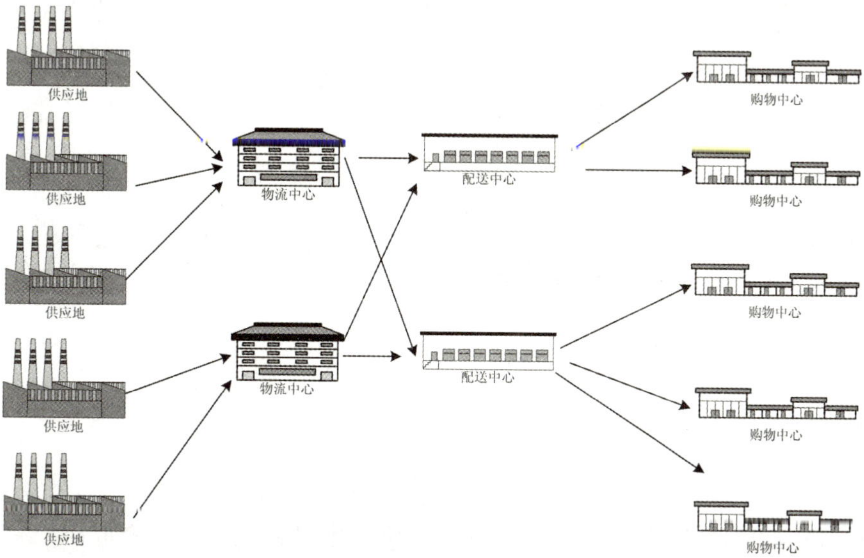

图 4-11　多枢纽节点的 LD-CED 网络模式

LD-CED 网络模式有两类枢纽节点：物流中心和配送中心。物流中心更多地侧重于为上游供应商方面提供服务与货物中转业务，配送中心则更多地侧重于为下游客户方面提供服务。同时，该网络模式通过多级枢纽节点进行货物运送，实现物流规模化处理，降低物流运营总成本。这种网络模式广泛存在于一些范围较大的经济区域内，一些大型企业的销售网络也是通过这种模式实现的。

4.2.7 单一枢纽站"纯轴辐式"网络模式

上述各种物流网络模式中的货物的运输都是单向的运输，即从一个地方运送到另一个地方，而没考虑车辆返回的空载率。为了提高物流系统的效率，必须建立一种双向运输的网络。Hub-and-Spoke（轮辐、辐条）网络结构就是其中一个有名的网络模式，这种网络结构也称为轴辐式或中枢辐射式网络结构。

Hub-and-Spoke 网络结构是一类具有规模经济的重要网络，它是通过中转进行双向运输的网络结构，是干线运输与地方支线运输相结合的网络，这是相对于点到点直运网络结构的一个概念。这类网络在实际工作中有广泛应用，如航空运输管理、第三方物流运输管理、邮政包裹业务、供应链管理等，另外还可应用于通信网络的信息传输。

这类网络由一些节点组成，每对节点之间双向都具有一定运输量，形成两条 OD 流（Origin-Destination，从起点到终点的运输流），网络规划问题是如何选择中枢节点，使得每条 OD 流通过一个或两个枢纽节点（Hub）后到达目的地。由于中枢节点之间干线运输的规模效应，虽然运输距离与运输时间有所增加，但总的运输成本下降了。

单一枢纽站纯轴辐式网络由若干站点（Depots）和一个枢纽站点组成。其中这些站点覆盖了由相关集货和递送点所组成的区域；同时，这些站点又与枢纽站点或转运中心相连。站与站之间的物流货物必须通过站点到转运中心再到站点的运输实现。单一枢纽站纯轴辐式网络结构模式如图 4-12 所示。

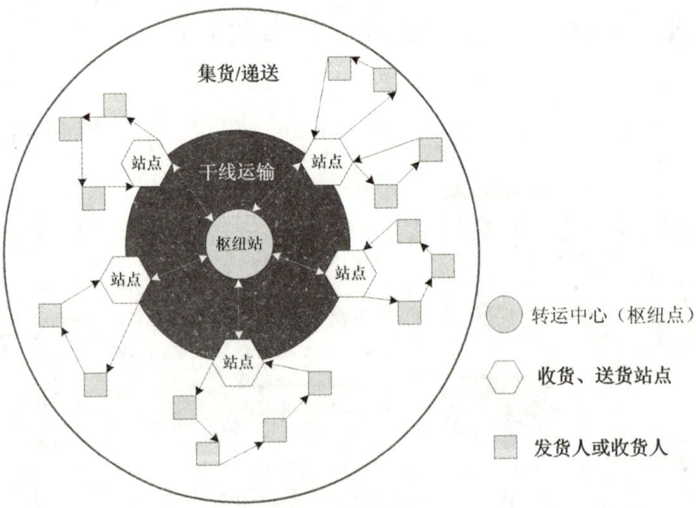

图 4-12 单一枢纽站纯轴辐式网络模式

总之，单一枢纽站纯轴辐式网络结构模式中的货物流转的组织方式如下。

（1）第一运输阶段：收货站点收集其服务区内货主的货物，并把货物运送到相应的站点。这是集货过程。

（2）第二运输阶段：不同的站点将收集的目的地不是本站服务区的货物选择合适的运输方式运到转运中心转运。

（3）第三运输阶段：将来自不同站点的货物按照去向的不同，在转运中心处进行分类组合。

（4）第四运输阶段：选择合适的运输方式将货物运送至相应的送货站点。

（5）第五运输阶段：送货站点把货物递送至收货客户。

在这样的网络系统中，货物的整个移动过程可分成两个部分，即干线运输和本地运输（包括集货和递送）。具体内容如下。

①干线运输通常是在送货站点与转运功能的枢纽站间和枢纽站与收货站点间的长途运输，一般采用大运量运输方式（公路运输使用的车辆一般也是大型卡车）。

②本地运输则在收货站点或送货站点的服务覆盖区域内采用小型车辆的短途公路（城市道路）运输方式来实现。

从图 4-12 中可以看出，单一枢纽站纯轴辐式网络像一个车轮的轮辐，因此，把这种网络命名为 Hub-and-Spoke 网。单一枢纽站纯轴辐式网络的网络辐射能力较弱，辐射范围小，一般适用于区域性运输服务网络。该网络组织的关键工作就是要实现集货与递送货物的工作合二为一，收货站点与送货站点合二为一。

4.2.8　单一枢纽站复合轴辐式网络结构模式

在单一枢纽站复合轴辐式网络模式中，货物的运输也可以直接由发送点运至收货站点，而不通过转运中心或枢纽站的转运，特别是当发送到收货站点的货物是整车时。这种网络可以有效地缩短运输时间，降低运输成本。单一枢纽站复合轴辐式网络模式如图 4-13 所示。

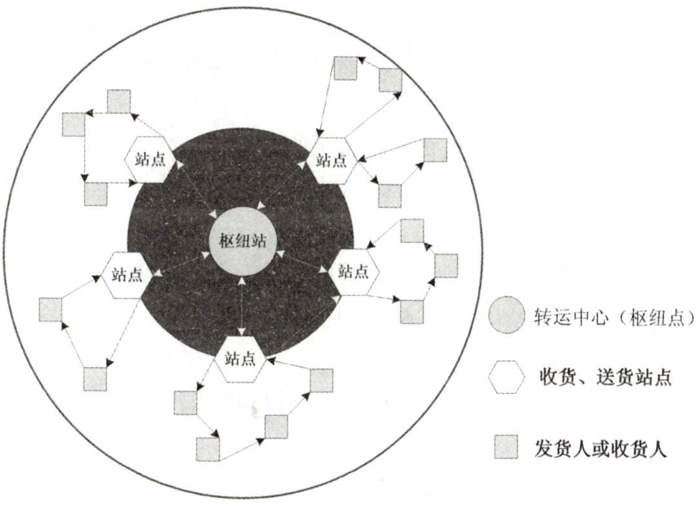

图 4-13　单一枢纽站复合轴辐式网络结构模式

单一枢纽站复合轴辐式网络是纯轴辐式网络的扩展。复合轴辐式网络与纯轴辐式网络在服务能力、服务范围上基本相同，也同样适用于区域性运输服务网络。但复合轴辐式网络在构成和运输组织上，与纯轴辐式网络存在较大的差异，其运输组织更加复杂灵活。

4.2.9 多枢纽站单一分派轴辐式网络结构模式

在多枢纽站单一分派轴辐式网络模式中，收货、发货站点与纯轴辐式网络一样，必须唯一地与其中一个枢纽站连接，所有出发和到达的货物，也必须在其所对应的枢纽站进行处理。网络结构如图 4-14 所示。

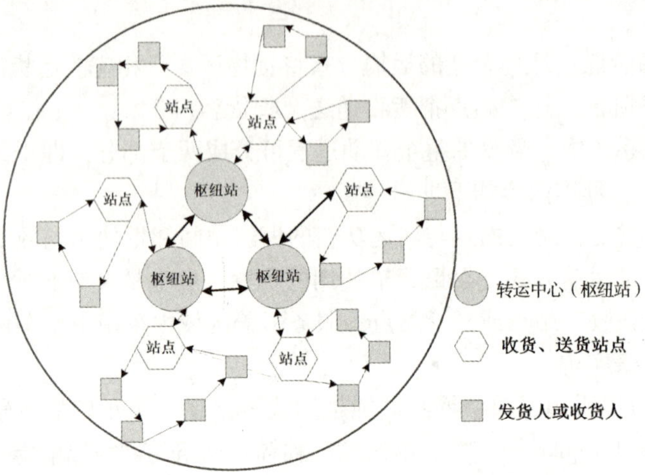

图 4-14 多枢纽站单一分派轴辐式网络结构模式

多枢纽站单一分派轴辐式网络系统中的货物流转的组织方式如下。

(1) 第一运输阶段：收货站点收集其服务区内货主的货物，并把货物运送到相应的站点。这是集货过程。

(2) 第二运输阶段：不同的站点将收集的目的地不是本站服务区的货物选择合适的运输方式运到相对应的唯一分派的枢纽点。

(3) 第三运输阶段：将来自不同站点或其他枢纽站的货物按照去向的不同，在枢纽站处进行分类组合。

(4) 第四运输阶段：对本枢纽站服务区域内的货物，也选择合适的运输方式将其运送至相应的送货站点。

(5) 第五运输阶段：送货站点把货物递送至收货客户。

在这种物流网络模式下，货物的整个移动过程可以划分为主要干线运输、干线运输和本地运输（包括集货与递送）。

(1) 主要干线运输：在枢纽站与枢纽站间的长途运输，一般采用大运量运输方式。

(2) 干线运输：在收货站点与枢纽站间和枢纽站与送货站点间的长途运输，一般采用较大运量运输方式。

(3) 本地运输：在收货站点或送货站点服务区域内采用小型车辆的短途公路（或城市道路）运输来实现。

总之，该模式具有辐射范围广、辐射能力强、适用于跨区域、多式联运、国际物流等运输网络的设计与运营。

4.2.10 多枢纽站多分派轴辐式网络结构模式

多枢纽站多分派轴辐式网络模式允许收货站点或发货站点与多个枢纽站相连，收货、发货站点可以根据实际情况（如枢纽站拥挤、交货期要求）选择与其连接的枢纽站，从而提高整个网络的转运效率，缩短运输时间，降低物流成本。当然，收货、发货站点的这种选择也要从全局出发来进行规划与设计，多枢纽站多分派轴辐式网络结构模式如图 4-15 所示。

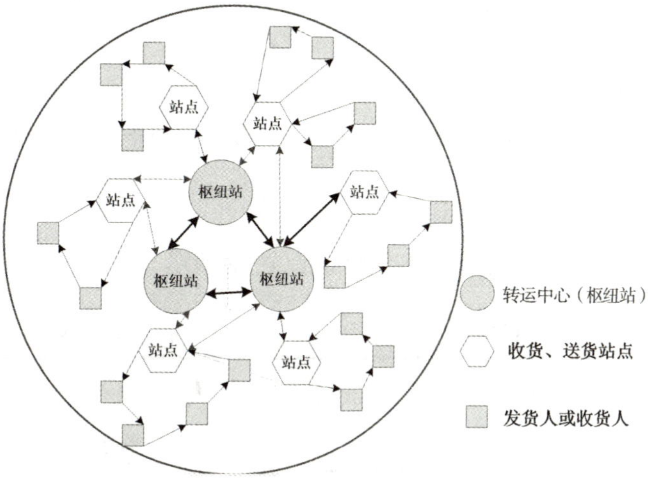

图 4-15　多枢纽站多分派轴辐式网络结构模式

要注意的是，在多枢纽站多分派轴辐式网络结构模式中允许收货站点或发货站点与多个枢纽站相连，收发货站点可以根据实际情况（如枢纽站拥挤、交货期要求）选择与其连接的枢纽站，从而提高整个网络的运转效率，缩短运输时间，降低物流成本。

4.2.11　量身定做（定制化）的运输网络

随着以买方市场为标志的现代市场竞争体系的完善，市场需求被充分释放出来，为更好满足当今定制化生产、定制化销售等需要，物流运输等职能也在完善其自身优化和定制化能力，为此出现了定制化（量身定做）的运输网络，定制化的运输网络是根据不同的客户和产品特征，运用不同的运输方式和运输网络进行运输。这种运输体系的管理是很复杂的，因为大量不同的产品和商店要使用不同的运送程序。

按照定制化方式，可以将运输网络分为依据客户密度和距离量身定做、依据客户大小定制、依据产品需求量和价值量定制三种。

1. 依据客户密度和距离量身定做

在设计运输网的时候，企业必须考虑客户密度和客户到仓库的距离，依据客户密度量身定做理想的运输方案（表 4-3）。

表 4-3　运输网络设计考虑因素

	短距离	中距离	长距离
高密度	采用送奶线路的自营运输队	采用送奶线路的对接配送	采用送奶线路的对接配送
中密度	采用送奶线路的第三方运输	非满载承运商	非满载或包裹承运商
低密度	采用送奶线路的第三方运输或非满载承运商	非满载或包裹承运商	包裹承运商

2. 依据客户大小定制

需要按照“客户关系”原理，将客户依据“供应商偏好矩阵”确定基于满载运输、价格大小不同、供货频率等标准进行定制化。

（1）大客户可以用满载运输进行供货，而小客户的供给则要用到非满载运输或者送奶线路运输。

（2）以不同的价格向大小客户供货，向小客户的要价较高，而向大客户要价较低。

（3）以不同的频率向大小客户供货，为大客户送货的频率较高，为小客户送货的频率较低。

3. 依据产品需求量和价值量定制

依据产品需求量和价值量建立矩阵分析如图 4-16 所示。

	高价值	低价值
高需求	分散补给周期库存，集中安全库存，运输方式安全快捷	分散所有库存 补充库存的运输方式较便宜
低需求	集中所有库存，如有需要采用快捷的运输方式满足客户需要	只集中安全库存 补给周转库存的运输

图 4-16 产品需求量和价值量矩阵分析

4.2.12 不同运输网络的优点和缺点分析

世界上没有完美的东西，更没有完美的方法，一切方法的选择均有其优缺点，只有清楚了解其优缺点，才能更好地进行应用和设计。为此，本书将不同运输网络设计方法的优缺点总结如表 4-4 所示。

表 4-4 不同运输网络的优点和缺点分析表

网络结构	优　点	缺　点
直接运输	（1）无须中间仓库 （2）简单的协作	（1）库存水平高（由于货物批量大） （1）巨大的运输费用
利用送奶线路的直接运送	（1）小批量货物较低的运输成本 （2）较低的库存水平	协调的复杂性加大
所有货物通过配送中心库存的运送	通过联合降低了运输成本	（1）增加了库存成本 （2）增加了配送中心的处理费用
所有货物通过配送中心对接运送	（1）必备库存水平很低 （2）通过联合降低了运输成本	协调的复杂性加大
通过配送中心利用送奶线路的运送	小批量货物有较低的送货成本	协调的复杂性进一步加大
量身定做的运输网络	运输选择与单个产品和商店的需求十分匹配	协调的复杂性最大

任务三 物流网络规划设计内容、原则与影响因素

4.3.1 设计内容

物流网络的设计以四个主要规划项目为基础，即顾客服务水平、选址决策、库存规划、运输管理。

物流网络规划的主要任务是确定货物从供应地到需求地整个流通渠道的结构，主要包括以下内容：一是确定物流节点的类型；二是确定物流节点的数量；三是确定物流节点的位置；四是分派各物流节点服务的客户群体；五是确定各物流节点间的运输方式等。

4.3.2 设计原则

为了达到物流网络系统节约社会资源、提高物流效率的目标，在进行物流网络构建时要遵循如下原则。

1. 按经济区域建立网络

物流网络系统的构建必须既要考虑经济效益，也要考虑社会效益。考虑经济效益就是要通过建立物流网络降低综合物流成本。考虑社会效益是指物流网络系统要有利于资源的节约。

在一个经济区域内，各个地区或企业之间经济上的关联性和互补性往往会比较大，经济活动比较频繁，物流规模总量较大，物流成本占整个经济成本的比重大，物流改善潜力巨大。因此，在经济关联性较大的经济区域建立物流网络非常必要，要从整个经济区域的发展来考虑构建区域物流网络。

2. 以城市为中心布局网络

作为厂商和客户的集聚点，其基础节点建设和相关配套支持比较完备，可以作为物流网络布局的重点，可有效地发挥节省投资和提高效益的作用。因此，在宏观上进行物流网络布局时，要考虑物流网络覆盖经济区域的城市，把它们作为重要的物流节点；在微观上进行物流网络布局时，要考虑把中心城市作为依托，充分发挥中心城市现有的物流功能。

3. 以厂商集聚形成网络

集聚经济是现代经济发展的重要特征，厂商集聚不仅能降低运营成本，而且将形成巨大的物流市场。物流作为一种实体经济活动，显然与商流存在明显区别。物流活动对地域、基础节点等依赖性很强，因此，很多企业把其生产基地设立在物流网络的中心。在进行物流网络构建时，需要在厂商物流集聚地形成物流网络的重点节点。

4. 建设信息化的物流网络

物流信息系统是物流网络的一个重要组成部分，它发挥着非常重要的作用。物流网络的要素不仅是指物流中心、仓库、公路、铁路等有形的硬件，因为这些硬件只能保证物流活动能够实现，而不能保证高效率。物流信息系统通过物流网络信息平台的搭建，物流信息的及时共享，以及对物流活动的实时控制，能够大大提高物流网络的整体效率。

4.3.2 影响因素

影响物流网络规划与设计的因素很多，这些因素在具体设计中的重要性也不同。以下为物流网络规划中通常需要重点考虑的因素。

(1) 产品数量、种类;
(2) 供应地和需求地客户的地理分布;
(3) 第一区域的顾客对每种产品的需求量;
(4) 运输成本;
(5) 运输时间、订货周期、订单满足率;
(6) 仓储成本;
(7) 采购或制造成本;
(8) 产品的运输批量;
(9) 物流节点的成本;
(10) 订单的频率、批量、季节波动;
(11) 订单处理成本与发生这些成本的物流环节;
(12) 顾客服务水平;
(13) 在服务能力限制范围内设备和设施的可用性。

针对物流网络规划和设计的具体目标与要求,实践中需要对以上指标作出权衡与取舍。

任务四 "低碳经济"下逆向物流网络规划设计

4.4.1 逆向物流概述

逆向物流是相对于通常的正向物流来定义的。正向物流是指从供应链的上游向下游运动,而逆向物流是从供应链的下游向上游运动所引发的物流活动(GB/T 18354-2021)。

逆向物流在我们日常生活中是很常见的。例如,2013 年,多美兹公司因新西兰恒天然公司的毒奶粉受污染事件在中国召回问题奶粉进行处理;过去十年,丰田、三菱等汽车生产企业因产品设计缺陷或质量问题,在全球范围内召回已出售的汽车进行改进、升级;因城市发展和产业调整,对废弃工厂、民房、商场等建筑物进行拆迁,分类回收其钢材、金属管道、线缆、建筑渣土等;我们把淘汰的计算机、手机、冰箱、洗衣机等卖给废品收货人,然后再转卖给回收企业进行处理。

1. 逆向物流的作用

(1) 保护环境,节约社会资源

由于各国都制定了许多环境保护法规,为企业的环境行为规定了一个约束性标准。企业的战略发展逐渐重视环境保护。环境保护业绩已成为评价企业运营绩效的重要指标。由于逆向物流自身的环保特点决定了许多企业纷纷采取逆向物流战略,以减少产品对环境的污染及资源的消耗。

(2) 满足顾客需要,增加竞争优势

在顾客决定企业发展的经济环境下,顾客价值是决定企业生存和发展的关键因素。众多企业通过逆向物流策略的实施来提高顾客对产品或服务的满意度,赢得顾客的信任,从而增加其竞争优势。对于顾客来说,逆向物流能够确保不合格产品及时退货,有利于消除顾客的后顾之忧,增加其对企业的信任感,扩大企业的市场份额。

由于竞争的压力，许多零售商和制造商放开产品退回的政策。一方面产品退回政策放开的趋势使得众多企业意识到满意的客户是企业最重要的资产。另一方面，对于供应链上的企业来说，上游企业采取宽松的退货策略，能够减少下游企业的经营风险，改善供需关系，促进企业间的合作，强化整个供应链的竞争优势。特别对于时效性强的产品，退货策略所带来的竞争优势更加明显。

（3）增值企业形象

企业通过实施逆向物流战略来改善企业的环境行为，提高公众心目中的形象。同时企业也采用逆向物流战略来做有利于社会和公众的事情。如耐克公司通过给予顾客一些折扣来回收旧鞋，将这些旧鞋回收处理用于塑胶球场和跑道场的建设。运作这些回收产品的成本是很高的，但这些活动提升了品牌的价值，从而促进了产品的销售。

（4）降低企业的资源损失率和长期包装成本

企业在减少物料耗费时往往只考虑企业内部的物料利用率，不重视企业外部废旧产品及其物料的有效利用，造成大量可再用性资源的闲置和浪费。由于废旧产品的回购价格低、来源充足，对这些产品回购加工可以大幅度降低企业的物料成本。特别是随着经济的发展，资源短缺日益加重，资源的供求矛盾更加突出，逆向物流将越来越显示其优越性。包装物的回收短期内可能回收成本高于包装物的成本，但从长期来看，使用回收循环使用的包装物可以减少企业的包装成本，从而降低企业的产品成本，提高产品的竞争优势。

（5）有效的逆向物流可以成为企业新的利润源

逆向物流可以防止企业利润的流失，正在成为企业可以开发的新利润源泉。通过加工、整修退货产品，从而再次投入使用，降低企业的资源损失率，相应地防止企业利润的流失。例如，国际著名的化妆品公司雅诗兰黛公司曾因忽视产品的逆向物流而导致巨额的损失，后来通过对其产品逆向物流的有效管理，极大地降低了运营成本。其他企业如IBM、通用汽车、3M、强生等公司进入逆向物流的管理，进行系统控制和强化管理，使得成本下降、服务水平提高。

2. 逆向物流的流程

逆向物流是一种包含了产品退回、物料替代、物品再利用、废弃处理、再处理、维修与再制造等流程的物流活动。逆向物流活动如图 4-17 所示。

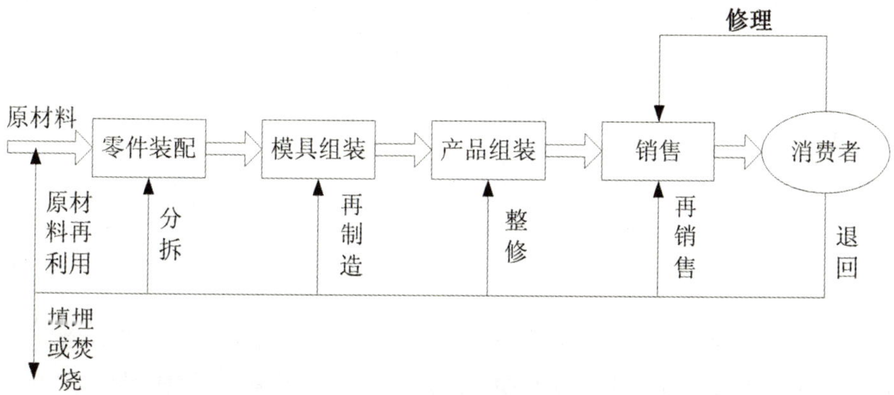

图 4-17　逆向物流活动图

(1) 再销售

有些返还产品状态良好、符合质量标准的产品可以进行再次销售。特别是因消费者个人喜好原因导致的退货，其产品本身可以再次销售。

(2) 修理

有些退回的产品主要是因为质量原因，经过修理后即可使用。对于这类商品的处理一般在生产商或销售商指定的修理点进行维修。

(3) 整修

需要整修的产品一般是已使用过的产品，质量不如新产品好。先将这类产品拆卸成零部件，然后差的零部件用质量和技术上比原先更优的零部件替代。通过整修后的产品其质量大大提高，并且也延长了生命周期。一般这类产品需运到生产商的工厂进行处理。

(4) 再制造

再制造即指拆卸旧产品，检查、修理所获得的部件，并将它们组装到新产品中的过程。一些缺乏新功能，但是仍处于可用状态并且可以实现功能恢复的设备，可以重新制造并放到仓库中以备再次使用。设备功能再生的生产制造成本低于制造新品的制造成本。企业运用有效的整修过程，可以在最大限度上降低整修成本，并且将整修后的成品返回仓库。

(5) 分拆

某些退回的产品本身不能再使用，但其中的部分零件可以使用到其他同类产品中。这个过程在生产商的工厂完成，主要是对使用过的产品进行分拆，选出有可能再次使用的零件。

(6) 循环使用

对于某些包装物，可以进行循环使用。这类包装容器通常用塑料、钙塑、木板和铁制成的，循环使用年限从一年到数年不等。虽然循环使用包装容器刚开始投入成本很大，但由于可以循环使用，还是降低了长期的包装成本。

(7) 原料再利用

这类产品和其零部件失去了功能和特性。只能将其分拆，然后按不同的原料归类，运回原料供应商处重新加工后再利用。例如，废旧轮胎可以通过工艺处理变成轮胎的原材料，然后按比例混合到新轮胎原材料中去；废铜废铁回收后可以通过冶炼，成为新的铜、铁材料。

(8) 填埋或焚烧

对于某些回收的物品，因没有办法再利用的，采取在垃圾场进行填埋或焚烧处理。

拓展思考：

如何理解绿色物流与逆向物流的关系？

3. 绿色物流

绿色物流是指在物流过程中抑制物流对环境造成危害的同时，实现对物流环境的净化，使物流资源得到最充分利用。现代物流的发展必须优先考虑环境问题，需要从环境角度对物流体系进行改进，改变原来发展与物流、消费生活与物流的单向作用关系，在抑制物流对环境造成危害的同时，形成一种能促进经济与消费健康发展的物流系统，即向绿色物流转变，是一种新的物流管理趋势。

4.4.2　逆向物流网络规划问题

逆向物流网络规划决策与前向物流网络规划具有相同的总目标，也就是以最低的成本或最大的效益实现废旧产品从回收过程到再市场化过程的转变。但是，规划决策时的约束条件除了经济和成本方面外，还要考虑客户满意度和环境法律法规的限制。例如，有些国家禁止有些废弃物跨地区运输，决策时就应该考虑这一限制。逆向物流网络规划主要解决以下方面的问题。

（1）逆向物流设施功能设计

进行逆向物流网络规划，首先要明确完成整个逆向物流过程到底需要哪些设施，每一设施有何作用，在每一设施内具体将进行哪些逆向物流作业流程。通过分析，将不必要的设施从计划中去掉，或者将有些功能相似、流程相似的设施进行合并，以减少固定投资。

（2）逆向物流设施布局

设施布局即要确定逆向物流设施（包括回收中心、中转站、再处理设施等）的数量及其平面地理位置，即网络设施选址问题。这些固定设施的平面位置布局决定了整个逆向物流系统（甚至整个供应链系统）的模式、结构和形状，对于回流产品的收运方式、储存模式及逆向物流作业过程控制都有影响。

（3）设施规模确定

规划确定即要确定每一设施应配置多大的容量。例如，回收中心的仓储规模、处理速度、拆解中心的最大拆解能力、最大再加工能力等。在一定区域范围内，如果设施规模定得太高，会导致设施的实际利用效率低于设计容量，造成资源浪费；反之，如果容量配置过低，又会导致对需求的反应能力过低，不能满足实际需要，同时会导致逆向物流成本上升。

（4）市场和供给配置

市场和供给配置即要确定每个设施应服务于哪些市场，每个设施的供货来源由谁负责。逆向物流设施的供应源和市场与前向物流设施的供应源和市场是相反的。产量消费市场的分散性，决定了废旧产品的来源也是分散的，即逆向物流设施供应源的分散性。市场配置和供应源的配置会影响回流产品运输方式及运输成本。

总之，逆向物流网络规划的上述问题，既涉及空间规划问题，又包括时间规划问题。物流设施的数量、规模及其位置布局规划必须考虑客户的位置分布，与运输成本有关；而逆向物流网络功能设计及设施布局还会影响对回流产品的处置周期，更短的处置时间不仅会带给客户更高的满意度，还有利于及时挽救回流产品的价值。因此，从时间角度考虑也会影响逆向物流网络的规划。

4.4.3　逆向物流网络的功能、分类及特征

1. 逆向物流网络的一般功能

个完整的逆向物流网络必须实现以下主要功能：产品收集、检测分类、仓储、再处理（含再利用、再制造、再循环）、废弃处理、再分销。在每一类具体的回收产品逆向物流中，这些物流活动或多或少会有差异，同时这些基本活动的集合描绘了物流网络活动的

内容。逆向物流网络连接了两个市场，即回收产品市场和销售市场。通过回收市场获得使用过的产品、材料，经过逆向物流网络的转换，成为再使用的产品、材料后再度进入销售市场。

(1) 收集

收集即将分散在各地的消费者使用过的废旧产品收集起来运往回收中心。该步骤可能包括收购、运输和储存等环节。由于从分散的消费者处收集废旧产品涉及大量的小批量运输，因而导致收集费用很高，在物流总成本中占据相当大的比重。回收的方式可由制造商回收、回收商（零售商）回收、第三方回收。

该过程的运输是逆向物流中引起环境污染的主要因素。因此，废旧产品收集过程应该尽量采用合并运输策略（如利用正向物流中的回程运输），以减少不必要的运输。降低运输成本的方法。首先，企业设置一定数目的回收点以利于消费者返还回收产品，这是第一步的物流活动的联合。例如，设置回收玻璃、纸张、小型电子产品等物品的回收桶、收集点等。这样的策略减少了运输的成本，适合于小容积、低价值的消费产品。另外，将收集与其他的运输流进行联合。例如，在产品的“以旧换新”、可反复利用的饮料瓶回收等物流中，可以将正向物流与逆向物流联合起来，车辆满载货物分销，而后装载“旧货”返回。逆向渠道递送的时间压力不大时，这种整合非常有效。

(2) 检验/分类

检验/分类是对废旧产品的质量进行检测，以确定合适的处理方案，并据此进行分类。该步骤包括拆卸、破碎、检测、分类和储存等环节。

收集产品只有经过检验和分类后才能被指定，进行恢复处理活动后进入其他场所。早期检测和分类可以及早识别没有回收价值的废品，节省对无用废弃物的运输成本。通过这个阶段可以在运输成本和投资成本之间建立很好的平衡。另外，检验设备费用昂贵，需要熟练的劳动力，使得检验/分类操作一般在检验中心集中进行。但很多国家和地区对于废弃物的跨界运输有法律限制，因此检测中心的选址要考虑法律因素。

随着信息技术的发展，利用感应器、网上数据交换的遥感检测大大降低了现场检测的成本，这是一种信息流取代物质流的方式。

(3) 仓储

逆向物流网络中的仓储功能十分重要，而且其控制较为复杂。一方面涉及的链中成员较多，可以是消费者、回收商、处理商，也可以是生产者等。另一方面有回收品库存和成品库存，如果考虑再制造过程的中间过程还有可维修零件库存。逆向物流的仓储控制过程的复杂性还表现在回收库存输入的不确定性、库存输出时间的不确定性、库存成品的多样性等。另外，除第三方物流外，一般逆向物流供应链，尤其是闭环供应链中的成员一般具有多种身份，如销售商同时可能是回收商甚至还担负检测和分类任务。这样仓库设施就具有了一定的运行能力限制。

因此，逆向物流网络设计中涉及仓库的数量、选址及容量决策，确定物流网络中仓库的库存水平是需要研究的重要方面。

(4) 再处理

再处理方式主要有再使用、再制造和再循环。

①再使用针对无须过多处理，或只需清洗及少量维修工作即可直接再使用的包装、产品，如玻璃瓶、塑料瓶、箱、托盘等包装容器，复印机和打印机的墨盒，一次性相机，二手家具，服装和书等。

②再制造是指对回收产品或其零部件进行再制造，以重新获取再用价值。该步骤可能包括清洗、零部件替换和重新组装等环节。通常是指保留废旧零部件的结构和功能特性，通过必要的拆卸、检修和替换，使其恢复得同新的一样，如汽车发动机、计算机、复印机和打印机部件等。专业的再制造设备需要高昂的投资，因而在很大程度上决定着整个再制造物流系统的经济可行性。因此，一般要求可再制造的回收品数量较大且集中处理，以形成规模经济效应。

③再循环是指循环利用废旧产品中的材料，如废旧金属、纸、玻璃、塑料等。

（5）废弃处理

废弃处理是指对那些出于技术或经济上的原因无法再利用的废旧产品或零部件进行销毁。该步骤可能包括运输、填埋或焚毁等环节。

（6）再分销

再分销是指将恢复价值的产品再度分销到市场进行销售的分销活动，该步骤可能包括销售、运输和储存等环节。再分销设计与传统的分销网络设计非常类似。如何进行再分销整合增加了管理的复杂度，例如为了提高运输装载率可以将收集与再分销整合在一起。另外，制造商还可以将原始成品的分销与恢复价值产品的再分销进行整合。

2. 逆向物流网络的分类

依据对回收产品的再处理形式不同，可将逆向物流网络划分为再制造、循环再利用、再使用三种类型。依据产品恢复的驱动力不同，可将网络类型划分为经济驱动型、法律驱动型。按照回收产品价值恢复流程的所有者不同，可以将逆向物流网络类型划分为制造商和 3PL 两种类型。

（1）按再处理形式划分的网络类型

①再使用逆向物流网络。例如，许多从事海运业务的物流企业都普遍使用集装箱。虽然集装箱场站被地方代理拥有，但物流服务商要对物流活动的全过程负责，如储存、包装、配送、空箱返回等。集装箱闲置时，一般存放在物流服务商的集装箱站场，一旦有用箱请求，则被送到准备发送货物的公司。同样，用过的空集装箱则从收货方接回，并进行简单的清洗和维修。从发货方到收货方的全部运输可能由不同的承运人完成，不同物流服务商所完成的是不同阶段的货流。

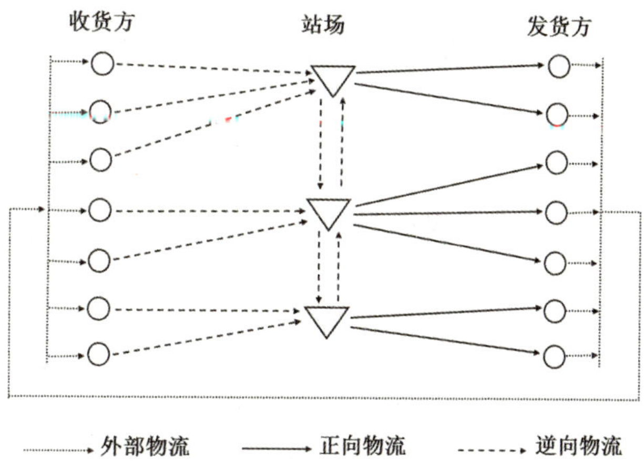

图 4-18 再使用物流网络示意图

如图 4-18 所示，再使用物流网络比较简单，一般具有分散、单级、闭环的特点。

②再循环物流网络。适于再循环的废旧物品一般价值较低，但再循环的处理技术较为先进且再循环专用设备投资较高，因而为形成规模经济效应，回收处理设施常常集中设置并进行大批量废旧物品的再循环集中处理（图 4-19）。再循环物流网络相对简单，一般具有集中、开环、层次少的特点。

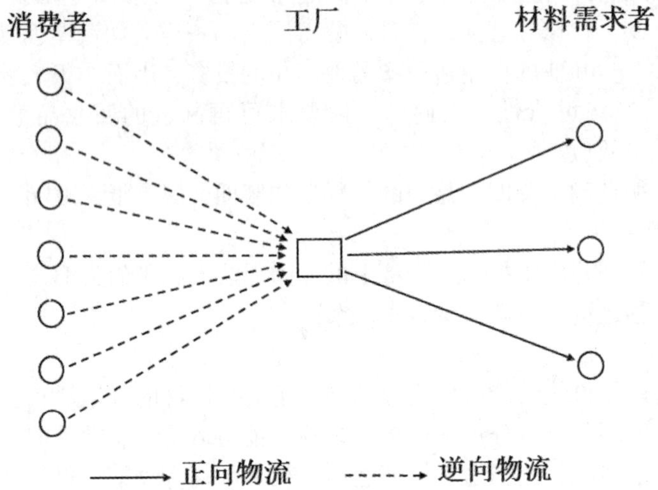

图 4-19 再循环物流网络示意图

③再制造物流网络。典型的可再制造物品包括飞机和汽车的发动机、机电设备、复印机和计算机部件等价值较高的产品，其主要驱动因素是对上述物品进行增值修复以获取经济效益。再制造需要产品生产的有关知识，因而通常由原始设备制造商来完成。

由于新产品加工和旧产品修复之间的密切关系，加上新产品和修复产品的销售市场可能重合，因而可以将再制造物流网络和传统生产分销物流网络进行集成，形成闭环的物流配送运输网络，综合考虑两者的设施共用和运输合并。目前，再制造逆向物流网络大多是在已有正向物流网络基础上进行扩展，形成多级闭环物流网络。再制造物流网络一般具有分散、多级、闭环的特点（图 4-20）。

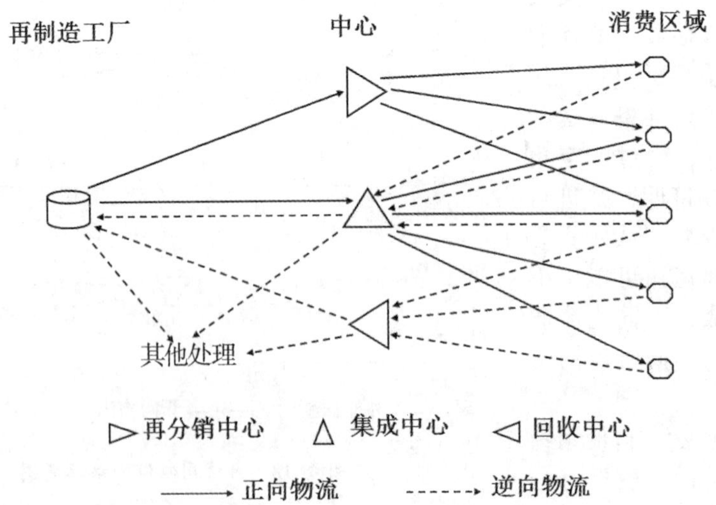

图 4-20 再制造物流网络示意图

④其他网络。如维修退回、商业退回等网络，如图 4-21，商业退回物流网络一般集中、闭环、层次少。

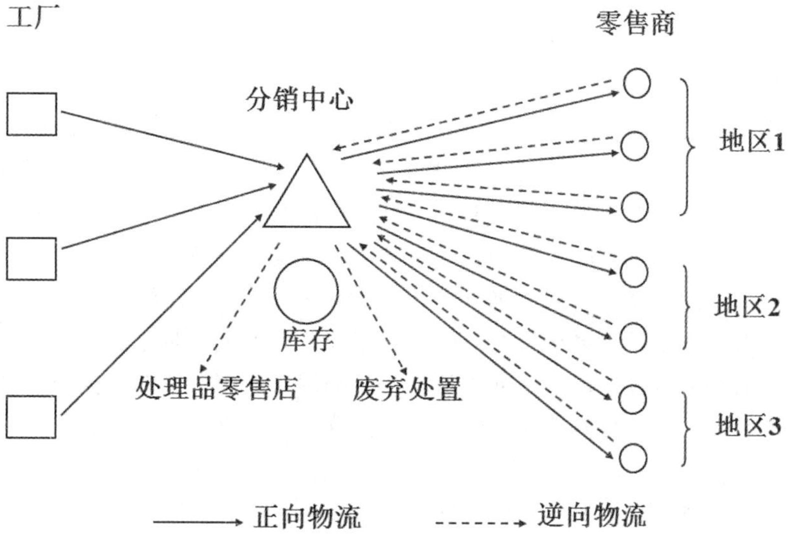

图 4-21 商业退回物流网络示意图

（2）按产品恢复驱动力划分的网络类型

①法律强制型逆向物流网络。比较有代表性的是欧洲各国，如德国、丹麦、法国等都通过建立健全的法规体系来规定企业的责任和义务。此时，企业对处于产品生命周期末期的废旧产品负有回收处理责任。特别对于电子类产品来说，产品残值一般很小，因此企业可能采取较为保守的方式，将精力集中在物流成本的最小化方面。企业虽然对产品回收负有法律责任，但其逆向物流操作职能基于各种原因可能多外包给物流服务供应商和专业材料循环处理公司进行，甚至也有可能形成逆向物流联盟。对材料进行循环利用是主要的价值恢复手段，可以通过直接向消费者收取回收费用或采取新产品价格转嫁的方式解决成本费用。

因而，逆向物流网络设计的重点应关注低价值产品的回收收集方式、运输方式、材料循环过程等。这种网络中企业间的合作关系紧密，回收点收集可能与市政废品收集点相整合，收集的产品数量巨大，分离、检测处理工作在循环处理阶段进行。

②经济驱动型逆向物流网络。企业可能通过回收产品的再利用获取直接收益（如输入材料、降低成本、增加价值的回收）和间接收益（参与立法、市场保护、绿色形象及改善客户和供应商关系等）。因而，一些企业会站在市场、竞争、立法等战略角度考虑发展逆向物流。有时，企业可能并不能从逆向物流中直接受益，但从长远来看仍可得到间接收益。企业会为了将来立法或者组织立法从事逆向物流。某些公司出于技术、专利保护的目的而从事产品回收。逆向物流还可以改善客户和供应商的关系。电子商务的大规模应用加剧了市场竞争的激烈程度，在电子商务市场上交易的退货率高达 36%，为了提高顾客满意度，挽留住顾客，建立包含逆向物流在内的高效物流系统已成为企业的战略选择。

经济驱动型逆向物流网络设计的重点为产品回收方式、收集/检测的选择选址问题、逆向物流成员的选择、供应链的整合等。就我国目前的逆向物流实施实际情况来看，大多数逆向物流的驱动都是由经济利益驱动的。

(3) 按实施主体划分的网络类型

①制造商为主体的逆向物流网络。制造商进行产品回收可能出于多种原因，如租期期末对产品的收回、以旧换新、满足顾客服务的产品召回、出于核心技术保护的返回修理或报废、高回收价值产品的收集垄断或紧密的客户关系等。制造商自身掌控逆向物流网络，多采取集中化的检测/分类手段来减少运输，利用规模经济效应抵消运输成本。很多大型的跨国公司都是这方面的代表，如 IBM、SONY、CANON 等。基于生产者延伸责任制度下或是基于经济利益的驱动，制造商一般都选择自己为主体的逆向物流网络。

部分企业可以利用现有的正向物流系统来实现系统中的逆向物流功能，使逆向物流沿着正向物流网络逆向流动。这样，逆向物流完全依附于正向物流，不需要太多新的投资。然而该系统也有如下不足：系统反应时间长、系统信息失真。对于多数逆向物流量较大的制造商而言，有必要设计专门的逆向物流网络，采用专业化的设施、人员和技术，以提高运作的效率和效益。在这种网络中，通常需要设立专门的物流回收中心。回收中心具备废旧产品收集、存储、分类/检测等功能，采用集中化运作可以节省人力成本，有效达到专业化和规模优势。国外的一些企业已经建立专业的回收中心（如福特的汽车回收中心、耐克的欧洲回收中心），这些回收中心都具有较大规模，能够体现一定的规模优势，为客户提供良好的服务。

②3PL 为主体的逆向物流网络。逆向物流非常棘手和复杂，许多资源有限的企业将它们的逆向物流业务转包给 3PL（第三方物流）。比如，在美国许多公司使用 NeLReLurn 这一联邦快运的系统进行逆向物流管理，以较低的成本提供高质量的服务。Thomson 家用电器公司就委托第三方物流供应商，将可回收的零部件运往墨西哥进行翻新，极大地降低了企业的成本。第三方逆向物流是提供部分或全部企业逆向物流功能的一个外部服务提供者，一般负责将退货、回收产品直接返还原制造商，或者完全或部分地承担旧产品的修理、原材料回收及再制造等活动，并承担对回收产品的环境责任。第三方逆向物流的发展有利于促进产品的设计革新，能够让生产商更集中于处理其核心业务，享受规模效益带来的更低的逆向物流成本和更完善的服务，并降低回收数量和时间的不确定性。在技术分工越来越明确的社会里，这种外包的逆向物流形式是可行而且有效的。

4.4.4 逆向物流网络结构的衡量指标

虽然逆向物流网络的类型因其功能、组织结构的不同而不同，但其结构特征主要体现在以下几个方面：集中程度、网络层数、网络关联程度、网络开放程度、组织间的合作方式。

1. 集中程度

集中程度是指在网络中完成同种操作的地点的数目。在集中的网络中，同种类型的操作都尽量在同一地点完成，共享资源，节约人力物力，形成规模经济。这是完成逆向物流网络横向整合的有效措施。集中程度在一定意义上代表了网络的幅度。

2. 网络层数

网络层数是指逆向物流顺次流经的设施数，表示网络的纵向深度。单层网络中，所有的操作在某一设施中汇集完成。在多层网络中，不同的操作分别在不同的设施地点完成。

3. 网络关联程度

网络关联程度是指逆向物流的产品回收网络与现存正向物流网络之间的关联程度。回收网络既可以单独构建，也可以在原有的网络基础上扩建。

4. 网络开放程度

网络开放程度是指逆向物流网络既有闭环网络又有开环网络。在闭环网络中，回收产品经过制造商加工处理后再次回到市场，例如很多的再制造产品回收网络；在开环网络中，物流从一端流入，从另一端流出，多见于再循环网络，例如废纸回收网络等。

5. 组织间的合作方式

组织间的合作方式指的是参与逆向物流网络建设与运营的各个负责方之间的相互关系。发起企业可能会以签订合同的方式或者联合方式与其他企业合作，形成各种类型的合作伙伴关系。第三方物流是较为常见的物流承包方式。

总的来说，通过对逆向物流网络的功能、类型与结构特征的讨论可以将网络设计的布局划分为三个部分：第一部分是回收阶段，即回收商从回收市场回收产品；第二部分是回收产品流向回收加工处理节点；第三部分是经过再加工处理的产品再一次被分配到再利用市场，销售给用户。

逆向物流网络的回收设施包括了三类设施：一是拆卸中心，主要完成检验、拆卸、分类、弃置等功能；二是再加工制造工厂，对产品进行再使用、再制造及再循环等处理，也可能生产一部分新的产品以满足消费者的需求；三是再分销（再配送）仓库。定量分析逆向物流网络结构时，以上三种类型的设施选址定位、数量及规模是逆向物流网络设计的核心内容。

4.4.5 逆向物流网络设计的内容、影响因素及原则

1. 逆向物流网络设计的主要内容

逆向物流网络设计的主要内容：一是确定回收产品从收集地到市场需求终点的整个流通渠道的结构；二是逆向物流网络结构的效率分析及绩效评价。

（1）确定网络渠道的结构

逆向物流网络规划的主要任务是确定回收产品从收集地到市场需求终点的整个流通渠道的结构，包括逆向物流设施的类型、数量与位置，设施所服务的顾客群体与回收产品类别，回收产品在设施之间的运输方式等。具体设计时，可以将逆向物流网络规划中的决策问题分为三个层次来考虑：战略层、战术层、运作层。

战略决策层包括逆向物流网络结构的回收策略、组织类型与关系等。具体如逆向物流网络要实现什么样的功能、采取什么样的类型、选择哪些参与者、参与者相互间是什么关系等问题。主要研究回收利用选择问题、逆向物流的参与者类型、产生逆向物流的原因、是否从事产品回收活动、如何根据产品特性选择相应回收处理方法、为适应回收再利用而改进产品设计（面向回收设计）等问题，这些都属于战略决策问题。

战术层包括回收与整合管理、生产计划、库存管理、信息技术、绩效评价等。例如，库存管理研究包括回收产品的原因、产品类型、回收产品的库存量及其库存控制问题。信息技术研究包括组织间的信息流管理、共享、激励等问题。在战术决策水平上，企业需要从产品回收与整个自身组织进行整合。具体活动就是要把回收、加工处理操作、仓

储、再利用再制造等构成一条完整的回收链。

运作层关心最为具体的是企业经营活动，包括运输路线与调度、成本核算、回收处理策略的具体实施与选择、再制造生产任务安排等。而拆卸调度及维修调度规则、物流活动的成本核算、信息分析监控、信息数据处理等也都是企业具体的经营操作层的活动。在回收链的始端，使用何种预测技术预测回收产品的数量、范围以及质量分布也属于运作决策。

(2) 网络结构的效率分析及绩效评价

网络结构设计的好坏要通过对其进行效率分析和进一步的绩效评价来确定。

目前对逆向物流结构效率的研究远没有供应链结构效率丰富，很多供应链结构效率研究方法和理论对逆向物流效率研究具有参考作用。国外文献分别介绍了动态、随机或者多目标的供应链效率分析方法，对逆向物流结构效率分析很有帮助。瑞·卡南（R·Canan）等研究了逆向物流中三种不同回收模式的效率问题。黄祖庆等研究了直线型再制造逆向供应链决策结构的效率问题，明确了不同成员权威对结构效率的影响，指出分散式逆向供应链的效率损失不可避免。供应链效率结构性损失的根本原因在于“牛鞭效应”的存在。

逆向物流的绩效评价可以从成本、资本效率、风险和客户管理四个角度来进行。企业需要对成本及资本运营效率的考核确立标准，建立指标体系。风险评估包括从事逆向物流所遭遇的自然风险（风、洪水等）、人为破坏风险（失窃、损坏等）、经济风险（违约、跌价、过期等）。企业所在的行业不同，顾客满意度的含义及范围也不同。反映客户满意程度的指标有很多，如客户反应速度、应急处理能力等。对于外包类型的逆向物流企业可能涉及的指标有修理质量、修理及时程度、协议履行程度、回收产品的质量水平、退款调解能力等。这几个绩效评价的方面都需要在对逆向物流网络仔细研究的基础上，根据其特点与回收产品的特点等建立科学的评价指标体系。

用于逆向物流绩效评价的方法有很多，可以采用定性与定量方法相结合的方式。定量的方法如模糊评价、灰度评价、DEA 评价、AHP/ANP 评价或以上方法的综合评价等。

2. 逆向物流网络设计的影响因素

逆向物流网络系统设计主要是解决网络的层数、成员组织方式和连接方式、运输服务、顾客服务、逆向链与正向链的整合问题及构建逆向物流网络的效率问题等。在具体构建逆向物流网络时，必须综合考虑所处的内外部环境及逆向物流的独特特点。

(1) 逆向物流网络构建环境的外部环境

逆向物流网络构建环境从产品、市场、资源三个方面考虑，如表 4-5 所示。

表 4-5 逆向物流网络构建外部环境因素一览表

考虑因素	具体描述
产品因素	废旧产品的物理特征和经济属性对物流网络的布局有很大的影响，例如数量、重量、体积、损坏程度、经济价值等。回收方式即再使用、再制造、再循环等决定了逆向物流的设备、设施以及相关的投资费用。由于产品特征的不同，将会导致不同的最终产品、回收程度以及不同的再使用、再制造和再循环产品市场，从而导致不同的网络结构形式

续表

考虑因素	具体描述
市场因素	市场因素涉及参与逆向物流的各种市场角色及相互关系，这对最终的逆向供应链解决方案及逆向物流网络结构都有着重要的影响。对于参与者来说，责任与权利是同时共生的，参与者之间的关系构成了逆向物流的组织环境
资源因素	相关资源具体包括公用回收设施、企业私人回收设施、运输资源、人力资源、时间限制、法律因素、合同限制等。前三个因素从经济角度直接影响网络结构的设计，制约着投资成本以及由此产生的规模经济效应；法律法规的限制可能使得在评估设施选址时需要排除一些特殊的区域；人力资源限制要充分考虑是否有足够数量和质量的人力来支持逆向物流战略；合同限制包括现有的和未来可能发生的合同。这些限制性的条件都对网络设计有重要的影响

（2）逆向物流网络结构的特点

逆向物流因为其运作方式的独特性，导致其网络结构也具备一定的特点，如表4-6所示。

表4-6　逆向物流网络结构特点

特　点	具体描述
废旧品的不确定性	不确定性主要包括回收物品的数量、质量（如损耗程度、污染程度、材料的混合程度等）和到达时间等，这些不确定性因素将给逆向物流系统结构设计带来一系列后续问题，如回收率的不确定性将导致物料计划的不确定；回收产品检测前的质量不确定性将导致加工顺序和交货时间的不确定、生产任务安排的复杂性；回收产品质量和时间的不确定性将导致再制造车间物流路线复杂多变；再制造产品库存的位置和规模难以确定 供应不确定性是再制造物流网络的一个主要特征，因而逆向物流网络设计的一个重要前提是要保证对废旧产品回收量和组成成分变化的鲁棒性，使当前所作的网络设计决策能够满足今后环境变化的需要
检测和分类的集中程度	供应不确定性导致的直接后果之一就是要在逆向物流网络中设置检测/分类环节，而在传统生产分销物流网络中却没有 在传统的供应链中，物流沿着制造商、批发零售商、消费者这样的路线流动，其分销物流网络中的产品物流路径一般事先已经确定；而逆向物流中有检测和分类功能，逆向物流网络中的产品回收处理路径取决于废旧产品的质量。因此，逆向物流网络的结构会更复杂，网络设计时需要确定检测和分类功能的位置，回收产品只有在检测之后才能确定其未来的目的地，检测和分类环节的集中程度对逆向物流网络中的检测费用、搬运费用及运输费用有重要影响

续表

特　点	具体描述
正向与逆向的关系	正向物流网络的特点是“少对多”，呈发散状结构；逆向物流网络的特点是“多对少”，呈收敛状结构 逆向物流通过三种渠道进行：一种是传统的正向物流网络；一种是独立的逆向物流网络；还有一种是正向和逆向相结合的集成网络。以物料循环利用为目的的逆向物流通常被描述为一个开环系统，因为物流系统中的废弃物不是回到了它的原始制造商，而是被另外的厂商所利用。这种情况下由于正向和逆向物流渠道的操作者不同，对正向和逆向回收物流渠道进行整合的可能性很小。材料循环利用以外的逆向物流系统则可以是一个闭环系统 正向物流与逆向物流的参与者可能相同也可能不同。回收物流渠道的操作者可以是正向渠道的参与者（制造商、批发零售商、物流服务供应商等），也可以是其他一些专门的团体（二手商家、专业再制造厂商等）。操作者不同将会对配送和回收物流的整合的可能性产生重要的约束或影响。正、逆向产品流以及参与者的相互协同、兼容问题是需要研究的问题

3. 逆向物流网络设计的原则

（1）用可持续发展的标准约束供应商

选择符合可持续性发展标准的供应商需要增加额外的选择标准，如必须为供应商解决两难的悖论：生产可重复使用的零配件的供应商可能因此失去大部分业务。这种损失应该得到补偿，如可以将维修等业务外包给原始制造商，一方面原始制造商具有专业的业务知识和设备，可以提供较好的服务；另一方面供应商可以通过模块化设计以便于产品回收。

（2）建立新的市场

环保要求会引发建立某些特定物料的新市场及生产过程中现有物料流程的重组。借助新技术，以前作为废物处理的物料会变成有用的副产品。处置设施应尽可能地接近终端消费者，这样可以便捷地运送来自消费者的废旧产品。此外，企业应尽可能提供废弃物处理服务。

（3）应付不确定因素

在回收的产品中，只有一部分是有价值的，但正确预测哪些部分有价值比较困难，因此，用来区分回流产品中有用部分和无用部分的分类/测试工作需要分散进行。由于逆向渠道固有的推/拉特性，即使在完美信息状态下，在回收产品的供给和需求之间也存在着不匹配问题和回收渠道的选择问题。从事物料和能源经营的企业应该进行一定的准备，使自己能对管理和流程中的变化作出快速反应。不断变化的产品和服务也在不断推动设计的变化，为了达到生态最优化，必须多研究一些备用的设计方案。

（4）对物流网络设计与回收方法进行匹配

对物料回收、再制造、可再用部件、可再用包装、保修和商业回收等网络进行了区分，这些网络类型在网络的拓扑结构、参与者的角色、参与者之间的合作等方面不同。

（5）提高再循环的设计

关于环境驱动式网络设计，如基于闭环供应链的电池回收问题，决策时要考虑模块化、物料类型、供应商的参与程度、可拆解性、生命周期、所用设备的类型、产品中模块/部件的标准化程度，影响决策的参数包括污染的产生、能源的使用、残余废弃物、生命周期成本、生产技术、辅助材料、副产品、可回收性、产品复杂性、产品功能等。

（6）提高回流的质量和比例

（7）构建时要以实际情况为准，要定性和定量分析相结合地进行

（8）构建时应尽可能地考虑经济效益与社会效益的协调

逆向物流网络设计时，生产商的经济收益和环境保护、社会效益之间存在一定矛盾。单纯追求经济效益的最大化，可能造成回收意愿的降低；反之，较大的回收努力系数并不一定对应较大的经济收益。因此，追求收益最大化就有可能以牺牲环境为代价。在条件许可的情形下，应该根据产品商品特性、实物资产专用性程度、技术资产专用性程度、企业的核心能力、成本收益状况的变化情况，考虑到最优回收努力系数的要求，合理选择设计物流网络以达到经济效益和社会效益的双赢。

（9）构建时要采用科学合理的建模方法，选择合理的模型和参数，选用相对精确的算法

项目总结

本项目是现代物流系统规划设计的核心内容，主要分为直送网络、送奶线路、配送中心中转、LD-CED、单一（多个）枢纽站纯轴辐式等模式进行论述，尤为注意的是，“低碳经济”下逆向物流的规划设计成为未来的重点。

项目思考

1. 什么是物流系统网络规划设计？其组成要素有哪些？
2. 物流网络结构的主要模式有哪些？
3. 物流网络规划设计的内容与影响因素有哪些？
4. 逆向物流网络规划设计的方法有哪些？

项目五

巧占C位——物流节点选址规划与设计

【学习目标】

专业知识目标

- 了解节点和物流节点的含义
- 理解物流节点的选址目标
- 掌握不同物流节点选址问题
- 应用物流节点选址方法

职业能力目标

- 能区分不同物流节点选址的种类
- 能利用不同方法进行物流节点规划设计

素养目标

- 通过引导案例及学习增强“道路自信”“制度自信”；提升学生社会责任感、遵守“爱国、敬业、诚信、友善”的公民基本道德规范
- 培养学生用人文精神和历史发展角度思考和理解选址的重要性
- 培养“注重职场礼仪”的职业习惯
- 提升学生坚强恒久的意志力量，树立自信心

【重点难点】

学习重点

- 物流节点选址问题
- 物流节点的分类

学习难点

- 物流节点系统规划设计的方法

【引导/课程案例】

雄安新区：崛起的未来之城

设立河北雄安新区是以习近平同志为核心的党中央作出的一项重大的历史性战略选择，是千年大计、国家大事。设立五年来，雄安新区规划建设高质量高标准扎实推进，引领京津冀协同发展不断向纵深拓展。

目前，雄安新区2022年二季度重点项目已集中开工，涵盖了基础设施、公共服务等多个领域。五年来，雄安新区已累计实施重点建设项目177个，总投资超6000亿元。

2017年，中共中央、国务院决定设立河北雄安新区。从“一张白纸”到“塔吊林立”，从“规划先行”到“雏形凸显”，在雄安新区规划建设过程中，习近平总书记多次实地考察和召开重要会议，为千年大计掌舵领航、指明方向。总书记强调，规划建设雄安新区要坚持世界眼光、国际标准、中国特色、高点定位。

作为京津冀协同发展重要一环，雄安新区已进入承接北京非首都功能疏解和大规模开发建设同步推进的关键时期。首批3家央企总部正式选址落地，央企在雄安设立各类分支机构达到100余家。90所京津冀知名医疗卫生机构、59所优质学校与新区各类医院、学校建立帮扶合作关系。新一代信息技术、新材料等高端高新产业引进力度不断增强。今天的雄安新区与北京城市副中心正作为北京新的“两翼”加速崛起，推动京津冀协同发展取得新的更大进展。而经过五年如火如荼建设，这座承载千年大计、国家大事的“未来之城”城市框架也全面拉开。

这里是京雄城际铁路雄安站，现在每天有13对高铁列车往返于京雄之间，一小时内通达。五年来，雄安新区交通网络从无到有、连接四方，干线公路增至27条，总长超1190公里，已成为京津冀地区重要交通枢纽。

从基础设施到城市治理，五年来，雄安新区规划建设坚持前瞻性、引领性，地上、地下、数字三座新城同步推进。在这里，水、电、气、暖、网等市政配套基础设施管线全部集纳在地下的数百公里综合管廊中，街头不见井盖、抬头没有电线。在这里，重点区域实现5G全覆盖，生态环保部分领域更是在全国率先实现了5G/VR全景视频移动监测监控实时数据。在这里，智慧城市建设初具规模，从社区生活到交通出行都可以实现数字化管理。

五年来，日夜兼程、攻坚克难，雄安新区规划建设不断取得新进展，展现新形象。在以习近平同志为核心的党中央坚强领导下，京畿大地上，一座高水平社会主义现代化城市正从宏伟蓝图加快变为现实样板。“未来之城”，未来可期。

（资料来源：央视网 . 2022. 04. 02. ）

案例思考

1. 为什么说雄安新区是未来之城？
2. 国家建设雄安新区的目的是什么？
3. 谈谈你对未来工作地点的选择及原因。
4. 物流公司选址应该考虑哪些要素？

任务一 物流节点选址规划设计概述

5.1.1 节点和物流节点

1. 物流节点的概念

物流节点又称物流接点、物流据点，是指物流网络中连接物流线路的结节处，如仓库、港口、货运站、物流中心、配送中心等。

节点以一定的节点形态存在，在物流系统中发挥着不同的作用。例如，将物流系统中的物流活动分为节点活动与线路活动，那么物流节点是进行节点活动的场所，同时，它也是线路活动的起点或终点。货物在节点处于相对静止的状态，其中，包装、装卸、储存、流通加工等活动都是在节点上完成的。因此，物流节点是物流系统的重要组成部分，物流效率的发挥依赖于物流节点的位置和功能配置。

2. 物流节点分类

（1）根据功能的不同，物流节点可分为转运型节点、储存型节点、集散型节点、配送型节点和综合性节点

①转运型节点是指处于运输线路上，以连接不同运输方式或相同运输方式为主要功能的节点，货物在这类节点上停留的时间都比较短。这类节点主要指转运中心。转运中心主要承担货物的中转运输。其作用为：两种运输方式的转运、同一种运输方式的转运、多种运输方式的转运等，具体类型如表 5-1 所示。

表 5-1 转运中心分类细表

转运中心大类	一级子类	组织形式
陆运转运中心	汽车中转站	汽车运输线上衔接汽车运输，进行中转或换载的中转节点
	火车中转站	（1）编组站：实行整车从一个线路上的一列换接到另一线路上，进行列车转换编组的中转车站 （2）中转货站：将一个线路上装运在一车内的零星货物卸下，分别换装到另外几个线路上的车皮内，这样进行零星货物转换中转的车站
	汽车与火车转运中心	（1）汽车实行集货，由火车完成大量运输 （2）火车完成大量运输到站后，由汽车完成配送式短程运输或由汽车实行公路货运衔接 （3）汽车、火车间的转换，货物在转换中重新组合

续表

转运中心大类	一级子类	组织形式
水运转运中心	水运与水运转运中心	衔接两种水运方式或同一种水运方式的转运中心，这类转运中心统称为港口
	水运与陆运转运中心	衔接水运及陆运的转运中心，这类转运通过码头进行装卸和货物重组实现陆运与水运的转换
空运转运中心	空运转运中心	衔接两种空运或衔接空运与其他运输方式的转运中心，以后者为主要形式，习惯称为空港
综合转运中心	综合转运中心	衔接多种运输方式的中转节点。这类转运中心需要设置相应运输工具的线路，如火车轨道、飞机跑道等，而且要求功能齐全，如集货、分货、配送等
特种转运中心	特种转运中心	（1）集装箱转运中心 （2）煤炭转运中心 （3）散装水泥转运中心 （4）石油转运中心

②储存型节点是指以保管存放货物为主要功能的节点，包括储备仓库、营业仓库等。这类节点主要是带有储备性质的仓库，也具备集货、储存、分货、送货的功能。由于货物存量较大，周转速度较慢，因此，一般对仓库的货物保管、养护的要求比较高。

③集散型节点是以集中货物或分散货物为主要功能的节点，包括集货中心和分货中心。集货中心是将一定范围内来源分散、批量小，但总量较大的货物集中起来，以便大批量处理和发货。

④配送型节点是指连接干线物流与末端物流，以货物配备和组织送货为主要功能的节点。这类节点的典型代表就是配送中心。

⑤综合性节点是指在一个节点中将若干功能有机结合在一起，有完备的设备、有效的衔接和协调各个工艺流程的集约型节点。配送中心和物流中心等都属于这一类节点，是为了适应物流大量化、复杂化、细致准确的要求而出现的。

（2）根据结构层次的不同分类

在特定的供应链架构下，依据结构层次的不同，物流节点可分为一级物流节点、二级物流节点等（图 5-1）。

①一级物流节点（物流园区）是各地政府为了当地经济发展、物资流转需要而开辟的物流集中运作地，往往位于重要的生产基地、交通枢纽附近，或者位于集中消费地，如各大中心城市附近。其主要功能包括进口商品的分拨、中转、仓储和区域配送以及出口商品的集资、中转、拼装箱、仓储、进出口报关等，还应该具备集装箱货运站的功能。物流园区一般可分为三种类型：一是国际物流枢纽型物流园区，主要是指港口、机场、陆路口岸

等多种运输方式汇集、与海关监管通道相结合的大型物流转运枢纽。一般规模较大，物流功能齐全，物流服务辐射能力强大，是城际、国际物流的主要集散、转运中心。该种类型的物流节点主要提供国际物流和区域物流服务，兼顾市域配送服务。二是区域型物流园区，主要是指跨区域的长途运输和城市配送体系之间的转换枢纽，或是对多式联运起重要支持作用的转运枢纽。一般规模相对较大，物流功能齐全，是城际物流的主要集散中心，该种类型的物流节点主要提供区域物流服务和市域配送物流服务。三是市域配送型物流园区，是指支持城市内或城市周边商贸、生产和城市生活的物流节点。一般规模相对较小，物流功能相对单一，专业性较强，物流服务辐射力较小。

②二级物流节点（物流中心）是指具备集货、分货、中转、储存、流通加工、配送、信息服务等四项以上主要功能的节点。现实中的物流中心有多种形式存在，按其主要功能的不同，可分为物流集货中心、物流分货中心、配送中心、物流转运中心、物流储调中心、流通加工中心等。

③三级物流节点（配送中心、货运站）是指具备配送、中转、信息服务或集货的一项或多项功能的节点。

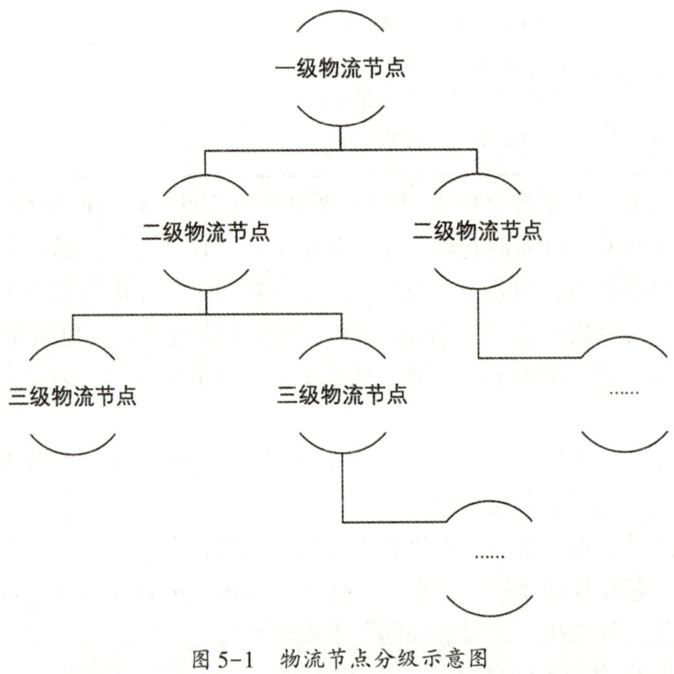

图 5-1 物流节点分级示意图

5.1.2 物流节点选址规划目标

在物流系统规划设计中，物流节点的选址是一个重要的决策问题，它决定了整个物流网络的模式、结构和形状。物流节点的选址规划就是确定整个物流系统中所需的节点数量、它们的地理位置以及服务对象分配方案。

在单个企业的物流网络系统中，一方面，物流节点的选址决策影响整个企业物流系统的结构和系统中其他要素的决策，如库存、运输等；另一方面，系统中其他要素的决策也会影响物流节点的选址决策。因此，节点的选址与库存、运输成本之间存在着密切联系。

而在整个供应链系统中，一个企业的物流系统的选址决策往往要受到供应链中其他企业的影响，供应链系统中核心企业的选址决策会影响到所有供应商的物流系统的选址决策。如上海大众在长沙建立一家新的汽车整机厂，那么，上海大众的供应商或物流服务商就必须在工厂附近建立配送中心，以满足上海大众准时制生产的要求。同样，很多厂商在选址时，会考虑在零配件产业集群的地方建厂，以减少采购成本。

一个物流系统中，物流中间节点的数量增加，可以提高服务及时率，减少缺货率，但同时，往往会增加库存量与库存成本。因此，在规划设计中，尽量减少物流中间节点的数量，扩大物流中间节点的规模是降低库存成本的一个重要措施。在物流园区、物流中心规划中采用集约化设计，可以实现大规模配送，降低成本。同样，在规划设计中，物流节点的数量与运输成本之间也形成制约关系，物流节点数量的增加，可以减少运输距离、降低运输成本。但是物流节点数量增加到一定程度时，由于单个订单的数量过小，增加了运输频率，并且达不到运输批量，从而造成运输成本大幅上涨。因此，确定合适的物流节点数量，也是选址规划的主要任务之一。

鉴于此，物流节点选址规划需要实现以下目标。

1. 成本最小化

成本最小化是物流节点选址决策中最常见的目标，与物流节点选址规划有关的成本主要有运输成本与设施成本。

（1）运输成本

运输成本取决于运输数量、运输距离与运输单价。运输数量如没有达到运输批量，就不能形成规模经济，从而影响到总的运输成本。当物流节点的位置设计合理时，总的运输距离就小，运输成本就会下降。而运输单价取决于运输方式与运输批量，与物流节点所在地的交通运输条件和顾客所在地的交通运输条件直接有关。

（2）设施成本

与设施相关的成本包括固定成本、存储成本与搬运成本。

①固定成本是指那些不随设施的经营活动水平而改变的成本，如设施建造成本、税金、租金、监管费和折旧费都属于固定成本。设施建造成本与土地成本有关，取得土地使用权的费用与物流节点选择的地点直接相关，即使采用租赁经营方式，土地成本也会在租金中体现出来。

②存储成本是指那些随设施内货物数量变化而改变的成本。也就是说，如果某项成本随设施中保有的库存水平增加或减少，该项成本就可以归为存储成本。典型的存储成本有仓储损耗、某些公用事业费、库存占用的资金费用、库存货物的保险费等。

③搬运成本是指随着设施吞吐量变化的成本。典型的搬运成本有存取货物的人工成本、某些公共事业费、可变的设备搬运成本等。

2. 物流（量）规模最大化

物流规模是对物流作业量的定性描述，定量描述为物流作业量或者物流量。物流量是反映物流节点作业能力的指标。而反映物流量的主要指标是吞吐量和周转量，从投资物流节点来看，这两个指标用来测量物流节点的利用率，物流量越大，效益越高。如港口经营管理中，需要不断挖掘潜力，提高港口吞吐量。但从整个物流系统来看，吞吐量与周转量无法适应现代物流的多品种、小批量、高频度的趋势，如物流节点与顾客距离越远，则周转量越大，费用也越高。即如以物流量最大为决策目标时，物流节点选址是与客户的距离越远越好，这显然违背设置物流节点的根本目的。因此，在物流节点选址决策中，是在成本最小化的前提下，考虑物流量最大化。

3. 服务水平最优化

服务水平是体现物流服务质量的量化 KPI 指标，与物流节点选址决策直接相关的服务指标主要有送货时间、距离、速度和准时率。通常来说，物流节点与客户距离越短、送货准时率和速度就越高，订货周期也相应缩短。因此，“就近”成为很多物流节点选址的必选因素。

4. 发展潜力最大化

由于物流节点投资大、服务时间长，因此，在选址时不仅要考虑在现有条件下的成本、服务等目标，还要考虑将来发展的潜力，包括物流节点生产扩展的可行性及顾客需求增长的潜力。

5. 综合评价目标

在物流节点选址决策中，仅仅从成本、服务、物流量与发展潜力单一目标考虑可能还不能满足物流系统经营的需要，这时，需要采用多目标决策的方法来综合评价。

任务二 物流节点选址问题

5.2.1 选址问题早期研究的主要理论

1. 杜能的地租曲线（Bid-Rent Curves）

杜能通过对农业生产布局合理化的研究后认为，任何经济开发活动能够支付的最高地租是产品在市场内的价格与产品运输到市场的成本之差。各种经济活动根据其支付地租的能力分布在市场周围。在农业经济中，各种农业生产活动可能按图 5-2 所示的方式从市场向外布局。杜能的这一观点在现在的布局设计中仍然有用，在我们周围，你会发现同样的现象——围绕城市中心呈环形分布着零售商业、居住、工业生产制造和农业区。那些能够支付最高地租的经济活动将分布在距离城市中心最近的地区，以及主要运输枢纽的周边地带（图 5-2）。

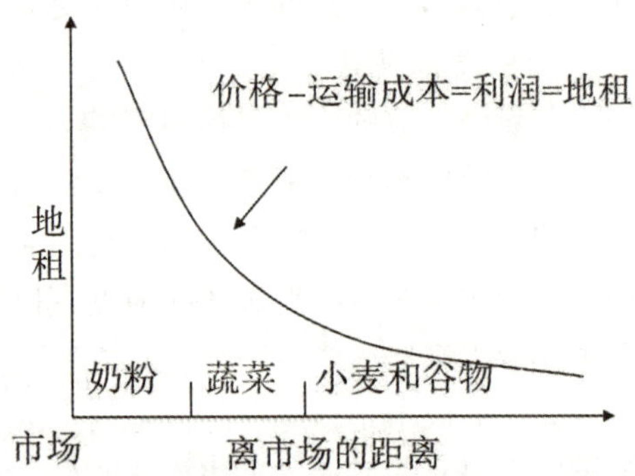

图 5-2 杜能的地租曲线

2. 韦伯的工业分类（Industrial Location Theory）

工业区位论的奠基人韦伯认识到原材料运输在生产过程中所起的作用及其对选址的影响。韦伯发现区位因子决定生产场所，将企业吸引到生产费用最小、节约费用最大的地点。韦伯将区位因子分成三类：运费、劳动费、集聚和分散。

3. 中心地理论

德国地理学家克里斯泰勒（W. Christaller）通过对德国南部城市的深入考察和理论研究，1933 年提出了著名的中心地理论。这一理论是在西欧国家工业化和城市迅速发展的历史背景下产生的，中心内容是论述一定区域内（国家）城镇等级、规模、职能间关系及其空间结构的规律性。

4. 区域经济学

经济区域是按人类经济活动的空间分布规律划分的，具有均质性和集聚性，经济结构基本完整，在国民经济体系中发挥特定作用的地域单元。区域经济是一个国家经济的空间系统，是经济区域内部社会经济活动和社会经济关系或联系的总和，是经济区域的实质性内容。

区域经济学是研究经济活动在一定自然区域或行政区域中变化或运动规律及其作用、机制的科学，是经济学与经济地理学相结合的产物。

5.2.2　物流节点选址问题分类

在物流节点选址决策时，需要建立选址模型进行分析。而要建立选址模型，需要确定以下几个问题：选址的对象是什么？选址的目标区是怎样的？选址目标和成本函数是什么？有什么样的一些约束？

根据以上这些不同的问题，选址模型可以分为相应的类型。根据不同的选址问题类型建立不同的数学模型，进而可以选择相应的算法进行模型求解。这样，就可以得到该选址问题的方案。

一般地，可将选址问题按下面几种方法分类。

1. 按设施对象划分

不同的物流设施由于功能不同，选址时所考虑的因素也不相同。在决定设施定位的因素中，通常某一个因素会比其他因素更重要。

在工厂和仓库选址中，最重要的因素通常是经济因素；零售网点选址时，一般最重要的因素是零售服务地顾客的消费喜好；服务设施（如医院、银行）选址时，到达的容易程度则可能是首要的选址要素，在收入和成本难以确定时，尤其如此。在地点带来的收入起决定性作用的选址问题中，地点带来的收入减去场地成本就得到该地点的盈利能力。

2. 按设施的数量划分

根据选址设施的数量，可以将选址问题分为单一设施选址问题和多设施选址问题。单一设施的选址与同时对多个设施选址是截然不同的两个问题，单一设施选址无须考虑竞争力、设施之间需求的分配、集中库存的效果、设施成本与数量之间的关系等，而运输成本是要考虑的首要因素。单一设施选址是以上两类选址问题中较为简单的一类。

3. 按选址的离散程度划分

按照选址目标区域的特征，选址问题分为连续选址和离散选址两类。连续选址问题是指在一个连续空间内所有点都是可选方案，要求从数量无限的点中选择其中一个最优的点。这种方法称为连续选址法（Continuous Location Methods），常应用于设施的初步定位问题。

离散选址问题是指目标选址区域是一个离散的候选位置的集合。候选位置的数量通常是有限的，可能事先已经过了合理分析和筛选。这种模型是较切合实际的，称为离散选址法（Discrete Location Methods），常应用于设施的详细选址设计问题。

图 5-3 中，（a）为连续选址，（b）为网格选址，（c）为离散选址。

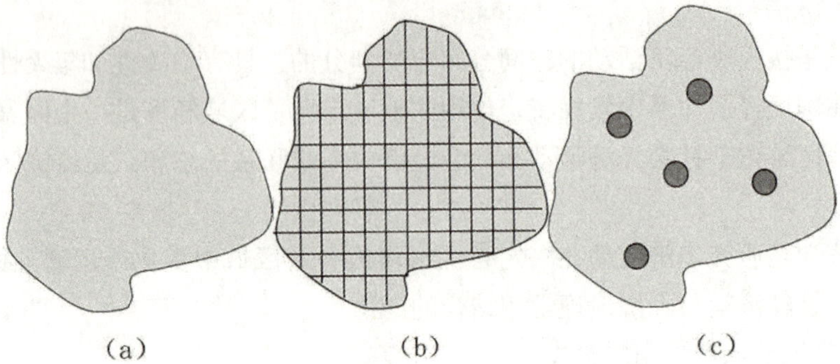

图 5-3 不同选址情况示意图

4. 按目标函数划分

按照选址问题所追求的目标和要求不同，模型的目标函数可分为以下几种。

（1）可行点（Feasible Solution）和最优点（Optimal Solution）

对于许多选址问题来说，首要的目标是得到一个可行的解决方案，即一个满足所有约束的解决方案。可行方案得到以后，第二步的目标是找到一个更好的解决方案。

（2）中值问题（Median Problem）

在区域中选择（若干个）设施位置，使得该位置离需求点到最近设施的距离（或成本）的“合计”距离最小。这种目标通常在企业问题中应用，所以也称为“经济效益性”（Economic Efficiency）。这类问题是 Minimum 问题，关于此问题本书将在后面详细论述。

（3）中心问题（Center Problem）

根据使得被选择设施位置离最远需求点的距离（或成本）集合中取最小的原则，在区域中选择设施的位置的方法称为中心问题。中心问题的目标由已存在设施的单个成本（或距离）最大的部分组成。目标是优化最坏的情况，这种目标通常在军队、紧急情况和公共部门中使用，它追求的是“经济平衡性”（Economic Equity）。

（4）反中心问题（Anti-Center Problem）

根据在一定区域内使得被选择设施位置离最近需求点的距离（或成本）集合中取最大的原则，在该区域中选择设施的位置的方法称为反中心问题。反中心问题的目标由已存在设施的成本（或距离）最小的个体组成。目标也是优化最坏的情况，这种目标通常在需要逆向物流项目（例如废水处理厂、垃圾回收站等）选址中使用，它是 Max-Min 型的目标函数。

（5）单纯选址问题和选址分配问题

如果新设施和原来已存在的设施之间的关系与新设施本身无关，而且是固定的，则选址问题就称为单纯选址问题，也称为有固定的权重的选址问题；如果新设施和已存在设施间的关系与新设施的位置相关，那么，这些关系本身就成为变量，这种问题被称作“选址分配问题”。例如，配送中心的客户分配问题，添加一个新的配送中心不仅改变了原配送中心的客户分配。同时也改变了配送中心到客户的距离。

5. 按能力约束划分

依据约束理论（TOC）的基本思路，根据选址问题的约束分类，可以分为有能力约束选址问题和无能力余数选址问题。若新设施能力能充分满足客户需求，就被称为无能力约束选址问题，无能力约束选址问题有时也被称为“单纯设施配置问题”；反之，若新设施的能力不能充分满足客户的需求，具有满足需求的上限，就是有能力约束的选址问题。

5.2.3　物流节点选址决策的影响因素及一般原则

1. 物流节点选址决策的影响因素

（1）选址规划决策的外部影响因素

①宏观政治及经济因素：主要考虑选址地区的长远的经济和社会发展战略、社会稳定性程度、法律法规的约束和限制条件等。宏观经济因素主要有：税收政策、关税、汇率、产业政策等，这些都与选址决策直接相关。

②基础设施及环境条件：主要包括物流基础设施、通信等公共设施的可利用性、交通运输状况与运输费率；在企业运作中，物流成本往往要超过制造成本，而一个良好、快捷的交通基础设施对于降低物流成本起到至关重要的作用。其他环境因素包括气象条件、地质条件、水文条件、地形条件等。

③在选址规划决策中还应考虑竞争对手的发展状况，根据企业产品或服务的自身特征，来决定是靠近竞争对手还是远离竞争对手。

（2）选址规划决策的内部影响因素

选址规划决策时要使选择的方案与企业发展战略相适应，与生产产品或提供服务的特征相匹配。企业的发展战略对物流节点选址规划有重要影响，例如，对制造型的企业而言发展实用性还是创新性产品就是企业的长远发展战略，实用性产品因其需求稳定而且量大、产品生命周期长、利润率低，低成本运营是企业发展战略，因此在选址决策时必然会选择生产成本较低的地区建立物流设施；相反，选择创新性产品，因为这类产品需求的不确定性，需要建立快速反应的物流系统，所以在选址时会考虑地价较高、交通发达的地区建立配送中心，而这些地方往往成本较高。

当然，选址规划决策还需要考虑其他很多因素，比如环境保护要求等，因为物流节点的设置需要考虑保护自然环境与人文环境等因素，尽可能降低对城市生活的干扰，对于大型的物流节点应尽量设置在远离市区的地方。

2. 物流节点选址决策的一般原则

（1）位于城市中心区的边缘地区，一般在城市道路网的外环线附近。

（2）位于交通枢纽中心地带，有两种以上运输方式连接，特别是铁路和公路。

（3）位于土地资源开发较好的地区，用地充足，成本较低。

（4）位于城市的物流节点附近，现有物流基础较好，可利用和整合现有物流资源。

（5）有利于整个地区物流网络的优化和信息资源利用。

任务三 物流节点系统规划与设计方法

5.3.1 物流节点选址规划的定性分析法

1. 德尔菲法

德尔菲法又称为专家调查法，是一种采用通信方式分别将所需解决的问题单独发送到各个专家手中，征询意见，然后回收汇总全部专家的意见，并整理出综合意见。随后将该综合意见和预测问题再分别反馈给专家，再次征询意见，各专家依据综合意见修改自己原有的意见，然后再汇总。这样多次反复，逐步取得比较一致的预测结果的决策方法。

（1）德尔菲法特征

①资源利用的充分性。由于吸收不同的专家参与预测和决策，充分利用了专家的经验和学识。

②最终结论的可靠性。由于采用匿名或背靠背的方式，能使每一位专家独立地做出自己的判断，不会受到其他繁杂因素的影响。

③最终结论的统一性。决策过程必须经过几轮的反馈，使专家的意见逐渐趋同。

（2）德尔菲法的具体实施步骤

①组成专家小组。按照课题所需要的知识范围，确定专家。专家人数的多少，可根据预测课题的大小和涉及面的宽窄而定，一般不超过 20 人。

②向所有专家提出所要节点选址的问题及有关要求，并附上有关这个问题的所有背景材料，同时请专家提出还需要什么材料。然后，由专家做书面答复。

③各个专家根据他们所收到的材料，提出自己的选址意见，并说明自己是怎样利用这些材料并提出候选点的。

④将各位专家第一次判断意见汇总，列成图表，进行对比，再分发给各位专家，让专家比较自己同他人的不同意见，修改自己的意见和判断。也可以把各位专家的意见加以整理，或请身份更高的其他专家加以评论，然后把这些意见再分送给各位专家，以便他们参考后修改自己的意见。

⑤将所有专家的修改意见收集起来，汇总，再次分发给各位专家，以便做第二次修改。逐轮收集意见并为专家反馈信息是德尔菲法的主要环节。收集意见和信息反馈一般要经过三四轮。在向专家进行反馈的时候，只给出各种意见，但并不说明发表各种意见的专家的具体姓名。这一过程重复进行，直到每一个专家不再改变自己的意见为止。

⑥对专家的意见进行综合处理，确定最优选址点。

（3）德尔菲法的优、缺点

①优点：能充分发挥各位专家的作用，集思广益，准确性高；能把各位专家意见的分歧点表达出来，取各家之长，避各家之短。

②缺点：权威人士的意见影响他人的意见；有些专家碍于情面，不愿意发表与其他人不同的意见；出于自尊心而不愿意修改自己原来不全面的意见；德尔菲法的主要缺点是过程比较复杂，花费时间较长。

2. 头脑风暴法

头脑风暴法又称智力激励法、BS 法，是由美国创造学家 A. F. 奥斯本于 1939 年首次提出、1953 年正式发表的一种激发创造性思维的方法。在群体决策中，由于群体成员心理相互作用影响，易屈于权威或大多数人意见，形成所谓的“群体思维”。群体思维削弱了群体的批判精神和创造力，损害了决策的质量。为了保证群体决策的创造性，提高决策质量，管理上发展了一系列改善群体决策的方法，头脑风暴法是较为典型的一个。

（1）头脑风暴法分类

①直接头脑风暴法（通常简称为头脑风暴法），在专家群体决策尽可能激发创造性，产生尽可能多的设想的方法。

②质疑头脑风暴法（又称为反头脑风暴法），是对前者提出的设想、方案逐一质疑，分析其现实可行性的方法

（2）头脑风暴法的要求

①组织形式：参加人数一般为5~10人（课堂教学也可以班为单位），最好由不同专业或不同岗位者组成；会议时间控制在1小时左右；设主持人一名，主持人只主持会议，对设想不作评论。设记录员1~2人，要求认真将与会者每一设想不论好坏都完整地记录下来。

②会议类型：设想开发型，这是为获取大量的设想、为课题寻找多种解题思路而召开的会议，要求参与者要善于想象，语言表达能力要强；设想论证型，这是为将众多的设想归纳转换成实用型方案召开的会议，要求与会者善于归纳、善于分析判断。

③会前准备工作：会议要明确主题，会议主题提前通报给与会人员，让与会者有一定准备；选好主持人，主持人要熟悉并掌握该技法的要点和操作要素，摸清主题现状和发展趋势；参与者要有一定的训练基础，懂得该会议提倡的原则和方法；会前可进行柔化训练，即对缺乏创新锻炼者进行打破常规思考，转变思维角度的训练活动，以减少思维惯性，从单调的紧张工作环境中解放出来，以饱满的创造热情投入激励设想活动。

④会议原则：禁止批评和评论，也不要自谦；目标集中，追求设想数量，越多越好；鼓励巧妙地利用和改善他人的设想；与会人员一律平等，各种设想全部记录下来；主张独立思考，不允许私下交谈，以免干扰别人思维；提倡自由发言，畅所欲言，任意思考；不强调个人的成绩，应以小组的整体利益为重，注意和理解别人的贡献，人人创造民主环境，不以多数人的意见阻碍个人新的观点的产生，激发个人追求更多更好的主意。

⑤会议实施步骤：会前准备：落实参与人、主持人和课题任务，必要时可进行柔性训练；设想开发：由主持人公布会议主题并介绍与主题相关的参考情况；突破思维惯性，大胆进行联想；主持人控制好时间，力争在有限的时间内获得尽可能多的创意性设想；设想的分类与整理：一般分为实用型和幻想型两类。前者指目前技术工艺可以实现的设想，后者指目前的技术工艺还不能完成的设想；完善实用型设想：对实用型设想，再用脑力激荡法去进行论证、进行二次开发，进一步扩大设想的实现范围；幻想型设想再开发：对幻想型设想，再用脑力激荡法进行开发，通过进一步开发，就有可能将创意的萌芽转化为成熟的实用型设想。这是脑力激荡法的一个关键步骤，也是该方法质量高低的明显标志。

⑥主持人技巧：主持人应懂得各种创造思维和技法，会前要向与会者重申会议应严守的原则和纪律，善于激发成员思考，使场面轻松活跃而又不失脑力激荡的规则；可轮流发言，每轮每人简明扼要地说清楚创意设想一个，避免形成辩论会和发言不均；要以赏识激励的词句语气和微笑点头的行为语言，鼓励与会者多出设想，如说："对，就是这样！""太棒了！""好主意！这一点对开阔思路很有好处！"，等等。禁止使用下面的话语："这点别人已说过了！""实际情况会怎样呢？""请解释一下你的意思。""就这一点有用""我不赞赏那种观点。"，等等。经常强调设想的数量，比如平均3分钟内要发表10个设想；遇到人人皆才穷计短、出现暂时停滞时，可采取一些措施，如休息几分钟，自选休

息方法，散步、唱歌、喝水等，再进行几轮脑力激荡。或发给每人一张与问题无关的图画，要求讲出从图画中所获得的灵感；根据课题和实际情况需要，引导大家掀起一次又一次脑力激荡的“激波”。如课题是某产品的进一步开发，可以从产品改进配方思考作为第一激波、从降低成本思考作为第二激波、从扩大销售思考作为第三激波等。又如，对某一问题解决方案的讨论，引导大家掀起“设想开发”的激波，及时抓住“拐点”，适时引导进入“设想论证”的激波；要掌握好时间，会议持续 1 小时左右，形成的设想应不少于 100 种。但最好的设想往往是会议要结束时提出的，因此，预定结束的时间到了可以根据情况再延长 5 分钟，这是人们容易提出好的设想的时候。在 1 分钟时间里再没有新主意、新观点出现时，智力激励会议可宣布结束或告一段落。

（3）头脑风暴法的原则

①庭外判决原则。

②欢迎各抒己见，自由鸣放。

③追求数量。

④探索取长补短和改进办法。

⑤循环进行。

⑥每人每次只提一个建议。

⑦没有建议时说“过”。

⑧不要相互指责。

⑨要耐心。

⑩可以使用适当的幽默。

⑪鼓励创造性。

⑫结合并改进其他人的建议。

（4）头脑风暴法的操作程序

①准备阶段。选址规划决策的负责人应事先对所议问题进行一定的研究，弄清问题的实质，找到问题的关键，设定解决问题所要达到的目标。同时选定参加会议人员，一般以 5~10人为宜，不宜太多。然后将会议的时间、地点、所要解决的问题、可供参考的资料和设想、需要达到的目标等事宜一并提前通知与会人员，让大家做好充分的准备。

②热身阶段。这个阶段的目的是创造一种自由、宽松、祥和的氛围，是大家得以放松，进入一种无拘无束的状态。主持人宣布开会后，先说明会议的规则，然后随便谈点有趣的话题或问题，让大家的思维处于轻松和活跃的境界。如果所提问题与会议主题有着某种联系，人们便会轻松自如地导入会议议题，效果自然更好。

③明确问题。主持人扼要地介绍有待解决的问题。介绍时须简洁、明确，不可过分周全，否则，过多的信息会限制人的思维，干扰思维创新的想象力。

④重新表述问题。经过一段讨论后，大家对问题已经有了较深程度的理解。这时，为了使大家对问题的表述能够具有新角度、新思维，主持人或书记员要记录大家的发言，并对发言记录进行整理。通过记录的整理和归纳，找出富有创意的见解，以及具有启发性的表述，供下一步畅谈时参考。

⑤畅谈阶段。畅谈是头脑风暴法的创意阶段。为了使大家能够畅所欲言，需要制定的规则是：第一，不要私下交谈，以免分散注意力。第二，不妨碍他人发言，不去评论他人发言，每人只谈自己的想法。第三，发表见解时要简单明了，一次发言只谈一种见解。主持人首先要向大家宣布这些规则，随后导引大家自由发言，自由想象，自由发挥，使彼此

相互启发，相互补充，真正做到知无不言，言无不尽，畅所欲言，然后将会议发言记录进行整理。

⑥筛选阶段。会议结束后的一两天内，主持人应向与会者了解大家会后的新想法和新思路，以此补充会议记录。然后将大家的想法整理成若干方案，再根据选址规划的一般标准，诸如可行性、创新性、可实施性等标准进行筛选。经过多次反复比较和优中择优，最后确定 1~3 个最佳方案。这些最佳方案往往是多种创意的优势组合，是大家的集体智慧综合作用的结果。

（5）头脑风暴法的评价

①优点：激发了想象力，有助于发现新的风险和全新的解决方案；让主要的利益相关者参与其中，有助于进行全面沟通；速度较快并易于开展。

②局限性：参与者可能缺乏必要的技术及知识，无法提出有效的意见；由于头脑风暴法相对松散，因此较难保证过程的全面性；可能会出现特殊的小组情况，导致某些有重要观点的人保持沉默而其他成员成为讨论的主角；实施成本较高，要求参与者有较好的素质，这些因素是否满足会影响头脑风暴法实施的效果。

5.3.2　物流节点选址规划的定量方法

定量方法虽然容易实施，但是其误差较大，实用性差，随着现代计算机技术和信息技术的不断发展，更多的定量计算方法不断应用，本书介绍如下。

1. 选址问题中的距离计算方法

选址规划问题模型中，最基本的一个参数是各个节点之间的距离。已知两节点的坐标，一般采用三种方法来计算节点之间的距离：一种是直线距离，也叫欧几里得距离；另一种是折线距离，也叫城市距离，如图 5-4 所示，这两种计算方法最为常见；还有一种是大圆距离，利用球面三角学计算。

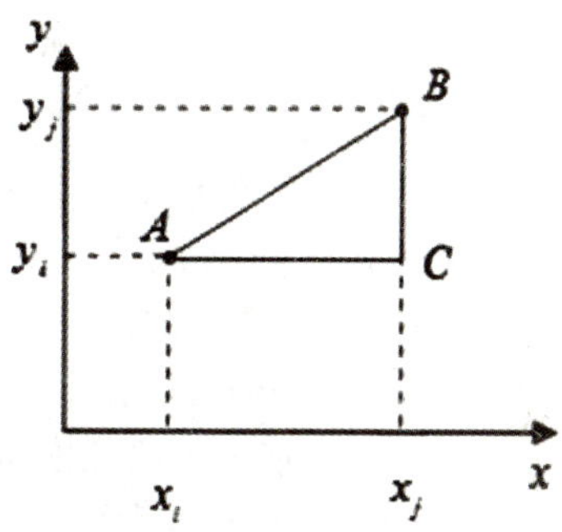

图 5-4　折线距离示意图

（1）直线距离

当选址区域的范围较大时，节点间的距离常用直线距离近似代替，或者用直线距离乘以一个适当的常数来代替实际距离，比如城市间的运输距离、大型物流园区间的间隔距离都可以用直线距离来近似计算。区域内两点 $A(x_i, y_i)$ 与 $B(x_j, y_j)$ 之间的直线距离 d_{ij} 的计算公式为：

$$d_{ij}=\beta_{ij}\sqrt{(x_i-x_j)^2+(y_i-y_j)^2} \tag{5-1}$$

式中，β_{ij} 称为迂回因子，$\beta_{ij}\geq 1$，一般可取定一个常数，当 $\beta_{ij}=1$ 时，d_{ij} 即为平面上的几何直线距离。β_{ij} 取值大小与区域内的交通情况有关：在交通发达地区，一般取值较小；反之，取值较大。例如，在美国大陆，$\beta_{ij}=1.2$，而在南美洲，$\beta_{ij}=1.26$ 等。

（2）折线距离

折线距离也叫城市距离，当选址区域的范围较小而且区域内道路较规则时，可以用折线距离代替两点间的距离。如城市内的配送问题、具有直线通道的配送中心、工厂及仓库内的布置、无聊搬运设备的顺序移动等问题。折线距离的计算公式如下：

$$d_{ij}=|AC|+|BC|=\beta_{ij}(|x_i-x_j|+|y_i-y_j|) \tag{5-2}$$

（3）大圆距离

由于各种地图制图技术都是将球体映射到平面上，必然会引起变形。用平面坐标来计算距离可能会产生计算误差，误差大小取决于地图映射方法以及在地图的什么位置计算距离。更好的计算方法是利用经、纬度坐标和大圆距离公式，大圆公式不仅能避免平面地图的误差，而且还考虑了地球的弯曲程度。大圆距离的计算公式如下：

$$d_{AB}3959\{\arccos[\sin(LAT_A)\times\sin(LAT_B)+\cos(LAT_A)\times\cos|LONG_A-LONG_B|]\} \tag{5.3}$$

式中：d_{AB}——点 A 与点 B 之间的大圆距离（英里）；

LAT_A——点 A 的经度（弧度）；

LAT_B——点 B 的经度（弧度）；

$LONG_A$——点 A 的纬度（弧度）；

$LONG_B$——点 B 的纬度（弧度）。

2. 单一物流节点的选址模型

我们先以一个简单的例子来理解物流节点的选址规划问题。例如，在一条直线上（街道）选择一个位置（快递点），即一种设施选址，为了能让这条街上的所有居民到达快递点的平均距离最短。当然，在不考虑其他因素的情况下，这条街的中点是最为合理的位置。更为现实的情况是，街上各个位置可能出现客户的概率是不一样的，这时就需要给整条街的不同位置加上一个权重进行分析。在权重等外部条件都确定的情况下，这个中值问题可以用如下目标函数来表示：

$$\min Z=\sum_{i=0}^{p}w_i(p-x_i)+\sum_{i=p}^{n}w_i(x_i-p) \tag{5-4}$$

$$\min Z=\int_{x=0}^{p}w(x)(p-x)dx+\int_{x=p}^{L}w(x)(p-x)dx \tag{5-5}$$

式中：w_i——街道上第 i 个位置出现客户的概率，$i=1, \cdots, n$；

x_i——街道上第 i 个位置到所选地址 p 的距离，$i=1, \cdots, n$；

p——选址的位置，$p=1, \cdots, n$（离散时）或者 $1\leqslant p\leqslant L$（连续时）；

L——街道的长度。

式（5-4）适用于离散模型，而式（5-5）适用于连续模型。上述模型是无约束的极值问题，因此求解时，先对等式两边求微分，然后令其微分值为零，结果如下：

$$\frac{dZ}{ds}=\sum_{i=0}^{p}w_i-\sum_{i=p}^{n}w_i=0 \tag{5-6}$$

$$\frac{dZ}{ds}=\int_{x=0}^{p}w(x)dx+\int_{x=p}^{L}w(x)dx=0 \tag{5-7}$$

上述模型的计算结果说明：求解上述中值问题时，新设置的快递点位于权值的中点，即快递点的左右两边的权重和都占50%。

上面讲述了较为简单的单一物流节点的选址，下面将详细介绍单一物流节点的选址决策中较复杂的模型与方法。

（1）交叉中值模型

交叉中值模型是利用城市距离来进行距离计算，用来解决连续点选址决策的一种有效的模型。所谓连续点选址，是指在一条路径或一个平面区域里面任何一个位置都可以作为选址问题的候选解。

交叉中值模型是利用城市距离来进行距离计算，用来解决连续点选址决策的一种有效模型和方法。所谓连续点选址，是指在一条线路或一个平面区域内任何一个位置都可以作为选址问题的候选解。

通过交叉中值的方法可以对单一节点的选址问题在一个平面上的加权的城市距离和进行最小化。其相应的目标函数为：

$$\min H=\sum_{i=0}^{n}w_i\ (|x_i-x_0|+|y_i-y_0|) \tag{5-8}$$

式中：w_i——与第 i 个需求点对应的权重（如需求量、客户人数或重要性等）；

x_i，y_i——第 i 个需求点的坐标；

x_0，y_0——物流节点的坐标；

n——需求点（客户）总的数量。

需要注意的是，由于是城市距离，其目标函数可以用两个相互独立的部分来表示：

$$H=\sum_{i=0}^{n}w_i\ (|x_i-x_0|)\ +\sum_{i=0}^{n}w_i\ (|y_i-y_0|)\ =H_x+H_y \tag{5-9}$$

其中：

$$H_x=\sum_{i=0}^{n}w_i|x_i-x_0| \tag{5-10}$$

$$H_y=\sum_{i=0}^{n}w_i|y_i-y_0| \tag{5-11}$$

也就是说，该选址问题可以分解为轴上的选址决策和轴上的选址决策。求式（5-7）的最优解等价于求式（5-10）和式（5-11）的最小值。跟前面介绍的在一条街道上布局一个快递点的选址问题一样，选择的是所有可能需要服务对象到目标点的绝对距离总和最小的点，即中值点。如此，平面区域内的选址问题可以分解为求轴上的中值点与轴上的中值点，其最优位置可以如下求得：

x_0 是在 x 方向的所有的权重 w_i 的中值点；

y_0 是在 y 方向的所有的权重 w_i 的中值点。

考虑到 x_0、y_0 两者可能是唯一值或某一范围的值，最优的位置也相应地可能是一个点，或者是一条线，或者是一个区域。

【例 3. 1】　某配送企业想在一个地区开设一个新的配送点，主要的服务对象是附近的 5 个居民小区，他们是新快递点的主要顾客源。图 5-5 是这些需求点的位置示意图，表 5-2 为各个需求点对应的权重，权重代表每个月潜在的顾客需求总量，基本可以用小区中总的居民数量来衡量。经理希望通过这些信息来确定一个合适的快递点的位置，要求每个行走的距离总和最小。

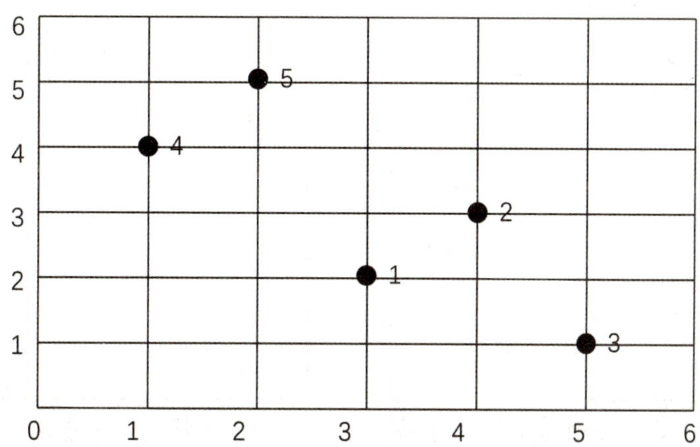

图 5-5　需求点位置权重示意图

表 5-2　需求点的坐标和权重

需求点	x 坐标	y 坐标	权重 w_i
1	3	2	3
2	4	3	1
3	5	1	8
4	1	4	3
5	2	5	7

解：用交叉中值法求解。首先确定需求点的中值，从表 5-2 中容易得到中值。

$$\overline{W}=(3+1+8+3+7)/2=11$$

计算过程见表 5-3。为了找到中值点 x_0，先将各需求点沿 x 方向从左至右排序为 4、5、1、2、3，在从左至右计算权重，得到快递点位置不会超过第 1 需求点，即在方向上的刻度 2~3 之间（权重之和不能超过 11），不会大于刻度 3；同样，从右向左计算权重，得到快递点位置不会超过第 1 需求点，即在方向上的只能选址一个有效的中值点：刻度 3 的位置。

表 5-3　单一物流节点的选址模型计算过程

需求点	沿 x 轴的位置	$\sum w$
从左到右		
4	1	3
5	2	7+3=10
1	3	7+3+3=13
2	4	
3	5	
从右到左		
3	5	8
2	4	8+1=9
1	3	8+1+3=12
5	2	
4	1	

需求点	沿 y 轴的位置	$\sum w$
从上至下		
5	5	7
4	4	7+3=10
2	3	7+3+1=11
1	2	
3	1	
从下至上		
3	1	8
1	2	8+3=11
2	3	
4	4	
5	5	

接着从 y 方向寻找中值点 y_0，为了找到中值点 y_0，先将各需求点沿 y 方向从上往下排序为 5、4、2、1、3，再计算权重，得到快递点位置恰好在第 2 需求点（权重之和为 11）；

同样，从下往上计算权重，得到在第1需求点权重之和恰好为11，即方向上在刻度2~3之间选址都是一样的。

综合考虑x、y方向的中值点，快递点最后的选址为A（3，3）、B（3，2）之间的线段上的任意一点，如图5-6所示。

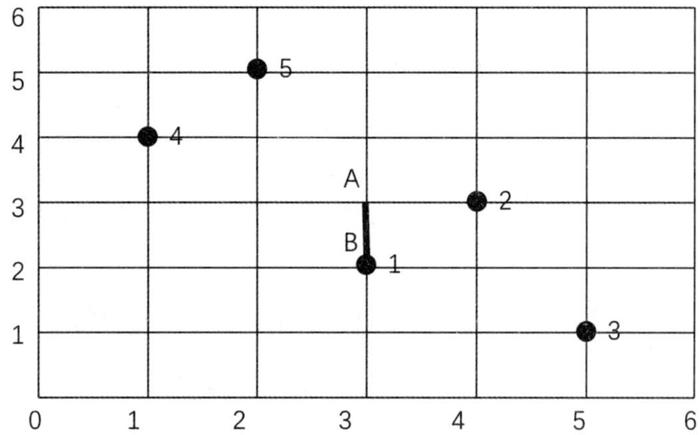

图5-6 快递点选址最后方案

（2）重心法

重心法（The Centre-of-Gravity Method）是一种设置单个厂房或仓库的方法，这种方法主要考虑的因素是现有设施之间的距离和要运输的货物量，经常应用于中间仓库或分销仓库的选择。

重心法是一种模拟方法。这种方法将物流系统中的需求点和资源点看成是分布在某一平面范围内的物流系统，各点的需求量和资源量分别看成是物体的重量，物体系统的重心作为物流节点的最佳设置点，利用求物体系统重心的方法来确定物流节点的位置。

重心法一般应用于一元节点选址规划。一元节点选址，是指在计划区域内设置节点数目唯一的物流节点选址规划问题。在流通领域中，一元节点选址问题实际并不多，较多的是多元节点选址规划问题。不过，对于多元节点选址，为了使模型简单化、计算工作量减少，有时将它变换成一元节点选址规划问题来处理。

①重心法的假设条件：需求量集中于某一点上；选址区域内不同地点物流节点的建设费用、运营费用相同；运输费用随运输距离成正比增加，呈现线性关系；运输路线为空间直线。

②问题描述及模型的建立

设有n个客户P_1，P_2，…，P_n分布在平面上，其坐标分别为（x_j，y_j），$j=1$，2，…，n。各客户的需求量w_j，准备设置一个配送中心为这些客户服务，现假设配送中心的位置为P_0（x_0，y_0），希望确定配送中心的位置，使总的运输费用最小。

记：C_j——配送中心P_0到客户P_j每单位运量、单位距离所需运费；

w_j——客户P_j的需求量；

d_j——配送中心P_0到客户P_j的直线距离。

则总运输费用为：

$$H=\sum_{j=1}^{n}c_j\cdot w_j\cdot d_j=\sum_{j=1}^{n}c_j\cdot w_j\cdot[(x_0-x_j)^2+(y_0-y_j)^2]^{1/2} \tag{5-12}$$

求 H 的极小值点（x_0^*，y_0^*）。由于式（5-12）是凸函数，其最优解的必要条件为：

$$\frac{\partial H}{\partial x_0}=0,\ \frac{\partial H}{\partial y_0}=0 \tag{5-13}$$

于是得到：

$$x_0^*=\frac{\sum_{j=1}^{n}(c_j\cdot w_j\cdot x_j/d_j)}{\sum_{j=1}^{n}(c_j\cdot w_j/d_j)},\ y_0^*=\frac{\sum_{j=1}^{n}(c_j\cdot w_j\cdot y_j/d_j)}{\sum_{j=1}^{n}(c_j\cdot w_j/d_j)}$$

上式中右端 d_j 中仍含有未知数 x_0、y_0，因此不能一次求得显式解，但可以导出关于 x_0、y_0 的迭代公式：

$$x_0^{k+1}=\frac{\sum_{j=1}^{n}\{(c_j\cdot w_j\cdot x_j)/[(x_0^{(k)}-x_j)^2+(y_0^{(k)}-y_j)^2]^{1/2}\}}{\sum_{j=1}^{n}\{(c_j\cdot w_j)/[(x_0^{(k)}-x_j)^2+(y_0^{(k)}-y_j)^2]^{1/2}\}} \tag{5-14}$$

$$y_0^{k+1}=\frac{\sum_{j=1}^{n}\{(c_j\cdot w_j\cdot y_j)/[(x_0^{(k)}-x_j)^2+(y_0^{(k)}-y_j)^2]^{1/2}\}}{\sum_{j=1}^{n}\{(c_j\cdot w_j)/[(x_0^{(k)}-x_j)^2+(y_0^{(k)}-y_j)^2]^{1/2}\}} \tag{5-15}$$

应用上述迭代公式，可以采用逐步逼近算法求得最优解。

③算法

第一步：选取一个初始的迭代点 P_0（$x_0^{(0)}$，$y_0^{(0)}$）。令

$$x_0^{(0)}=\sum_{j=1}^{n}(c_j\cdot w_j\cdot x_j)\Big/\sum_{j=1}^{n}(c_j\cdot w_j) \tag{5-16}$$

$$y_0^{(0)}=\sum_{j=1}^{n}(c_j\cdot w_j\cdot y_j)\Big/\sum_{j=1}^{n}(c_j\cdot w_j) \tag{5-17}$$

然后计算出 P_0 到各客户点的直线距离 $d_j^{(0)}$ 和费用 $H^{(0)}$，令

$$d_j^{(0)}=[(x_0^{(0)}-x_j)^2+(y_0^{(0)}-y_j)^2]^{1/2} \tag{5-18}$$

$$H^{(0)}=\sum_{j=1}^{n}(c_j\cdot w_j\cdot d_j^{(0)}) \tag{5-19}$$

第二步：根据第一步的 $d_j^{(0)}$，利用式（5-14）、式（5-15）计算 $d_j^{(1)}$、$x_0^{(1)}$、$y_0^{(1)}$、$H^{(1)}$，转第三步。

第三步：若 $H^{(0)}\leqslant H^{(1)}$，运费已无法减少，输出最优解 $x_0^*=x_0^{(0)}$，$y_0^*=y_0^{(0)}$ 和 $H^*=H^{(0)}$。否则，转第四步。

第四步：令 $x_0^{(0)}=x_0^{(1)}$，$y_0^{(0)}=y_0^{(1)}$，$H^{(0)}=H^{(1)}$，转第二步。

④重心法优劣势分析

优势：

1. 针对一个静止的状态来选择配送中心位置。

2. 对区域配送中心选址决策时却更为有利。

缺陷：

1. 选址模型只考虑了可变运输成本，没有考虑在不同地点建设仓库所需的固定投资不同，也没有考虑在不同地点的建设运营费用的差异。

2. 模型假设运输成本与运输距离呈线性关系，而实际上的运输费用由两部分构成，一部分是不随运输距离变化的固定部分，另一部分才是随距离变化的可变部分，且成非线性关系。

3. 模型将待选地点与仓库之间的线路假设为一条直线，实际上运输总是在固有的道路网中进行，两个设施点之间不可能总是一条直线距离。一般可根据实际地形选择一个大于1的折线因子，将计算出的距离放大相应倍数，作近似处理。

重心法可以解决单个配送中心的选址规划问题，但是由于重心法的局限性仍然存在，不是对任何选址问题都可以解决的，重心法是解决只设置一个物流中心的简单模型，是一种连续型模型，对于离散型模型来说，对物流节点的选择不加特定限制，有自由选择的长处。可是从另一方面看，重心法的模型自由度多也是一个缺点。因为由迭代求得的最佳地点实际上很难找到的，有时候是无法实现的，计算出来的地点有时可能在江河湖泊中，或是街道中间，或是人烟稀少的地区。而且，当节点的数目较多时，数学模型的建立十分困难，求解的计算也很复杂，在这种情况下，可以用逐次逼近法来解决。当然，在实际应用中重心法是一种考虑运输成本对物流节点选址影响的解析方法。运用重心法进行物流节点选址简单方便，但计算出来的最佳地点可能在实际中很难找到。除此之外，重心法在实际应用中还存在着许多问题，如重心法常常假设需求量集中于某一点，而实际上需求来自广阔区域内的多个消费点。运输费用通常假设为随着运输距离的增加而成倍数地增长，然而，大多数的运输费用是由固定部分和可变部分共同组成的。因此，在实际应用中还应借助其他方法对模型进行改进，以达到最佳效果。

尽管有上述局限性，由于重心法计算简单，能快速得到一个理论上的最优点，管理者和决策者可以以计算结果为依据，确定一个相邻的位置，作为初始布局方案。因此，重心法仍得到广泛应用。

3. 多物流节点选址的技术和方法

解决选址规划问题方法有多重心法、覆盖模型、P-中值模型、Baumol-Wolfe（鲍摩-瓦尔夫）模型、Kuehn-Hamburge（奎汉-哈姆博茨）模型、CFLP（Capacitated Facilities Location Problem）模型等。

（1）多重心法

如果设置一个物流节点不能满足规划区域内的服务需求时，则需要设置多个物流节点（设施）。多重心法通过分组后在运用精确重心法来确定多个物流节点的位置和服务指派方案。其算法思想如下。

初步分组：将需求点按照一定的原则分成若干群组，组数应等于拟设置的物流节点的数量；每个群组由一个节点负责，确定初步指派方案。这样，形成几个单一节点选址规划问题。

计算重心：针对每一个群组的单一节点选址规划问题，运用精确重心法确定该群组新的物流节点的位置。

调整分组：对每个需求点分别计算到所有物流节点的运输费用，并将计算结果列表，将每个需求点调整到运输费用最低的那个物流节点负责服务，形成新的群组和指派方案。

重复第二步，直到群组成员不再改变为止。此时的物流节点的位置即为最佳选址，指派方案为最佳指派方案。

(2) 覆盖模型（Covering）

覆盖模型是一类离散点选址模型。离散点选址规划问题指的是在有限的候选位置里面，选取最为合适的一个或一组位置为最优方案，相应的模型称为离散点选址模型。离散点选址模型与连续点选址模型的区别在于：它所拥有的候选方案只有有限个元素。对于离散点选址问题，目前主要有两种模型，分别是覆盖模型和P-中值模型。

覆盖模型，是对于需求已知的一些需求点，确定一组服务设施来满足这些需求点的需求。在这个模型中，需要确定服务设施的最小数量和合适的位置。该模型适用于商业物流系统，如零售点的选择问题、加油站的选址、配送中心的选址问题等。

根据解决问题的方法的不同，覆盖模型可以分为两种不同的主要模型：一是集合覆盖模型，用最小数量的设施去覆盖所有的需求点，如图5-7所示。二是最大覆盖模型，在给定数量的设施下，覆盖尽可能多的需求或需求点，如图5-7所示。

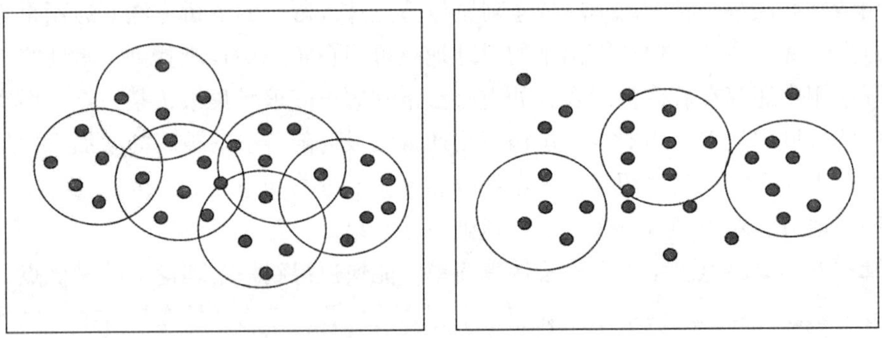

图5-7 集合覆盖与最大覆盖

这两类模型的区别是：集合覆盖模型要满足所有需求点的需求，而最大覆盖模型则只覆盖有限的需求点，两种模型的应用情况取决于服务设施的资源充足与否。限于篇幅，本书不再介绍。

(3) CFLP 模型

CFLP（Capacitated Facilities Location Problem）模型用来求解有容量限制的多设施选址规划问题。其问题描述如下：

某公司有 n 个销售地区，每个销售地区的需求量已知。公司决定拟建立若干个配送中心，经考察确认候选地点有 m 个，每个候选地点都有容量限制，并且有固定成本（如建造成本或者租赁成本等），问题是如何从 m 个候选地点中选择 n 个地点建立配送中心，使物流费用达到最小。

（4）鲍摩-瓦尔夫法（Baumul-Wolfe）

问题描述：如图 5-8 所示，从 n 个工厂经过 q 个配送中心，向 m 个用户输送货物，所要考虑的问题是：各个工厂向哪些配送中心运输多少商品？各个配送中心向哪些用户发送多少商品？鲍摩-瓦尔夫（Baumol-Wolfe）模型是一个非线性整数规划模型，由运输费用和仓储费用构成的总费用最小。在模型建立中综合考虑了配送中心的固定费用、可变费用以及运输费用。

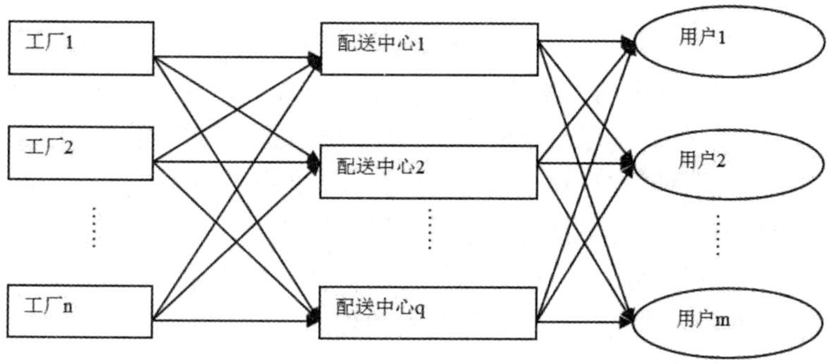

图 5-8　鲍摩-瓦尔夫选址模型示意图

（5）其他方法

①多准则决策方法。在物流系统的研究中，人们常常会遇到大量多准则决策问题，如配送中心的选址、运输方式及路线选择、供应商选择等。这些问题的典型特征是涉及多个方案（对象），每个方案都有若干个不同的准则，要通过多个准则对方案（对象）做出综合性的选择。对于配送中心的选址问题，人们常常以运输成本及配送中心建设、运作成本的总成本最小化，满足顾客需求，以及满足社会、环境要求等准则进行决策。多准则决策的方法包括多指标决策方法与多属性决策方法两种，比较常用的有层次分析法（AHP）、模糊综合评判、数据包络分析（DEA）、逼近理想解的相似性的订单排序法（TOPSIS）、优序法等。有关多准则决策方法，特别是层次分析法和模糊综合评判的方法，在配送中心的选址研究中有着广泛的应用。但是，这两种方法都是基于线性的决策思想，在当今复杂多变的环境下，线性的决策思想逐渐暴露出其固有的局限性，非线性的决策方法是今后进一步研究的重点和趋势。

②遗传算法。遗传算法（Genetic Algorithm，GA）是在 20 世纪 60 年代提出来的，是受遗传学中自然选择和遗传机制启发而发展起来的一种搜索算法。它的基本思想是使用模拟生物和人类进化的方法求解复杂的优化问题，因而也称为模拟优化进化算法。遗传算法主要有三个算子：选择，交叉，变异。通过这三个算子，问题得到了逐步优化，最终得到满意的优化解。

遗传算法作为一种随机搜索的、启发式的算法，具有较强的全局搜索能力，但是，往往比较容易陷入局部最优情况。因此，在研究和应用中，为避免这一缺点，遗传算法常常和其他算法结合应用，使得这一算法更具有应用价值。

③人工神经网络。人工神经网络（Artificial Neural Network，ANN）是由大量处理单元

（神经元）广泛互联而成的网络，是人脑的抽象、简化和模拟，反映人脑的基本特征。可以通过对样本训练数据的学习，形成一定的网络参数结构，从而可以对复杂的系统进行有效的模型识别。经过大量样本学习和训练的神经网络在分类和评价中，往往要比一般的分类评价方法有效。

这一研究的不足是神经网络的训练需要大量的数据，在对数据的获取有一定的困难的情况下，用神经网络来研究是不恰当的。在应用 ANN 时，应当注意网络的学习速度、是否陷入局部最优解、数据的前期准备、网络的结构解释等问题，这样才能有效而可靠地应用 ANN 解决实际存在的问题。

④模拟退火算法。模拟退火算法（Simulated Annealing，SA），又称为模拟冷却法、概率爬山法等，是于 1982 年由柯克帕特里克（Kirkpatrick）提出的另一种启发式的、随机优化算法。模拟退火算法的基本思想是由一个初始的解出发，不断重复产生迭代解，逐步判定、舍弃，最终取得满意解的过程。模拟退火算法不但往好的方向发展，也可以往差的方向发展，从而使算法跳出局部最优解，达到全局最优解。

⑤仿真方法。仿真是利用计算机来运行仿真模型，模拟时间系统的运行状态及其随时间变化的过程，并通过对仿真运行过程的观察和统计，得到被仿真系统的仿真输出参数和基本特征，以此来估计和推断实际系统的真实参数和真实性能。国内外已经有不少文献将仿真的方法运用于物流节点选址或是一般的设施选址的研究，研究结果相对解析方法更接近于实际的情况。

仿真方法相对于解析的方法在实际应用中具有一定的优点，但是，也存在一定的局限性。如仿真需要进行相对比较严格的模型的可信性和有效性的检验。有些仿真系统对初始偏差比较敏感，往往使得仿真结果与实际结果有较大的偏差。同时，仿真对人和机器要求往往比较高，要求设计人员必须具备丰富的经验和较高的分析能力，而相对复杂的仿真系统，对计算机硬件的相应要求是比较高的。关于未来的研究，各种解析方法、启发式算法、多准则决策方法与仿真方法的结合，是一种必然的趋势。各种方法的结合可以弥补各自的不足，充分发挥各自的优点，从而提高选址的准确性和可靠性。

项目总结

节点是构成系统的重要内容，物流节点的规划设计直接影响到系统未来的效率与成本，节点规划的核心问题是选址问题。本项目对不同物流节点选址问题进行分类，从定性和定量两个方面进行论述。

项目思考

1. 物流节点的作用和分类有哪些？
2. 物流节点选址问题的分类有哪些？
3. 物流节点选址决策影响因素有哪些？
4. 物流节点选址的方法有哪些？

项目六

通达天下——物流运输系统规划设计

【学习目标】

专业知识目标

- 了解物流运输系统的功能
- 理解不同运输方式的经济技术特点
- 掌握运输工具选择的制约因素
- 应用物流运输最短路径求解问题

职业能力目标

- 能根据物流需求选择不同运输方式
- 应用物流运输最短路径求解问题

素养目标

- 通过引导案例及学习增强“道路自信”“制度自信”；提升学生社会责任感、企业认同感和团队归属感
- 培养学生用人文思想丰富职业内涵，提升职业兴趣
- 培养“持续关注行业发展动态及趋势”的职业习惯
- 通过实训学会个人心理干预与心理疏导方法

【重点难点】

学习重点

- 物流运输系统
- 运输方式选择

学习难点

- 物流运输系统最短路径求解问题

【引导/课程案例】

建功新时代的大国运输

交通运输是国民经济的基础性、先导性、战略性产业和重要的服务性行业。党的十八大以来，以习近平同志为核心的党中央领导交通运输事业取得了历史性成就、发生了历史性变革，为经济社会发展和人民生活提升提供了有力保障。我国部分领域交通运输现代化水平已跻身世界先进行列，正向着加快建设交通强国的奋斗目标迈进。

交通运输业在“自足”的基础上向“自强”迈进了一大步，建成了全球最大的高速铁路网、高速公路网、世界级港口群。截至2021年底，全国铁路营业总里程已突破15万公里，其中高铁超过4万公里；全国公路总里程超过520万公里，高速公路覆盖98%的20万以上人口城市；全国港口万吨级及以上泊位约2660个；城市轨道交通运营里程8708公里，超特大城市轨道交通加快成网；全国颁证运输机场达248个；“快递进村”比例超过80%，末端服务体系不断完善……

在做好物流保障的同时，交通运输业还加大开放步伐，拓展对外交流渠道，有力支持构建新发展格局。作为世界货物贸易第一大国，我国已成为全球海运连接度最高、货物贸易额最大的经济体，依托强大的港口群，我国港口货物吞吐量和集装箱吞吐量均位居全球第一。秉承命运共同体理念，交通行业积极服务“一带一路”建设，推动设施连通。中欧班列、丝路海运、中欧陆海快线、空中丝绸之路极大便利了国际运输，“六廊六路多国多港”互联互通架构基本形成。目前，中欧班列通达23个欧洲国家，国际道路运输合作范围拓展至19个国家，水路国际运输航线覆盖100多个国家，国内航空公司经营国际定期航班通航44个国家的75个城市。

面向未来，交通运输业重任在肩。近年来，《交通强国建设纲要》《国家综合立体交通网规划纲要》《“十四五”现代综合交通运输体系发展规划》等方案的密集出炉，为未来交通发展擘画了蓝图。交通运输业将为经济社会发展提供更加完备的交通保障，继续当好中国现代化的开路先锋。

（资料来源：“奋进新征程　建功新时代·伟大变革”交通运输业——国民经济大动脉更加通畅. 中华人民共和国交通部　https：//www. mot. gov. cn/）

案例思考

1. 物流运输的基本方式有哪些？其经济技术特点是什么？
2. 物流运输系统包括哪些内容？具备哪些功能？
3. 进入新时代，我国物流运输面临哪些机遇与挑战？

任务一　物流运输系统概述

6.1.1　物流运输系统的功能

以物流网络及设施和运载工具为依托，以现代交通运输管理技术和信息技术为基础，以便捷、安全、高效和经济为目标，组织实现客货的运输工程管理系统称为物流运输系统。

1. 运输及其在物流系统中的作用

运输是连接生产、仓储和消费的桥梁，它可以克服空间障碍，使货物增加价值，是物流系统中最直观的功能要素之一，也是最基本的功能之一。

所谓运输是指通过一定的运输系统实现人和物在一定空间内的位移的过程。这个系统是由运输设施、路线、设备、工具以及人力组成，具有从事运输活动能力的系统。

2. 物流运输的功能

物流运输系统主要实现货物的转移，从而创造空间和时间价值，其功能包括货物移动、短期储存等。运输的发展影响着社会生产、流通、分配和消费的各个环节，是保证国民经济正常运作的重要基础之一。物流运输的功能主要包括以下两个方面。

（1）产品转移

运输的主要功能就是使产品在价值链中移动。运输利用的是时间资源、财务资源和环境资源，只有当它确实能提高产品价值时，该移动才是必要的。

（2）产品储存

由于货物运输需要一定的时间，在仓库空间有限的情况下，利用运输车辆暂存也许不失为一种可行的选择。

6.1.2　物流运输系统的要素

作为一个系统，运输系统主要包括以下子要素。

1. 运载工具

运载工具的功能在于容纳和保护被运送的人与货。早期的运载工具多是天然的，且本身兼具动力来源，如人、牛、马、骆驼等。现代化的运载工具则大多数是人造的，如汽车、火车、轮船、飞机等，其中有的运载工具与动力完全分离，如铁路的货车、海上的驳船、集装箱拖车等，有的则与动力同体，如汽车、飞机、轮船和高速铁路动车组等。

理想的运载工具应具备结构简单、安全、轻巧，易于操纵管理、造价低宽敞舒适、耐用、故障少、易维修、容量大、振动小、耗用能源少、污染少等特性。

2. 道路（线路）

道路是指交通运输网络中，连接运输始发地与到达地，供运输工具安全、便捷运行的线路。道路有些是自然形成的，如空运航线、水运的江河湖泊、海洋的航路；有些则是人工修建的专门设施，如铁路、公路运河、管道等。

良好的道路应具备安全可靠、建造及维护费用低、便于迅速通行及运转、不受自然气候及地理条件影响、使用寿命长、距离短等条件。

3. 运输节点

以场站为例，场站是指运载工具出发、经过和到达的地点，为运载工具到发停留、客货集散装卸、售票待运服务、运载工具维修与管理、驾驶及服务人员休息以及运输过程中转接驳等场所。理想的场站应具备地理位置合理、设备优良齐全、交通便利、自然气候条件良好、场地宽广等条件。

4. 动力（设备）

古老的运载工具动力都是自然的，如人力、兽力、风力等，现代的动力则都是人造的，如蒸汽机、内燃机，电动机、核能发动机等，利用空气、煤、水、石油、电力、核燃料等能源燃烧运转作用，产生推动运载工具运行所需的动力。

良好的动力设备应具备构造简单、操作方便、维修容易、成本低、能源价廉且获取方便及使用效率高等条件。

5. 信号及通信

通信设备的功能在于营运人员能迅速准确掌握运输服务的进展情况，遇有突发事故时能迅速处理，以确保运输持续与安全，提高运输服务质量与运输效率。

良好的运输通信设备应具备设备优良、传输迅速操作简便维修容易等条件。

6. 经营管理人员和经营机构

运载工具、道路、场站、动力和通信都属于交通运输的硬件要素。实际上，具备了这些设施，还无法从事运输服务，更不足以成功地经营运输业务。一切管理事务的原动力和中心都在于人，所以交通运输的构成要素中，人是最重要的一个构成要素。

良好的管理与组织，必须具备一定的组织体系与制度完整、分工合理、调度指挥灵活等条件。

当然，现代物流为了管理方便，也有从作业层面上进行系统要素分类的。例如苏宁物流，为更好地区分不同类型的作业，可以将运输系统按照“作业类型、运输对象、运输节点”等进行分类。

6.1.3 物流运输系统的特点与作用

1. 物流运输系统的特点

（1）物流运输系统是一个连续性的过程系统

表现为运输生产过程的连续性和运输生产时间的连续性。

（2）物流运输系统生产具有多环节、多功能的特点

①运输生产过程表现为多个环节之间的联合作业，如货物装载、运输、卸载等，各环节要协调适应。

②物流运输系统具有多种功能，如运输功能、生产功能、服务功能等。

（3）物流运输系统生产具有网络特性

良好的物流运输系统要有合理的布局与结构，要建设成与内部外部协调的交通运输网。

（4）物流运输系统是一个动态系统

①货物的位置转移是一个动态过程，物流运输系统中的人员、物品、运载工具本身就是经常处在一个流动的状况。

②运输生产活动处在复杂多变的外部环境中，使运输活动的组织和管理具有动态性。

2. 物流运输系统的作用

如前所述，运输可以创造“场所效应”——由于物品所处的空间场所的不同，同种产品的使用价值的实现程度不同，因此其效益也就不同。

(1) 运输是物流的动脉系统

它是生产过程在流通领域内的继续，是促进社会再生产不断进行的前提条件。

(2) 运输服务是有效组织物品输入输出的关键

企业的工厂、仓库与其供货商和各客户之间的地理分布直接影响着物流的运输费用。

(3) 运输影响着物流的其他构成因素

如企业库存量的大小直接受运输状况的影响。

(4) 运输费用在物流总费用中占有较大比重

合理运输能降低物流费用，提高物流速度，是发挥物流系统整体功能的中心环节；合理运输能加快资金周转速度、提高物流经济效益和社会效益。

6.1.4 物流运输系统的结构

铁路、公路、航空、水路和管道是最基本的物流运输方式，形成五个运输子系统。建立合理的运输结构，不仅要科学地确定各种运输方式在物流运输系统中的地位和作用，还必须在全国范围内根据运输方式的合理分工和社会经济发展要求建立一个经济协调、合理发展的综合物流运输系统。

综合物流运输系统的结构主要有以下几种形式。

(1) 并联结构

所谓并联结构，也就是通过不同类型的运输子系统满足一种（一类）运输需求，在这种情况下，五种基本运输类型就都是备选方案，系统规划设计的难度较低，如图 6-1 所示。

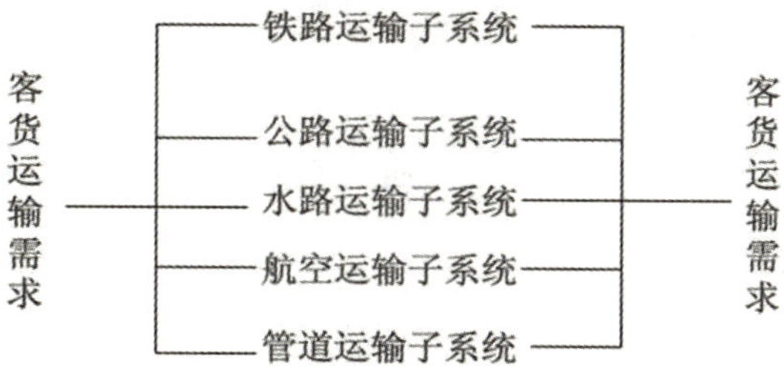

图 6-1　并联结构示意图

(2) 串联结构

所谓串联结构，也就是需要整合不同运输子系统优势，以作业先后的逻辑顺序进行排列组合，从而完成某种运输需求的结构方式，这种结构通常适用于运输跨度大、运输方式多、运输过程复杂的情况，比如国际物流、多式联运等，如图 6-2 所示。

客货运输需求—铁路—水路—公路—航空—客货运输需求

图 6-2　串联结构示意图

（3）串并联结合的网络型结构

这种结构整合了上面两种结构的优缺点，适合于运输对象复杂、运输货物及散货、转运情况较多的物流模型，如图 6-3 所示。

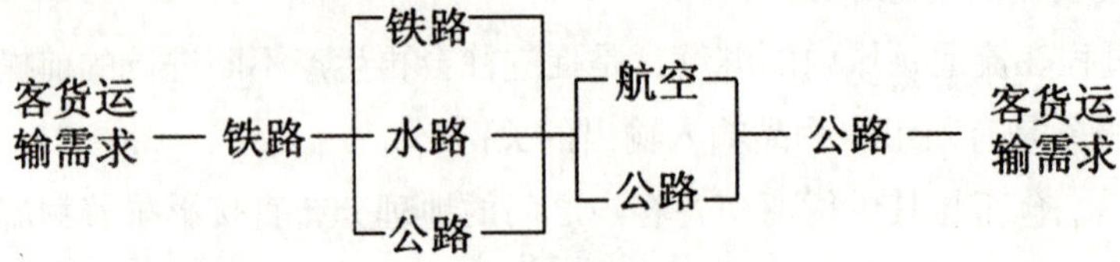

图 6-3 串并联结构示意图

任务二 运输方式选择

6.2.1 物流运输方式的分类

运输规划的一个重要内容是根据运输商品对运输时间与运输条件的具体要求，选择适当的运输方式和运输工具，使企业能用最少的时间，走最短的路线，花最少的费用，安全地把商品从产地运送到销售地。目前常用的运输方式主要有以下几种：铁路运输、公路运输、水路运输、管道运输和航空运输。五种运输方式各有各的优势。

1. 公路运输方式的优势

（1）公路运输具有机动、灵活、可以实现门到门运输的特点。

（2）建设投资少，资金周转较快，回收期比较短。

（3）送达的速度快。

（4）公路运输的运输工具和一些相关基础设施的技术改造相对容易些。

2. 铁路运输方式的优势

（1）运输量大。

（2）速度快。

（3）可靠性强。

（4）对环境的污染小。

（5）运输成本较低。

3. 水路运输方式的优势

（1）运量大。

（2）运营的成本低。

（3）投资少。

4. 航空运输方式的优势

（1）速度最快的一种运输方式（针对静态技术经济特性而言），机动性强、通达性好。

（2）安全性和舒适性较好。

（3）建设周期短，投资较少，投资回收快。

5. 管道运输方式的优势

（1）连续性强，通达性好。

（2）所占的土地资源较少。

（3）运输量大，运输的连续性强。

（4）能耗小，运输成本低。

（5）对环境的污染较小。

五种运输方式的业务定位见表 6-1。

表 6-1　五种运输方式业务定位

运输方式	业务定位
铁路	大批量、长距离、较低费用、低风险客货运
公路	小批量、多批次、中短距离、灵活性机动性较高的客货运
水路	远洋，长或超长距离，最低费用，定期货物运输；内河，沿海各种距离，最低费用，定期客货运
航空	小批量、超长距离、时效性强，高运费客货运输
管道	固定货种，固定路线，持续性好的货物运输

6.2.2　运输工具选择的制约因素

大多数物流运输活动会涉及一种运输方式以上的服务，物流管理者面临的挑战就在于几种运输方式的均衡必须在整体物流系统的大框架下完成。物流运输系统的目标是实现物品迅速、完全和低成本的运输，而运输时间和运输成本则是不同运输方式相互竞争的重要条件，运输时间与成本的变化必然带来所选择的运输方式的改变，目前企业对缩短运输时间、降低运输成本的要求越来越强烈，所以选择运输方式时一定要协调两者的关系，实现物流过程的合理运输。

即从物流系统的总体目标出发，选择合理的运输路线和运输工具，以最短的路径、最少的环节、最快的速度和最少的劳动消耗，组织好物质产品的运输活动。

几种运输方式各有优缺点，企业选择采用时，必须结合自己的经营特点和要求、商品性能、市场需求和缓急程度，对各种工具的运载能力、速度、频率、可靠性、可用性和成本等因素做综合考虑和合理筛选。一般来讲，应重点考虑以下因素：货物的特点、性质；运输速度和路程；运输能力和密度；运输费用；市场需求的缓急程度。

6.2.3　运输方式选择模型

物流运输方式的选择，既可单独地选用一种，也可以采用多式联运。究竟如何选择，则需要根据运输环境、运输服务目标要求，采取定性分析与定量分析的方法进行考虑。

1. 定性分析法

（1）单一运输方式的选择

单一运输方式的选择，就是指选择一种运输方式提供运输服务。公路、铁路、水路、航空和管道等五种运输方式各有其自身的优点和不足，本节的前面部分已经详细阐述。应根据五种运输方式的优势、特点，结合运输需求进行恰当的选择。

(2) 多式联运方式的选择

多式联运的选择，就是选择两种及两种以上的运输方式联合起来提供运输服务。多式联运的主要特点是可以在不同运输方式间自由变换运输工具，以最合理、最有效方式实现货物运输。多式联运的组合方法很多，但在实际运输中，一般只有铁路与公路联运、公路或铁路与水路联运、航空与公路联运得到较为广泛的运用。

2. 定量分析法

运输方式选择的定量分析，可以根据影响运输方式选择的各种因素进行综合评价，也可以根据运输成本费用进行比较分析，得出合理的选择结果。常用的运输方式选择模型包括因素分析法、加权因素分析法、层次分析法、成本比较分析法等。

(1) 因素分析法

因素分析法首先确定选择运输方式时应该考虑的一些重要因素和标准，然后对所有因素按照 1~10 分进行评分，然后对各种运输方式合并所有评价因素，选取综合评分最好的运输方式为最终选择。因素分析法评分公式如下：

$$w_j = \sum_{j=1}^{n} s(i, j) \tag{6-1}$$

式中：w_j——运输方式 j 的综合评分；

$s(i, j)$——第 i 个因素上运输方式 j 的得分；

n——评分因素的个数。

(2) 加权因素分析法

加权因素分析法是因素分析法的扩展。根据各个评价标准的重要程度，给予其不同权重值，以便得到更准确的评价结果。加权因素分析法评分公式如下：

$$w_j = \sum_{j=1}^{n} [y_i \cdot s(i, j)] \tag{6-2}$$

式中：w_j——运输方式 j 的综合评分；

$s(i, j)$——第 i 个因素上运输方式 j 的得分；

y_i——第 i 个因素的权重；

n——评分因素的个数。

(3) 层次分析法

层次分析法（AHP）是美国运筹学家 T. L. Saaty 教授于 20 世纪 70 年代提出的一种实用的多方案或多目标的决策方法，是一种定性与定量相结合的决策分析方法。常被运用于多目标、多准则、多要素、多层次的非结构化的复杂决策问题，特别是战略决策问题，具有十分广泛的实用性。

运用 AHP 的基本步骤如下。

①建立层次结构模型：将决策的目标、考虑的因素（决策准则）和决策对象按它们之间的相互关系分为最高层、中间层和最低层，绘出层次结构图。

②构造判断矩阵：在确定各层次各因素之间的权重时，如果只是定性的结果，则常常不容易被别人接受，因而 Saaty 等人提出：一致矩阵法，即不把所有因素放在一起比较，而是两两相互比较。对比时采用相对尺度，以尽可能减少性质不同因素相互比较的困难，以提高准确度。

③层次单排序：是指对于上一层某因素而言，本层次各因素的重要性的排序。

④判断矩阵的一致性检验：是指判断思维的逻辑一致性。如当甲比丙是非常重要，而

乙比丙是稍微重要时，显然甲一定比乙重要。这就是判断思维的逻辑一致性，否则判断就会有矛盾。

⑤层次总排序：确定某层所有因素对于总目标相对重要性的排序权值过程，称为层次总排序。这一过程是从最高层到最底层依次进行的。对于最高层而言，其层次单排序的结果也就是总排序的结果。

层次分析法的优点如下。

①系统性：将对象视作系统，按照分解、比较、判断、综合的思维方式进行决策——系统分析（与机理分析、测试分析并列）。

②实用性：定性与定量相结合，能处理传统的优化方法不能解决的问题。

③简洁性：计算简便，结果明确，便于决策者直接了解和掌握。

（4）成本比较分析法

不同的运输方式产生不同的运输成本。对运输方式的选择，也可以通过比较运输服务成本与运输服务水平导致的相关间接库存成本之间的平衡程度进行选择。这就是说，运输的速度和可靠性会影响托运人的库存水平。如果选择速度慢、可靠性差的运输服务，物流运输过程中就会需要更多的库存。这时，由于库存增多而可能使成本升高，就会抵消选择低水平运输服务降低的成本。因此，最佳的运输服务方案是既满足客户的需要，又能使总成本最低。

任务三　物流运输系统最短路径求解问题

运输线路优化主要是选择起点到终点的最短路，最短路的度量单位可以是时间最短、距离最短或费用最小等。运输路线选择是在运输方式选择之后的又一重要运输决策，本节主要讨论三种类型的问题，即点点间运输、多点间的运输及单回路运输问题。

6.3.1　点点间运输（Dijkstra 法、逐次逼近法）

1. 单一不同起讫点问题

我们先看一个例子。假设有一批货物需要从 A 城市运送到 E 城市，从 A 城市到 E 城市的公路路网如图 6-4 所示，中间节点代表经过的城市或站点，各节点间由线路连接，线路旁的数字表示两点间的运输代价（可以是时间、距离或成本等）。现在，要确定从城市 A 到城市 E 的最佳运输路线。忽略其他因素，一般认为路线最短是最经济的。这种问题可以归结为运筹学中的最短路径问题。

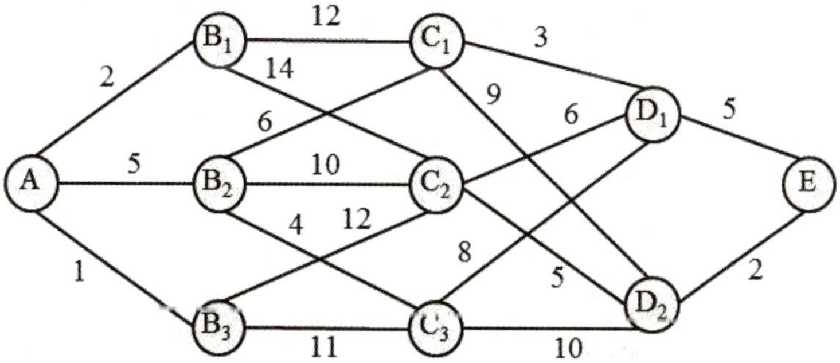

图 6-4　从起点到终点的运输网络图

最短路径问题，即求两个顶点间长度最短的路径。对分离的、单个起点和终点的运输网络来说，其运输路线的选择，最简单、最直观的方法是最短路径法。最短路径问题是路线优化模型理论中最为基础的问题之一，也是解决其他一些线路优化问题的有效工具。

回到上面的例子，要确定从 A 点到 E 点的最短路径，最直接的方法就是穷举法，将所有可行方案全部列举出来，再计算每条路径的长度，比较选择出路径最短的方案即为最优方案。在图 6-4 中，从 A 点到 E 点共有 16 条可能的路径，逐一计算各条路径的总距离后进行比较，求得最短路径为：$A \to B_2 \to C_1 \to D_1 \to E$。这就是问题的最佳运输路线。

当网络的节点数较少，可行方案数也较少时，穷举法是有效的。但是，当网络节点增多时，可行方案会呈现指数倍增加，穷举法将无法求解，这就需要运用更好的方法。

下面介绍求解此类问题的 Dijkstra 算法。

Dijkstra 算法是采用标号法求解，标号是用来标记各个顶点的属性的一套符号。一般来说，根据用来确定顶点的标号属性和标记过程的不同，有两种不同的 Dijkstra 算法：一种是标号设定算法，另一种是标号修正算法。

标号设定算法中，可用两种标号 P 标号和 T 标号，标号 P 为试探性标号，标号 T 为永久性标号，给 一个 P 标号时，表示从 v_0 到 v_i 点的最短路径权，v_i 点的标号不再改变。给 v_i 一个 T 标号时，表示从 v_0 到 v_i 点的估计最短路径的权的上界，T 是一种临时标号，凡是没有得到 P 标号的点都有 T 标号。算法的每一步都把某一点的 T 标号改为 P 标号，当终点得到 P 标号时，则全部计算结束。对于 i 个顶点的图，最多经过 i+1 步就可以得到产品能够起点到终点的最短路。具体步骤如下：

①给 v_0 以 P 标号，$P(v_0)=0$；其余各点均给 T 标号，$T(v_i)=+\infty$。

②若 v_i 点为刚得到 P 标号的点，考虑这样的点 v_j：(v_i, v_j) 属于 E_m，且 v_j 为 T 标号的点。对 v_j 的 T 标号进行如下的修改：$T(v_j)=\min\{T(v_j), P(v_i)+w_{ij}\}$。

③比较所有具有 T 标号的点，选择一个距离最小的 T 标号点，将其修改为 P 标号（当存在两个以上的最小者时，可以同时修改）。若全部点均为 P 标号则停止，否则用 v_j 代替 v_i，转回第②步。

下面通过一个例题说明 Dijkstra 算法过程。

【例 4-2】 如图 6-5 是从 V_1 到 V_7 的交通网络，用 Dijkstra 算法求 V_1 到 V_7 的最短路线。

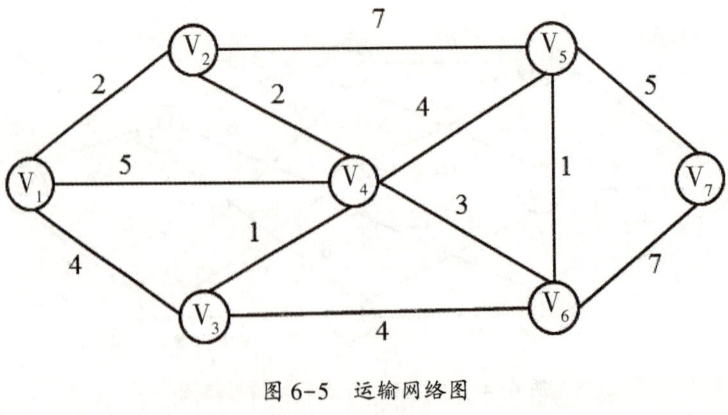

图 6-5 运输网络图

解：算法步骤和结果见表6-2。具体步骤如下：

（1）给起点 v_1 标上 P 标号，$P(v_1)=0$，其余各点标上 T 标号，$T(v_i)=+\infty$，$j=2, 3, \cdots, 7$。见表6-2的第一行。

（2）考虑所有与 v_1 直接相连的 T 标号的点，有 v_2、v_3、v_4 三点，修改这三个点的 T 标号：

$T(v_2)=\min\{T(v_2), P(v_1)+w_{12}\}=\min\{+\infty, 0+2\}=2$，

$T(v_3)=\min\{T(v_3), P(v_1)+w_{132}\}=\min\{+\infty, 0+5\}=5$，

$T(v_4)=\min\{T(v_4), P(v_1)+w_{14}\}=\min\{+\infty, 0+4\}=4$。

将修改后的 T 标号值填入表中。现在，所有的 T 标号的点中，最小值 $T(v_2)=2$，所以，将 v_2 点改为 P 标号点。见表6-2的第二行。

表6-2　Dijkstra 算法步骤和结果

步骤	v_1	v_2	v_3	v_4	v_5	v_6	v_7
①	$P=0$	$T=+\infty$	$T=+\infty$	$T=+\infty$	$T=+\infty$	$T=+\infty$	$T=+\infty$
②		$(P=)\ T=2$	$T=5$	$T=4$	$T=+\infty$	$T=+\infty$	$T=+\infty$
③			$T=4$	$(P=)\ T=4$	$T=9$	$T=+\infty$	$T=+\infty$
④			$(P=)\ T=4$		$T=9$	$T=8$	$T=+\infty$
⑤					$T=9$	$(P=)\ T=7$	$T=+\infty$
⑥					$(P=)\ T=8$		$T=14$
⑦							$(P=)\ T=13$

（3）以刚得到的 P 标号点 v_2 为起点，考虑所有与 v_2 点直接相连的 T 标号点，即 v_3、v_5 两点，修改这两点的 T 标号：

$T(v_3)=\min\{T(v_3), P(v_2)+w_{23}\}=\min\{+\infty, 2+2\}=4$

$T(v_5)=\min\{T(v_3), P(v_2)+w_{25}\}=\min\{+\infty, 2+7\}=9$

现在，所有的 T 标号的点中，最小值 $T(v_3)$，所以，将 v_3、v_4 两点任一点改为 P 标号点（比如 v_4）。见表6-2的第三行中。

后面计算过程与（2）、（3）类似。不再重复。

最后，$P(v_7)=13$，即从 v_1 到 v_7 的最短距离是13，最佳路线是：$v_1 \to v_2 \to v_3 \to v_5 \to v_7$。解毕。

用标号设定的 Dijkstra 算法对点点间运输问题求解时，有以下两个方面的局限性：

①用不定长的弧定义非对称连通图中的最短路径问题；

②连通图中没有距离为负的弧。

对于含有负距离的连通图的最短路径问题，当满足一些特定条件时，可以用标号修改的 Dijkstra 算法、逐次逼近算法或者 Floyd 算法等。

6.3.2　多点间的运输路线优化技术与方法（Floyd 法）

多点间运输问题是指起始点或目的点不唯一的运输调配问题。相对来说，多点间的运

输调配问题更为复杂。

1. 产销平衡的直达运输问题

多点间运输问题中最常见的问题是产销平衡运输问题。如图6-6所示，对于多点间直达运输问题，描述如下。

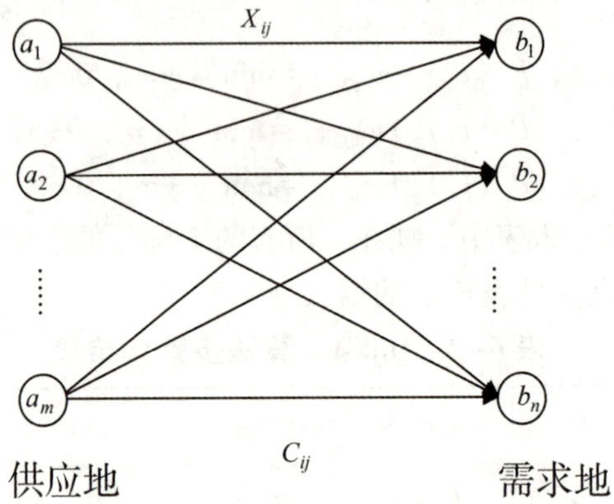

图6-6 多点间直达运输网络示意图

设某物资有 m 个产地 A_1、A_2、…、A_m，供应 m 个销售地 B_1、B_2、…、B_m；已知 A_i 的产量为 a_i（$i=1, 2, \cdots, m$），B_j 的需求量为 b_j（$i=1, 2, \cdots, m$）。由 A_i 到 B_j 的单位运价为 C_{ij}。用 X_{ij} 表示由产地 A_i 运输到销售地 B_j 的物资量（$i=1, 2, \cdots, m$，$j=1, 2, \cdots, m$）。

上述问题属于运筹学中的运输问题。如果总的产量等于总需求量，即 $\sum a_i = \sum b_j$，就是产销平衡的运输问题，也就是最基本的运输问题。其数学模型如下：

$$\min Z = \sum_{i=1}^{m}\sum_{j=1}^{n} C_{ij}X_{ij} \tag{6-3}$$

$$s.\ t.\ \sum_{i=1}^{m} X_{ij} = b_j,\ +\forall j=1, 2, \cdots, n \tag{6-4}$$

$$\sum_{j=1}^{n} X_{ij} = a_i,\ \forall i=1, 2, \cdots, m \tag{6-5}$$

$$X_{ij} \geqslant 0,\ \forall i=1, 2, \cdots, m,\ \forall j=1, 2, \cdots, n \tag{6-6}$$

且

$$\sum_{i=1}^{m} a_i = \sum_{j=1}^{n} b_j \tag{6-7}$$

运输问题属于线性规划问题，可以用单纯形法求解。但是，由于运输问题的变量和约束条件较多，用单纯形法求解比较复杂。利用运输问题的特殊性，可用表格对运输问题进行描述，并通过对表格的操作来完成求解，这就是运输问题的表上作业法。详细的求解过程参见运筹学的有关内容。

2. 产销不平衡的直达运输问题

当产销不平衡时，通过增加一个假想的产地或销地，转化为产销平衡的运输问题模型。

（1）总产量大于总需求量，即

$$\sum_{i=1}^{m} a_i > \sum_{j=1}^{n} b_j \tag{6-8}$$

可增加一个假想的销地 B_{n+1}，其需求量为：

$$b_{n+1}=\sum_{i=1}^{m}a_i-\sum_{j=1}^{n}b_j \tag{6-9}$$

从产地 A_i 运输到销地 B_{n+1} 的物资数量实际上是停留在原产地没有运出的物资，因此相应的运价为 0，这样就将不平衡运输问题转化为平衡运输问题。

（2）总产量小于总需求量，即

$$\sum_{i=1}^{m}a_i<\sum_{j=1}^{n}b_j \tag{6-10}$$

可增加一个假想的产地 A_{m+1}，其供应量为：

$$a_{m+1}=\sum_{i=1}^{m}a_i-\sum_{j=1}^{n}b_j \tag{6-11}$$

由于假想的产地并不存在，其产量也不可能存在，有假想产地运往某个销地的物资数量实际上就是该销地不能满足的需求量，因此相应的运价为 0，这样就将不平衡运输问题转化为平衡运输问题。

3. 存在中间转运的运输调配问题

这个问题是指将多个供应点的货物分配到多个需求点，也可以在中间点中转、分配，有些起点或终点也可能是中转点。这类问题又叫转运问题，详细讲解可以参见有关的运筹学教材。

6.3.3　单回路运输（TSP 模型及求解）

单回路运输问题是指在运输路线优化时，在一个节点集合中，选择一条合适的路径遍历所有的节点，而且要求闭合。单回路运输模型在运输决策中，主要用于单一车辆的路径安排，目标是在该车辆遍历所有用户的同时，达到所行驶的距离最短。这类问题的两个显著特点是：①单一性，只有一个回路；②遍历性，经过所有用户，不可遗漏。

理论上，可以用穷举法求出最佳路线。但实际上，如果某个问题包含很多个点，可行的方案会呈现指数倍增加，容易产生优化上的“组合爆炸”问题，即使使用快速计算机进行计算，寻优的时间也会非常长。因而，起讫点重合的单回路运输问题也是现代优化算法研究的热点之一。下面介绍 TSP 模型及求解方法。

旅行商问题（Traveling Salesman Problem，TSP）可描述为：已知 N 个城市之间的相互距离，现有一个推销员必须遍历这 N 个城市，并且每个城市只能访问一次，最后又必须返回出发地城市。如何安排他对这些城市的访问次序，可使其旅行路线的总长度最短。旅行商问题就是求出一条通过所有顶点且每个顶点只能通过一次的具有最短距离的回路。既然回路包含了所有顶点，所以，可以将任何一个点作为起点和终点。先看下面的例子。

【例 4-3】　如图 6-7 所示，从配送中心 A 出发，送货到 B、C、D 三个客户需求点。任意两点间的距离已知或可以求出，求最佳配送路径。

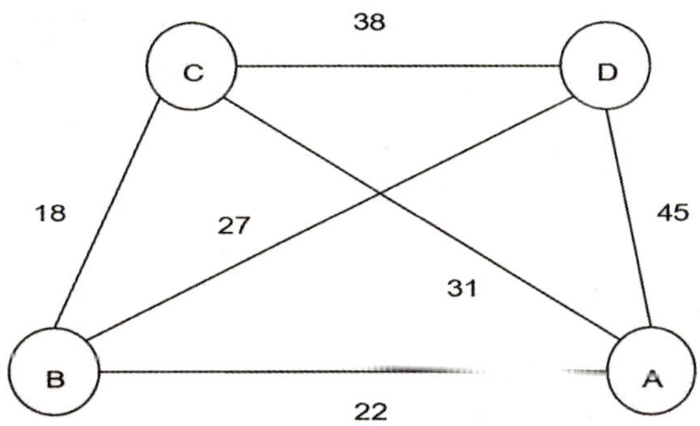

图 6-7　*TSP* 问题示意图

解：首先，B、C、D 三个客户都必须被访问；其次，要使总路径最短，各客户点最好只被访问一次。按照这两个要求，可以建立 TSP 问题的 0~1 整数规划模型。

令决策变量 X_{ij} 表示路段（i，j）是否在线路上，即顶点 i 与顶点 j 是否直接相连。

$X_{ij}=0$ 顶点 i 与顶点 j 不直接相连（无通路）；

$X_{ij}=1$ 顶点 i 与顶点 j 直接连通（有通路）。

对应于图 6-7 的变量矩阵为：

$$X=\begin{pmatrix} X_{11} & X_{12} & \cdots & X_{14} \\ X_{21} & X_{22} & \cdots & X_{24} \\ \cdots & \cdots & \cdots & \cdots \\ X_{41} & X_{42} & \cdots & X_{44} \end{pmatrix}$$

令 C_{ij} 表示车辆经过对应路段（i，j）所付出的代价，例如时间、距离或费用等，根据图 6-7 得到代价矩阵为：

$$C=\begin{pmatrix} 0 & 22 & 31 & 45 \\ 22 & 0 & 18 & 27 \\ 31 & 18 & 0 & 38 \\ 45 & 27 & 38 & 0 \end{pmatrix}$$

以总的代价最小为目标，即

$$\min Z=\sum_{i=1}^{m}\sum_{j=1}^{n}C_{ij}X_{ij} \tag{6-12}$$

要求客户点仅被访问一次，可建立如下约束：

$$\sum_{i=1}^{m}X_{ij}=1,\ +\forall j=1,\ 2,\ \cdots,\ n \tag{6-13}$$

$$\sum_{j=1}^{n}X_{ij}=1,\ \forall j=1,\ 2,\ \cdots,\ n \tag{6-14}$$

$$X_{ij}\in\{0,\ 1\},\ \forall i、j=1,\ 2,\ \cdots,\ n \tag{6-15}$$

求解上述整数规划模型可以有多种方法。对于一部分中小规模的 TSP 问题，利用运筹学中的分支定界法进行求解比较有效。另外，也可以用现代优化算法，例如 Hopfield 神经网络方法、遗传算法、启发式算法等。

对于图 6-7 节点数较少的问题，可以用简单贪婪算法求解最佳路线，其步骤如下。

第一步：选择距出发点最近的客户节点。由于 B 点距 A 点最近，故先选择 B 点。

第二步：再从剩下的节点中选取距离当前已选择的点最近的客户点。即找出离 B 点最近的点，这一点是 C 点。

第三步：如果所有点都被选择了，则停止；否则，返回到第二步。

由于剩下的 D 点没有被选择，所以 D 点称为继 C 点之后的客户。然后，返回 A。

这样，可求出图 6-7 中最佳的送货路线，配送顺序为：$A\rightarrow B\rightarrow C\rightarrow D\rightarrow A$。总的行驶距离 = 22+18+38+45 = 123。解毕。

6.3.4 多回路运输（VRP 模型及求解）

1. VRP 模型

一般是指对一系列发货点和收货点，组织调用一定的车辆，安排适当行驶路线，使车辆有序地通过，在满足指定的约束条件下（货物的需求量与发货量、交货时间、车辆可载量限制、行驶里程限制、行驶时间限制等），力争实现一定的目标（如车辆空驶总里程最短、运输总费用最低、车辆按一定时间到达、使用的车辆数量小等）。

运用 VRP 模型，对实际问题进行研究时，需要考虑以下几个方面的问题。

（1）仓库，即仓库级数，每级仓库的数量、地点与规模。

（2）车辆，车辆型号和数量，容积和运作费用，出发时间和返回时间、司机休息时间，最大的里程和时间限制。

（3）时间窗，各处的工作时间不同，需要各地协调。

（4）顾客，顾客需求、软硬时间窗、装载或卸载、所处位置、优先级。

（5）道路信息，车辆密度、道路交通费用、距离或时间属性。

（6）货物信息，货物种类、兼容性和保鲜要求。

（7）运输规章，工人每天工作时间规定，车辆的周期维护。

一个典型的 VRP 模型可以如下表述。

（1）基本条件

现有 N 辆相同的车辆停靠在一个共同的原点 O，需要给 m 个顾客提供货物，顾客为 V_i（i=1，2，……m）。

（2）模型目标

确定所需要的车辆的数目，并指派这些车辆到一个回路中，同时包括回路内的路径安排和调度，使得运输总费用最小。

（3）限制条件

①$N \leq m$；

②每一个订单都要完成；

③每一辆车完成任务后都要回到原点；

④车辆的容量限制不能超过 N，特殊问题有时需要考虑时间窗的限制；

⑤运输规章的限制。

情况不同，车辆调度问题的模型及构造都有很大差别。为简化车辆优化调度问题的求解，常常应用一些技术使问题分解或转化为一个已经研究过的基本问题，再用相应比较成熟的基本理论和方法，以得到原问题的最优解或满意解。VRP 常用的基本问题有旅行商问题、分派问题、运输问题、背包问题、最短路径问题，最小费用流问题和中国邮递员问题等。

2. 扫描法

扫描法的原理是，先以仓库（物流中心）为原点，并以连通图中的任意一顾客点和原点的连线定义为角度零，建立极坐标系。将所有需求点的极坐标算出，然后依角度大小以逆时针或顺时针方向扫描，若满足车辆装载量即划分为一群，将所有点扫描完毕后在每个群内用最短路径法求出车辆最佳行驶路径。

扫描法（sweep method）求解过程较简单，其求解过程分为两步。

第一步是对客户站点分群，一个站点分群派一辆车服务；

第二步是决定每辆车的最佳行车路线。其分派车辆的过程可以通过手工计算或直接在图纸上完成，也可以利用计算机程序求解。该方法的缺点是，无法解决带有时间窗的问题。

其步骤如下：

（1）以物流中心为原点，将所有客户需求点的极坐标计算出来。

（2）以零角度为极坐标轴，按顺时针或逆时针方向，依角度大小开始扫描。

（3）将扫描经过的客户点需求量进行累加。当客户需求总量达到一辆车的载重量限制时，且不超过载重量极限时，就将这些客户划分为一群，即由同一辆车完成送货服务。接着，按照同样的方法对其余客户划分新的客户群，指派新的车辆。

（4）重复步骤（3），直到所有的客户都被划分到一个群中。

（5）在每个群内部用 TSP 算法求出车辆行驶最短路径。

扫描法在 VRP 求解模式中属先分群再求解路径的算法。在仅考虑总距离成本时，一般均能得到不错的结果，是最为简便、常用的方法之一

【例 4-4】 某运输公司为其客户企业提供取货服务，货物运回仓库集中后，将以更大的批量进行长途运输。所有取货任务均由载重量为 10 吨的货车完成。现在有 13 家客户有取货要求，各客户的取货量、客户的地理位置坐标见表 6-3。运输公司仓库的坐标为（X_0，Y_0）。要求合理安排车辆，并确定各车辆行驶路线，使总运输里程最短。

表 6-3 客户数据信息

客户	1	2	3	4	5	6	7	8	9	10	11	12	13
D_i（吨）	1.9	2.8	3.15	2.4	2	3	2.25	2.5	1.8	2.15	1.6	2.6	1.5
X_i	2	0.8	0.3	1.1	0.8	0.6	1.5	1.93	2	1.5	0.7	1.5	2.3
Y_i	0	0.37	0.2	-0.02	1.62	1.08	1.18	1.13	0.75	-0.25	-0.25	0.39	0.4

解：

第一步：求出各客户点的极坐标。

根据表 6-3 中的数据，先在图上描述出所有客户点的坐标位置，并在每个客户编号旁边的方框中标注出该客户的货运量，见图 6-8。若应用计算机程序求解，将直角坐标转换成极坐标。

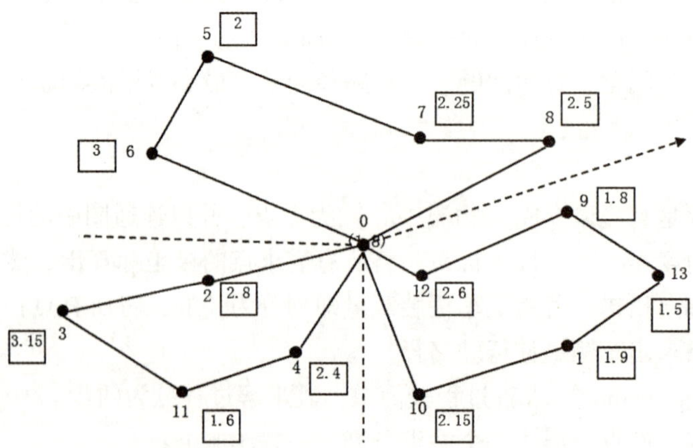

图 6-8 客户位置及扫描法求出的结果

第二步：扫描划分客户群。

以仓库为极坐标原点，以 30 度线为起始位置，按逆时针方向进行扫描，将扫描经过的客户需求量进行累加，将既不超重又能最大限度地利用车辆装载量的客户划分为一组，由一辆车提供取货服务。

根据图 6-8 中的客户位置，客户 8 首先被扫描，其取货量是 2.5 吨。按逆时针方向依次扫描，经过客户 7、客户 5、客户 6，这时的客户取货总量 9.75 吨，如果再增加下一个客户，就会超过 10 吨的极限，所以客户 8、客户 7、客户 5、客户 6 为第一个客户群，由一辆车提供服务。接着，客户 2、客户 3、客户 11、客户 4 被相继扫描，五个客户的累计取货量为 9.95 吨，不超过车辆载重极限，这样就得到第二个客户群。依此类推，客户 10、客户 12、客户 1、客户 13、客户 9 的累计取货量为 9.95 吨，可由一辆车完成服务，这就是第三个客户群。

因此，按照既不超载又最大限度提高车辆利用率的原则，13 家客户的取货服务可由 3 辆载重量为 10 吨的货车完成。

第三步：确定每辆车的最佳路径。

要确定上面得到的三个客户群的最佳行车路线，是一个单一回路的运输问题，可应用第 4.3.3 节的方法求解。

最后求解的结果见图 6-8，第一辆车的线路是：0→8→7→5→6→0；第二辆车的线路是：0→2→3→11→4→0；第三辆车的线路是：0→10→1→13→9→12→0。

通过上述过程可以发现，用扫描法设计的车辆路线可有很多种方案。

开始扫描的起始位置不同、扫描方向不同，都会导致不同的结果。

3. 节约算法

节约法（Savings Method）是由 Clarke 和 Wright 在 1964 年提出的，该方法能灵活处理许多现实的约束条件，当节点数不太多时，能较快地计算出结果，且结果与最优解很接近。该方法能同时确定分派的车辆数及经过各站点的顺序，是一种非常有效的启发式路线设计方法。

节约法的目标是使所有车辆行驶的总里程最短，使提供服务的车辆总数最少。算法的基本思想是：如果将运输问题中的两个回路合并成一个回路，就可缩短线路总里程（节约了距离），并减少了一辆卡车。如图 6-9 所示，将两个回路合并成一个回路后，节约里程公式为：

$$\Delta_{|AB|} = |AO| + |BO| - |AB| \tag{6-16}$$

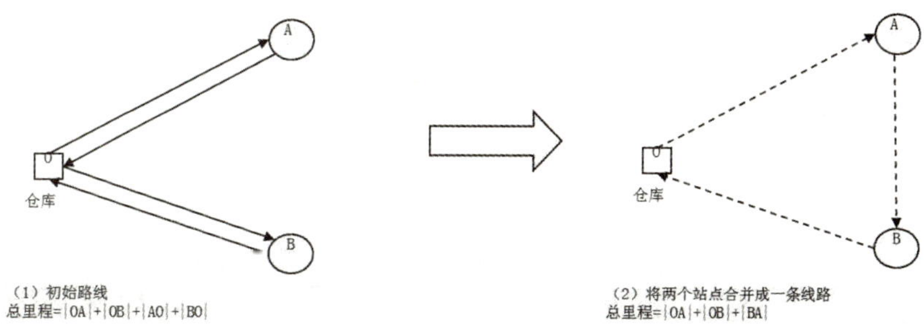

图 6-9　节约算法示意图

根据上述情况，不断地对可行运输方案中的回路进行合并，或将某个站点加入现有的回路中，并计算出相应的节约距离，节约距离最多的站点（且满足约束条件）就应该纳入现有路线中。重复这一过程，直到完成所有站点的线路设计。节约法可方便地编制成程序。当节点规模不大时，也可通过手工方式完成计算，这时通常利用节约矩阵或表格的形式进行。

【例 4-5】 设有一个仓库 O，需要对 8 个客户（$V_1 \sim V_8$）提供货物，它们的需求量及极坐标的角坐标值如表 6-4 所示，它们的距离矩阵如表 6-5 所示，客户位置关系如图 6-10 所示。设每辆车的额定载重为 14 个单位，试用节约法求配送路线的安排。

表 6-4 客户的需求量及极坐标的角坐标值

客户标号	1	2	3	4	5	6	7	8
需求量（单位）	6	4	5	3	6	2	3	4
角坐标/度	130	50	90	280	210	250	330	310

表 6-5 距离矩阵 （单位：km）

	v_0	v_1	v_2	v_3	v_4	v_5	v_6	v_7	v_8
v_0	–	11	10	10	7	12	13	11	13
v_1		–	15	8	16	14	15	16	15
v_2			–	6	15	16	18	8	12
v_3				–	12	13	13	12	11
v_4					–	7	5	4	8
v_5						–	2	10	9
v_6							–	11	10
v_7								–	4
v_8									–

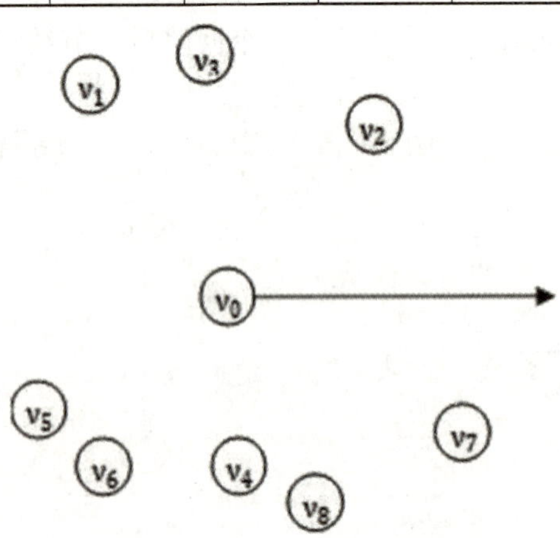

图 6-10 客户和仓库的位置图

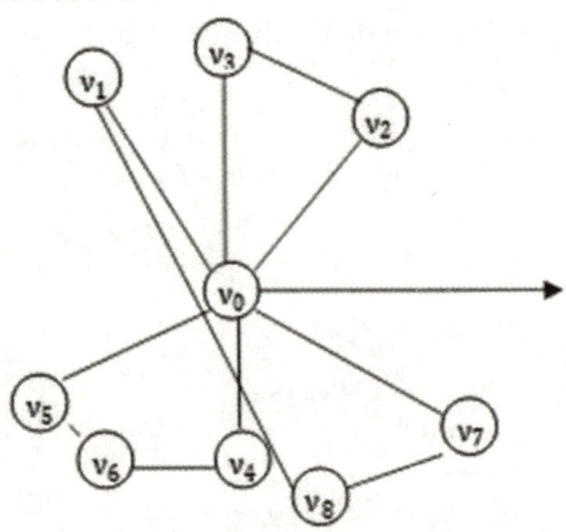

图 6-11 最终配送线路图

解：（1）首先根据表 6-5 距离矩阵计算出各点间的节约值矩阵表，如表 6-6 所示。

表 6-6　节约值矩阵

	v_1	v_2	v_3	v_4	v_5	v_6	v_7	最大值
v_1	0							
v_2	6	0						
v_3	13	14	0					
v_4	2	2	5	0				
v_5	9	6	9	12	0			
v_6	9	5	10	15	23	0		
v_7	6	13	9	14	13	13	0	
v_8	9	11	12	12	16	16	20	
最大值	13	14	12	15	23	13	20	23

（2）从表 6-6 中选出节约值的最大值 23，其对应的两个顶点为 v_5、v_6，这两个客户的需求量之和为 8，未超出车辆的额定载重 14 个单位，因此，连接 v_5、v_6 成回路，即 v_0-v_5-v_6-v_2。再将点 v_5、v_6 的节约值赋值 0，结果如表 6-7 所示。

表 6-7　第②步计算结果

	v_1	v_2	v_3	v_4	v_5	v_6	v_7	最大值
v_1	0							
v_2	6	0						
v_3	13	14	0					
v_4	2	2	5	0				
v_5	9	6	9	12	0			
v_6	9	5	10	15	0	0		
v_7	6	13	9	14	13	13	0	
v_8	9	11	12	12	16	16	20	
最大值	13	14	12	15	16	16	20	20

（3）从表 6-7 中再选出节约值最大值为 20，其对应的两个顶点为 v_7、v_8，这两个客户的需求量之和为 7，未超出车辆的额定载重 14 个单位，因此，连接 v_7、v_8 成回路，即 v_0-v_7-v_8-v_0。再将点 v_7、v_8 的节约值赋值 0，结果如表 6-8 所示。

表 6-8　第③步计算结果

	v_1	v_2	v_3	v_4	v_5	v_6	v_7	最大值
v_1	0							
v_2	6	0						

续表

	v_1	v_2	v_3	v_4	v_5	v_6	v_7	最大值
v_3	13	14	0					
v_4	2	2	5	0				
v_5	9	6	9	12	0			
v_6	9	5	10	15	0	0		
v_7	6	13	9	14	13	13	0	
v_8	9	11	12	12	16	16	0	
最大值	13	14	12	15	16	16	0	16

（4）从表 6-8 中再选出节约值最大值为 16，其对应的两个顶点为 v_5、v_8 或 v_6、v_8，如果连接 v_5、v_8，则上述两条回路合并，其总需求量为 15，超出车辆的额定载重 14 个单位。因此，不能连接 v_5、v_8，同样也不能连接 v_6、v_8，则将 v_5、v_8 和 v_6、v_8 的节约值赋值 0，结果如表 6-9 所示。

表 6-9　第④步计算结果

	v_1	v_2	v_3	v_4	v_5	v_6	v_7	最大值
v_1	0							
v_2	6	0						
v_3	13	14	0					
v_4	2	2	5	0				
v_5	9	6	9	12	0			
v_6	9	5	10	15	0	0		
v_7	6	13	9	14	13	13	0	
v_8	9	11	12	12	0	0	0	
最大值	13	14	12	15	13	13	0	15

（5）从表 6-9 中在选出节约值最大值 15，其对应的两个顶点为 v_4、v_6，如果连接 v_4 和 v_6，形成回路 v_0-v_5-v_6-v_4-v_0，其总需求量为 11，未超出车辆的额定载重 14 个单位，因此连接 v_4 和 v_6 成新回路。再将点 v_4、v_6 的节约值赋值 0，同时，由于顶点 v_6 成为回路的中间点，则与其相关的节约值都为 0，表示顶点 v_6 不可能再与其他点相连，其结果如表 6-10 所示。

表 6-10　第⑤步计算结果

	v_1	v_2	v_3	v_4	v_5	v_6	v_7	最大值
v_1	0							
v_2	6	0						

续表

	v_1	v_2	v_3	v_4	v_5	v_6	v_7	最大值
v_3	13	14	0					
v_4	2	2	5	0				
v_5	9	6	9	12	0			
v_6	0	0	0	0	0	0		
v_7	6	13	9	14	13	0	0	
v_8	9	11	12	12	0	0	0	
最大值	13	14	12	14	13	0	0	14

（6）按算法步骤迭代计算，直到节约值矩阵表中的值都为 0，迭代结束。最终结果为：表 6-11 所示这三条线路，其运输量分别为 9、11、13，总里程数为 93。解毕。

项目总结

运输相当于物流系统的连接部分，本项目与项目五，共同构成了现代物流系统规划设计的关键。本项目涉及运输的基本理论，提出运输方式选择的方法，并重点讨论分析最短路径求解问题。

项目思考

1. 运输系统的组成要素有哪些？
2. 运输方式分类有哪些？
3. 运输方式选择方法有哪些？
4. 最短路径的求解方法有哪些？

项目七

精打细算——现代物流中心规划设计

【学习目标】

专业知识目标

- 了解物流配送中心及功能
- 理解物流配送中心的规划设计内容
- 掌握物流设施规划理论
- 应用物流中心（配送中心）规划方法

职业能力目标

- 能进行物流中心规划设计
- 能进行物流配送中心规划设计

素养目标

- 通过引导案例及学习增强“创新精神”培养、增强“物流强国、技术报国”的情怀
- 培养学生文、史、哲“新文科”的人文辨析能力
- 培养学生“使命、敬畏、严谨、行动”的职业精神，具有“甘于奉献，智于谋划，专于术业，精于执行”的职业素养
- 通过团队协助增强团队文化建设与参与的能力

【重点难点】

学习重点

- 物流配送中心规划设计
- 物流中心规划设计

学习难点

- 物流（配送）中心规划设计方法的应用

【引导/课程案例】

电商物流中心面临的瓶颈及应对策略

在不断激增的单量以及越来越快的配送时效要求下，电商物流中心自动化、智能化成为必然发展趋势。但是通常自动化系统耗资巨大，如何平衡效率与成本之间的关系，同时提高电商物流中心运营管理水平成为电商企业关注的重点。

中国是全球最大的电子商务市场之一，2020 年中国零售电子商务市场达到 2.4 万亿美元。

在快速发展之下，电商企业对物流服务越来越重视，要求也越来越高；正因为此，近年来电商行业对物流中心建设投入非常积极，并不断引入先进的物流装备、技术，使电商物流成为目前在物流自动化水平以及物流创新方面最具代表性，也是运营管理难度最高的行业。

小斑马货栈联合创始人杨闯对于电商物流中心的运营管理难点与解决思路提出了自己的看法。由于电商物流中心自身特点及其快速发展，为满足多样化的客户需求，在仓内流程化、信息化、订单生产时效、分区操作等方面都有较高的要求。因此，电商物流中心除了信息化和自动化方面不断升级外，对运营管理也提出了更高的要求。杨闯分析认为目前电商物流中心运营管理主要面临以下几方面挑战。

（1）库内规划需要与前端销售的产品结构更新相适应，因此其灵活性至关重要。（2）订单分析后的波次处理将众多复杂的订单进行合并变成简单的订单，同时也会对拣货路径等进行分析。现有系统虽均有该功能，但是各有逻辑，没有形成标准化的智能分析，在此之前，行业大多通过“系统+人工”的形式进行分析。（3）电商物流中心需要大量作业人员，订单的复杂性远超现有商贸流通企业仓库，而且各个品类和环节没有标准的员工绩效方案，如果绩效考核复杂，势必增加考核工作成本；若考核简单，又难以安排复杂订单。（4）电商订单的较大波动性对仓库作业计划来说是一个考验。合理配置预备生产能力是对仓库经营者的较大考验，稍有不慎便会增加成本。（5）电商物流中心影响库存准确的因素较多，如退货作业、补货作业、复核作业、订单拦截等，因此难度较大；同时，电商还存在一些系统难以操作的事项需要进行系统外处理，进一步影响库存准确率。（6）目前行业临时用工较多，基本采取日薪结算。一般用工量不大的企业难以对其进行绩效考核，只能依靠现场的管理和激励，所以临时用工的管理难度较大。

（资料来源：中国物流与采购联合会：http：//www.chinawuliu.com.cn/zixun/201711/03/325934.shtml）

案例思考

1. 小斑马货栈配送遇到哪些经营问题？
2. 电商行业发展的基础是什么？
3. 电子商务与物流的关系是什么？
4. 在电商世界里，第一大国是中国，你如何看待我国电商的发展成就和趋势？
5. 如何解决小斑马货栈遇到的问题？

任务一 物流配送中心规划设计

7.1.1 物流配送中心概述

1. 配送中心定义

中华人民共和国国家标准《物流术语（GB/T 18354-2021）》中给配送中心的定义是：配送中心是指从事配送业务的物流场所或组织，应基本符合下列要求：①主要为特定的客户服务；②配送功能健全；③完善的信息网络；④辐射范围小；⑤多品种、小批量；⑥以配送为主，储存为辅。

现代的配送中心与普通的仓库和传统的批发、储运企业相比，已经存在质的不同。仓库仅仅是储存货物，而配送中心绝不是被动地接受委托存放货物，它还起到集配作用，具有多样化的功能。与传统的批发、储运企业相比，配送中心在服务内容上由商流、物流分离发展到商流、物流、信息流有机结合；在流通环节上由经过多个流通环节发展到由一个中心完成流通全过程；在经销方式上由层层买断发展到代理制；在工商关系上由临时的、随机的关系发展到长期、固定的关系。配送中心和传统的批发、储运企业相比的这些特点在社会化的共同配送中心上表现得尤为突出。

2. 物流配送中心的功能

根据前面专业课程知识，物流配送中心具备的功能包括以下几个方面。

（1）集货发货功能。

（2）储存功能。

（3）分拣功能。

（4）加工包装功能。

（5）配送功能。

（6）商品展示与贸易功能。

（7）信息功能。

（8）增值服务功能：结算功能；物流系统设计咨询功能；物流教育与培训功能；需求预测功能；其他服务功能。

3. 物流配送中心的分类

根据不同的分类方式，物流配送中心可以分为不同的类别。

（1）从隶属关系角度分类

①生产企业自办的物流配送中心。

②商业企业自办物流配送中心。

③仓储、运输企业设立的物流配送中心。

④社会化的物流配送中心。

（2）根据作业特点分类

①流通型物流配送中心。

②加工配送型物流配送中心。

③批量转换型物流配送中心。

（3）根据服务区域分类

①城市物流配送中心。

②区域物流配送中心。

（4）根据货物的流向分类

①供应物流配送中心。

②销售物流配送中心。

（5）根据服务的适应性分类

①专业物流配送中心。

②柔性物流配送中心。

（6）根据配送货物种类分类

根据配送货物种类不同，也可将物流配送中心分为食品物流配送中心、日用品物流配送中心、医药品物流配送中心、化妆品物流配送中心、家电产品物流配送中心、电子产品物流配送中心、书籍产品物流配送中心、服饰产品物流配送中心、汽车零件物流配送中心，等等。

7.1.2 物流配送中心规划

1. 物流配送中心规划的含义

配送中心规划是对于拟建配送中心的长远的、总体的发展计划。“配送中心规划”与“配送中心设计”是两个不同但是容易混淆的概念，二者有密切的联系，但是也存在着重大的差别。配送中心规划属于配送中心建设项目的总体规划，是可行性研究的一部分，而配送中心设计则属于项目初步设计的一部分内容。

（1）两者相同之处

①配送中心的规划工作与设计工作都属于项目的高阶段设计过程，内容上不包括项目施工图纸等的设计。

②理论依据相同，基本方法相似。配送中心规划与设计工作都是以物流学原理为理论依据，运用系统分析的观点，采取定量与定性相结合的方法进行的。

（2）不同之处

①目的不同。配送中心规划是关于配送中心建设的全面长远发展计划，是进行可行性论证的依据。配送中心设计是在一定的技术与经济条件下，对配送中心的建设预先制订详细方案，是项目施工图设计的依据。

②内容不同。配送中心规划强调宏观指导性；配送中心设计强调微观可操作性。

2. 配送中心规划的原则

在规划设计时必须切实掌握以下几项原则。

(1) 系统最优原则。

(2) 价值工程原则。

(3) 尽量实现工艺、设备、管理科学化的原则。

(4) 因地制宜原则。

(5) 交通便利原则。

(6) 发展的原则。

3. 配送中心规划流程

(1) 准备阶段

首先，必须明确物流配送中心系统规划的目标，以利于有针对性地收集资料和分析规划需求，并确定规划与设计的限制条件。

(2) 总体规划阶段

在此阶段，我们要进行物流配送中心的功能、设施、区域平面布置和信息系统规划与设计，包括：物流配送中心功能规划、物流配送中心作业流程规划、物流配送中心功能区域规划、设施设备的规划与设计、区域布局设计、方案评价。

(3) 详细布置设计阶段

对经过评估选定的方案进行详细设计，主要确定各设施设备的详细设计，并结合设施设备的特性对各区域面积进行详细布置规划。若局部调整难以满足规划与设计需要，需回到总体规划阶段调整区域的平面布置。完成详细布置设计之后，进行组织机构、人力、作业的详细规划与设计，并完成成本分析和评估。

(4) 实施阶段

完成各项成本及效益评估分析后，如果决定设立物流配送中心，即可进入实施阶段。在运营过程中，根据企业运营情况，对设计方案进行必要改进与完善。

为了保证系统的统一性和系统目标与功能的完整性，应对参与设计施工各方所设计的内容从性能、操作、安全性、可靠性、可维护性等方面进行评价和审查，在确定承包工厂前应深入现场，对该厂生产环境、质量管理体制以及外协件管理体制等进行考察，如发现问题应提出改善要求。在设备制造期间也需要进行现场了解，并对质量和交货日期等进行检查。

随着超市、商场以及便利店如雨后春笋般地出现，低温物流已愈发重要。低温配送中心的规划与设计将影响物流作业的效率和服务水平。建立低温配送中心，能帮助货主减少管理库存的费用及麻烦，提供高效率的后勤支持和改包装、贴卷标、促销商品组合等物流加工服务。

4. 配送中心规划的主要内容

配送中心规划与设计包括新建配送中心的规划与设计和对原有物流企业或企业的物流部门向配送中心转型的改造规划与设计，具体规划建设情况如表 7-1 所示。

表 7-1 配送中心规划的主要内容

类型	新建		改造
	单个	多个	
委托方	新型企业、跨国企业等		多为传统物流企业
规划目的	较高的起点、较高的标准、较低的成本	成为企业、区域新的经济增长点	实现从传统物流设施向现代配送中心的转变
规划重点	配送中心选址及功能布局	物流系统构造及节点布局	充分利用现有设施，进行企业作业流程及组织重组
规划内容	● 选址 ● 物流功能 ● 作业流程 ● 物流设施 ● 信息系统	● 物流功能 ● 物流系统 ● 物流网络信息系统 ● 网络网点布局 ● 物流设施	● 企业发展战略 ● 物流功能 ● 作业流程 ● 物流设施

任务二 物流中心规划与设计概述

7.2.1 物流中心规划设计总内容

物流中心是从事物流活动的场所或组织，应符合下列要求：主要面向社会服务；物流功能健全；完善的信息网络；辐射范围大；少品种、大批量；存储、吞吐能力强；物流业务统一经营、管理。物流中心是综合性、地域性、大批量的物资位移集中地，它集商流、物流、信息流和资金流为一体，是产销企业间的中介。

与前面分析的配送中心相比，总体上，物流中心辐射范围大，处理的对象为大批量、小批次和少品种的商品，配送中心正好相反。从两者在供应链中所处的位置看，物流中心的上游是工厂，下游是配送中心或批发商，而配送中心的上游是物流中心或工厂，下游是零售商或最终用户。

1. 物流中心规划设计总内容

从上面分析可知，要实现物流中心的基本功能，达到覆盖市场范围的总体物流需求量，需要在其设计中关注以下内容。

（1）功能设计。

（2）设施规划。

（3）信息系统设计。

（4）建筑结构设计。

（5）物料搬运系统设计。

2. 物流中心功能设计阶段

（1）物流中心设计的总体要求就是要实现其基本功能，根据物流中心种类不同而确定，以综合性物流中心为例，应该具备以下总体功能。

①集散功能。

②仓储功能。

③配送功能。

④流通加工及包装等增值功能。

⑤物流信息服务功能。

⑥商品展示功能。

（2）物流中心实体作业功能设计部分，要关注以下关键作业。

①进货作业：到货—卸货—理货—验收—入库。

②储存作业：入库上架或堆码—储位管理—库存盘点—养护。

③拣货作业：由订单生成拣货信息—拣货方式—拣货—输送到出库区。

④补货作业：从保管区域将货品移到另一个为了做订单拣取的动管拣货区域。

⑤流通加工：根据客户要求或运输要求进行相应的流通加工。

⑥出货作业：出货单据—检验—包装—输送搬运至出货暂存区—装车。

需要注意的是，在进行功能设计时，要遵循以下原则：一是物流中心的功能设计既要考虑功能的集成性，又要考虑专业性和规模化，作为复杂物流作业的实体，一定要兼顾功能集成和专业突出；二是物流节点的功能设计既要考虑先进性，又要考虑其经济性，这样既能保证其作业水平和质量，保证物流中心长时间运转实现资源利用效率最大化，又能做到“物超所值”（VFM）。

实际上，影响物流中心规划的要素有很多，本书依据物流中心市场运行机制和物流运行基本规律，将物流需求、相关技术、趣味及交通因素、环境因素、物流园区情况等作为其功能规划的主要影响因素。这些因素与物流中心规划之间的关系如图 7-1 所示。

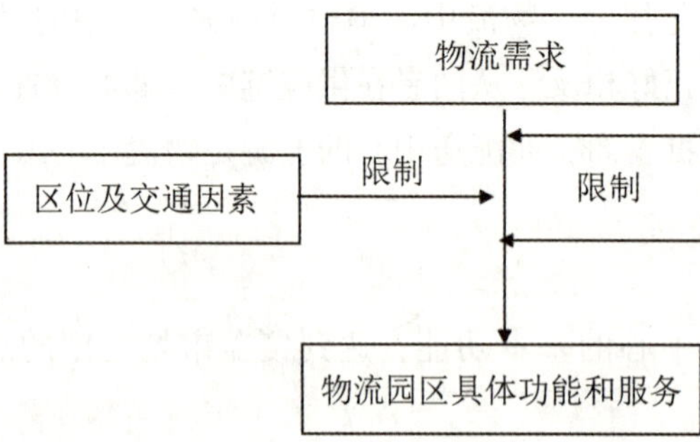

图 7-1　物流中心功能设计关系图

3. 物流中心区域布置设计阶段

（1）布置目标

①有效利用空间、设备和人员。物流中心作为资源聚集度高的一种物流设施，其空间占用、设备采购使用、人员招聘及人资管理等组成物流中心运营的关键成本，因此在进行

物流中心区域布置设计时一定要考虑以上关键成本。

②最大限度地减少物料搬运。物料搬运是物流作业中最容易产生货损和业务槽点的关键环节，如何减少搬运，或者采用自动化搬运，设置一体化物流作业，是物流中心在区域布置设计阶段不得不去考虑的问题。

③简化作业流程。功能集成、流程简化、成本降低、“双碳”绿色是当今物流中心建设的重中之重，也为中心运营获取较高利润提供了技术保障。

④缩短建设周期。减少物流中心投资建设周期，是提升中心资产效益效率的好办法，目前很多物流地产公司（苏宁地产、普洛斯物流地产）等企业都采用模块化建设，大大缩短了建设周期。

⑤投资最低。经济性是一切商业经营行为的核心原则，在物流中心区域布置设计阶段，切忌追求“高大上”的功能和投入，务必将物流中心规模与实际需求结合起来。

⑥保证工作环境的安全、方便和舒适。管理的根本出发点和归宿点是人，关注物流中心工作人员工作环境安全，提供安全、方便舒适的工作环境，是现代管理的根本要求。

（2）布置原则

在物流中心区域布置阶段，主要遵循以下原则。

①减少或消除不必要的作业，这是提高企业生产率和降低消耗的最有效方法之一。只有在时间上缩短生产周期，空间上减少占地，物料上减少停留、搬运和库存，才能保证投入的资金最少、生产成本最低。

②以流动的观点作为设施规划的出发点，并贯穿在规划设计的始终。因为生产系统的有效运行依赖于人流、物流、信息流的合理化。

③运用系统的概念。系统分析的方法求得系统的整体优化。

④重视人的因素，运用人机工程理论，进行综合设计，并要考虑环境的条件包括空间大小、通道配置、色彩、照明、温度、湿度、噪声等因素对人的工作效率和身心健康的影响。

⑤设施规划设计是从宏观到微观，又从微观到宏观的反复迭代、并行设计的过程。要先进行总体方案布置设计，再进行详细布置；而详细布置设计方案又要反馈到总体布置方案中，对总体方案进行修正。

总之，设施规划与设计就是要综合考虑各种相关因素，对生产系统或服务系统进行分析、规划、设计，使系统资源得到合理的配置。

（3）布置步骤

设施规划与设计有一个与时间有关的阶段结构，并且各阶段是依次进行的；阶段与阶段之间应互相搭接；每个阶段应有详细进度；阶段中自然形成若干个审核点，这种结构形成了从整体到局部、从全局到细节、从设想到实际的设计次序。即前一阶段工作在较高层次上进行，而后一个阶段工作以前一个阶段的工作成果为依据，在较低层次上进行；各阶段之间相互影响，交叉并行进行，如图 7-2 所示。

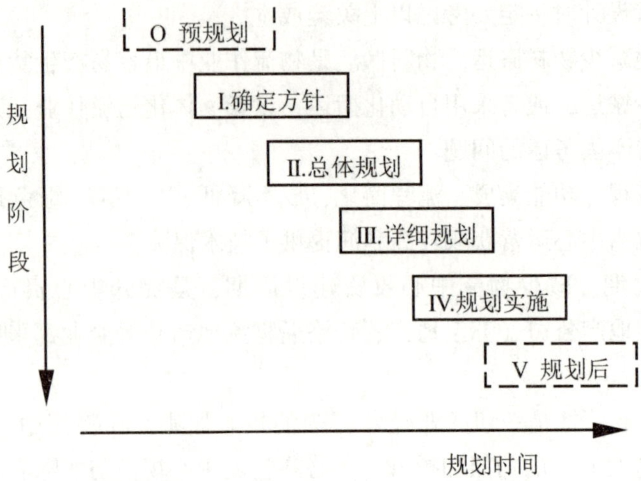

图 7-2 物流中心区域布置设计流程图

7.2.2 物流设施规划理论

1. 设施规划的发展历程

(1) 工厂布局设计阶段(空间静态结构分析)

该阶段设计的关键点在工厂布局上，该理论将工厂、物流中心等生产设施空间作为一种静态空间考虑，基于特定功能进行布局设计。没有形成系统的理论及知识体系，依靠经验，用简单的生产流程观点实现工厂布置。

(2) 系统化、理论化的设计方法阶段(运用系统工程、运筹学和计算机技术等)

该理论基于工作场所的工作流、信息流、物流等因素分析，将工作场所与周边环境看作一个大的动态系统，利用运筹学和计算机科学进行最后的布局设计，该方法的特点是对工厂设计进行定量化、系统化、流程化，形成了完整的理论体系。

2. 物流中心设施设备规划设计的总体框架

物流中心设施设备规划设计的总体框架，如图 7-3 所示。

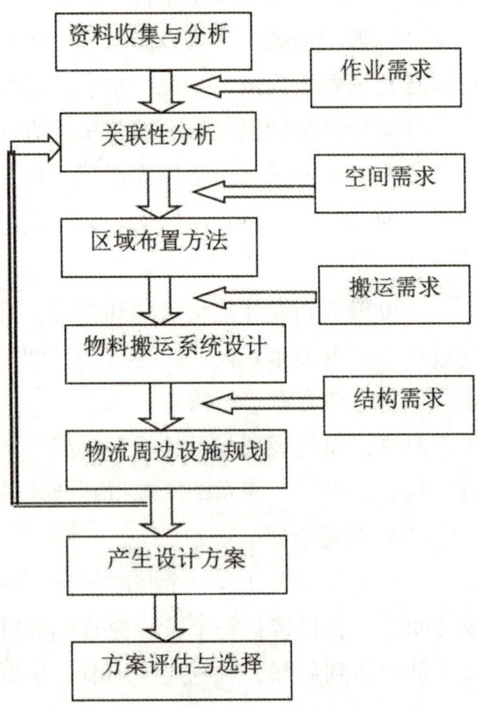

图 7-3 物流中心设施设备规划设计的总体框架

3. 设施规划方法

设施规划所用的方法可以分为经验法、克隆法、由底向上设计法、策(战)略法、系统化方法以及其他方法。

(1) 经验法

所谓经验法，就是基于过去获得的经验，运用到新的项目设计中。新的技术、新的管理思想的运用都使这种方法不再适用，可作为其他方法的辅助。

（2）克隆法

所谓克隆法，就是将新项目复制全部或部分原有相关相似设计的设计方法。当新项目的要求、条件和已有项目相同时，这种方法是非常快速有效的，例如对某企业各分厂的设施设计、某连锁企业的店堂布置，都可以采用这种方法。

（3）由底而上的设计方法

该方法从细节开始，逐步到整体设施布置的设计方法，设计人员仔细考虑工作任务、机器设备和人员，决定各作业单位，并逐步把细节组合进大的系统。这种方法对稳定的小型设施比较适用，在大型项目中，如要求大量细节，则难以按计划进行设计，所以很少使用。

（4）策略法

策略法是一种自顶而下的设计方法，首先制定策略方针，然后安排采用的技术、组织结构，再用设施去支持。它的一般流程是从选址布局到运作策略，最终到布置细节。该方法一般用于大型复杂设施的布置设计，但如果上层对下层的作业方式及要求不了解，会带来逐层的偏差积累。

（5）系统化设计（Systematic Layout Planning，SLP）

该方法是 20 世纪 60 年代美国的 Richard Muther 提出的，SLP 法帮助设计人员明确设计了每一个阶段该做什么，系统化和结构化的流程使得设计人员节省了时间和精力。但是这是一种机械式或菜单式的布置方法，缺少设计的“艺术性”。

（6）FacPlan 法

由 Quarterman Lee 提出的 FacPlan 法是对 SLP 的进一步改进。FacPlan 的框架是高度系统化和结构化的，它将设施规划分为包括选址和实施设计两方面，特别强调了策略方面。

（7）计算机辅助设计法

随着计算机技术的发展，计算机辅助设计开始广泛应用，早在 20 世纪 70 年代就产生了一些用于布置设计的计算机程序。

如果按照程序算法分类，主要包括：构建型算法程序，如 CORELAP 和 ALDEP 等，应用某种规则生成可行布置方案；改进型算法（优化算法）程序，如 CRAFT、Layout 软件包和 COFAD 等，是在原始布置设计方案上求得改进，得到一个更好的布置方案。

目前常见典型的大型系统设计的工具软件：用于设施规划和布置设计的 FactoryCAD、FactoryPLAN、STORM、SPIRAL 等；用于仿真和性能分析的 FactoryFLOW、FactoryOPT、ARENA、PROMODEL 等。

4. 系统布置设计（SLP）模式

SLP 是系统设施规划布置方法（Systematic Layout Planning）的简写，系统布置设计是一种设施规划方法。设施规划是根据系统应完成的功能，对系统各项设施、人员、投资等进行系统的规划和设计。设施设计的核心内容是工厂、车间内部的设计与平面布置、设备的布局，以求物流路线系统的合理化，通过改变、调整和优化生产物流，达到提高整个生产系统经济效益的目的。系统布置设计（SLP）方法通过对企业生产流程、物流量详尽分析的基础上，运用以作业单位物流与非物流的相互关系分析为主线的进行生产设施规划设计的方法，采用一套表达力极强的图例符号和简明表格，通过条理清晰的设计程序进行工厂及厂内设施的布置设计。利用 SLP 技术，对企业物流设施进行合理规划，可有效地缩短生产周期。

工厂布置的方法和技术，一直是工业工程领域不断研究和探索的方向。自工业革命以来，研究出很多手工分析、数学分析和图解技术等，60 年以来，又发展了计算机辅助工厂布置。1961 年，美国人理查德·缪瑟提出系统布置设计，这是一种条理性很强，物流分析和作业单位关系密切程序分析相结合、寻求合理布置的技术，不仅适合各种规模或种类的工厂的新建、扩建或改建中对设施或设备的布置或调整，也适合制造业中对办公室、实验室、仓库等的布置设计，同时，也可用于医院、商店对服务业的布置设计。

（1）系统布置设计（SLP）模式的步骤

全过程分为三个阶段：分析、寻优、选择，如图 7-4 所示。

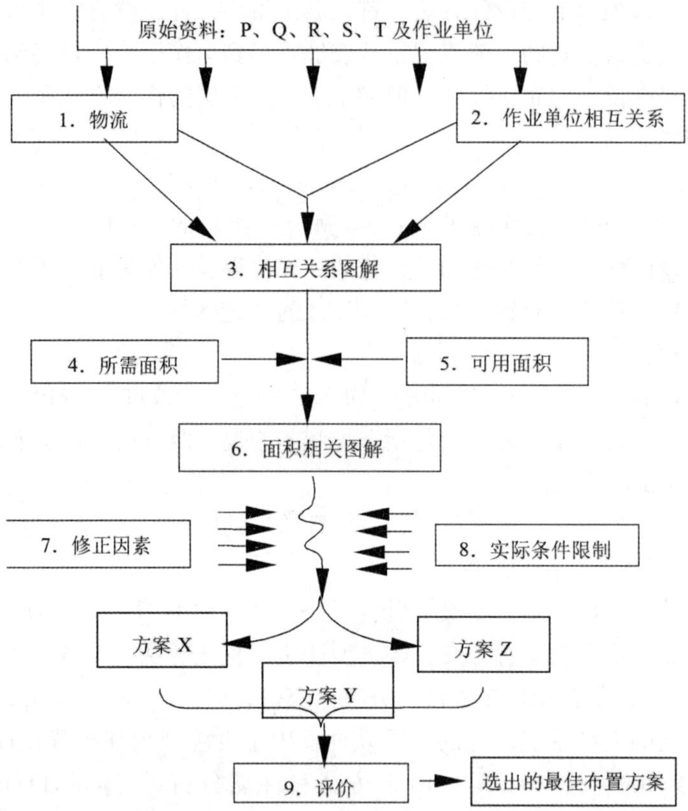

图 7-4 系统布置设计（SLP）模式步骤

①布置设计的分析阶段，该阶段以资料收集及各单位之间的关系分析为基本内容。主要包括 4 个方面的内容：数据的收集分析；活动关系分析；物流—活动相互关系分析；设施面积的设定。

②布置设计的寻优阶段，依据设定的面积和物流—活动相互关系，绘制面积相互关系图，然后依据现有设施的“实际制约”和“修正条件”，对各部门的因素进行调整，最终形成几个可行的布置方案。

③布置方案的评优阶段，依据技术经济分析和综合评价，进行定性或定量的分析得出推荐方案。实际复杂或方案较多难以抉择，可用 AHP 分析法综合分析。

（2）系统布置设计（SLP）基本要素

在该方法中，设施设备规划需要考虑几个基本要素：商品 P、数量 Q、物流通道 R、服务部门 S、交货时间 T。

任务三　物流中心（配送中心）规划方法应用

7.3.1　关联分析方法

物流中心不同功能区域间从作业程序、组织结构、业务管理、环境影响性等方面存在一定的依存关系，通过这些关系进行关联性分析，提供区域布置的依据。这种分析思路即所谓关联性分析。区域间的活动关联包括物流关系和非物流关系两大类。本书涉及的关联性分析的方法包括流程动线分析、定性关联图法、定量从至图法。

1. 流程动线分析

该方法主要针对生产部门，只考虑物料的流程，配合制造程序与设备特征，希望尽量减少制造过程所需行经的距离及逆回流程，以提高生产的速度及效率，并根据此原则规划或工作区和设备的位置。

主要用于物流设施规划中一些局部作业设施设计，例如物料搬运系统的设计一般进行流程动线分析。

按照该方法，流程动线的四种基本形式，如图 7-5 所示。

（1）直线形

直线形是最简单的一种流动模式，入口与出口位置相对，建筑物只有一跨，外形为长方形，设备沿通道两侧布置。

（2）L 形

适用于现有设施或建筑物不允许直线流动的情况，设备布置与直线形相似，入口与出口分别处于建筑物两相邻侧面。

（3）U 形

适用于入口与出口在建筑物同一侧面的情况，生产线长度基本上相当于建筑物长度的两倍，一般建筑物为两跨，外形近似于长方形。

（4）S 形

在一固定面积上，可以安排较长的生产线。

需要注意的是在同一生产部门中，往往多种流程动线形式同时存在。

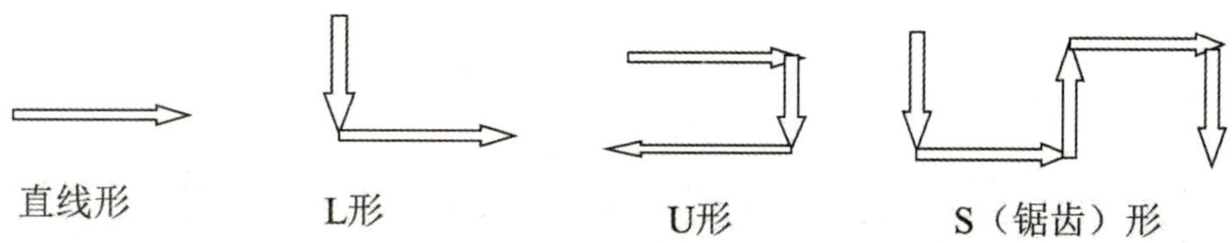

图 7-5　流程动线基本形式

2. 定性关联图法

该方法可用于物流关系和非物流关系的分析，不只针对生产部门，还包括辅助劳动、办公室、服务设施等均可根据彼此间的相关性来加以分析，以决定较理想的规划位置。

按照该方法，活动关系包括以下几个方面。

(1) 程序上的关系：建立在物料流和信息流之间的关系。

(2) 组织上的关系：建立在各部门组织之间的关系。

(3) 功能上的关系：区域之间因功能需要而形成的关系。

(4) 环境上的关系：考虑到操作环境和安全需要而保持的关系。

为确定两活动区的密切程度，Muther 提供了一套相关程度评分的等级系统，每个系统用一个字母来表示，并相应给出评价等级的理由代号。用一种作业区相互关系图来直观表示作业区间的关联程度（图 7-6）。

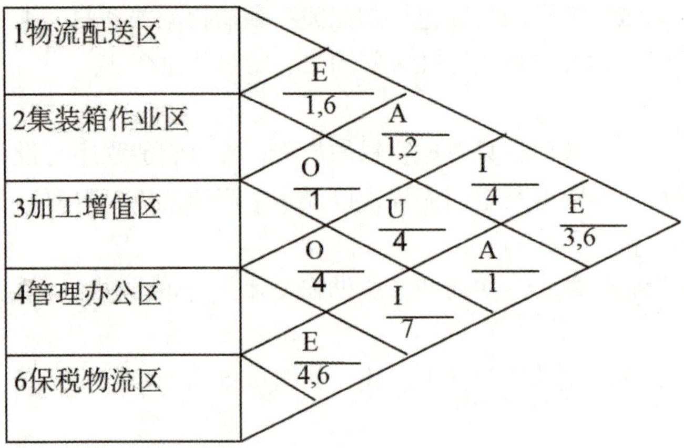

图 7-6 作业单位关联图示例

图 7-6 中，左边是需要进行布置设计的作业单位，右边每个菱形框表示相应的作业单位对应的关系，其上部为密切度代码，下半部为理由代码。根据重要程度按照从“绝对重要”到“不可接近”分为 A、E、I、O、U、X 六个等级，用阿拉伯数字 1，2，3……代表理由代码，如表 7-2 所示。

表 7-2 等级划分一览表

相关联程度等级		相关因素	
等级代号字母	接受程度说明	理由代码	接受理由
A	绝对必要（Absolutely necessary）	1	物料流动频繁
E	特别重要（Especially important）	2	共用相同的空间区域
I	重要（Important）	3	共用设施
O	普通重要（Ordinary important）	4	组织管理
U	不重要（Uimportant）	5	人员接触方便

续表

相关联程度等级		相关因素	
等级代号字母	接受程度说明	理由代码	接受理由
X	不可接受（Undesirable）	6	信息交流方便
		7	提升工作效率考虑
		8	工作生活环境考虑
		……	……

其中在总活动关系中各等级关联比例如下：A 占 5%～10%；E 占 10%～20%；I 占 20%～30%；O 占 20%～30%；U 占 20%～85%；X 占 0%～10%。

3. 定量从至图法

分析各作业区间的物料流动规模大小，使设计者在进行区域布置时，避免搬运流量大的作业需要进行过长的搬运距离，并为设计各区域的空间规模提供依据，如表 7-3 所示。

表 7-3　定量从至图示例

物流作业区域		搬运到达区				
		1	2	3	4	合　计
搬运起始区	1		15	30	25	60
	2	40		10		50
	3	15			20	
	4		20			
	合计	55	35		45	

注：为正确表现各个流量之间的关系，需要统一各个区域的搬运单位，以便能够正确计算流量的总和。

7.3.2　区域布置方法

经过关联性分析之后，不同作业区间的定性测量值即接近程度，或定量测量值即物料流动密度，来配置各作业区的相对位置时，可以将整个布置的过程简化为算法程序。

1. 设施布置问题的模型

（1）构建模型：构建法也叫凑合法，就是把功能区抽象为一个个小的具有一定长宽比例的小块，根据各区域的“密切度”在总选址图上进行位置拼凑组合，构建布局图。

（2）优化模型：在给出的一个初始布局方案基础上，进行改进，逐步寻求目标（一般为运输或搬运成本最低）更优的布置方案。

（3）仿真模型：利用计算机进行系统仿真，分析系统设计和运作特性。仿真模型一般用于分析评价已形成的方案（由构建模型和优化模型建立的方案）的运行效果。

2. 使用的方法

基于上述模型，在物流中心、物流配送中心区域布置中可以使用的方法主要包括：关联线图法，布置时先不考虑作业区的面积，把所有作业单元抽象为具有相同形状大小的小方块，根据关联关系对小方块进行位置布置；图形构建法，利用在共平面上发展最大权数的邻接图以完成区域布局的方法；动线流程法，先决定作业系统的主要动线进行方向，再依据流程性质或关联性关系进行区域配置的方法。其算法主要为密切度量化算法和图论算法。

①关联线图法的步骤

第一步，根据已知资料绘制关联图；

第二步，根据关联图绘制关联线图底稿；

第三步，根据关联图底稿建立关联线图；在此基础上不断重复进行选择。需要注意以下两点。

第一个进入布置区的单元：具有最多 A 关联；

第 N 个进入布置区域的单元：与进入布置区的单元具有最大总关联性；并与其具有最高关联的单元临近摆放。

第四步，给布置好的作业区配置相应的面积，进行调整，形成最后的布置图。

例题：某物流中心的作业关联图如图 7-7 所示，画出该物流中心布置图。

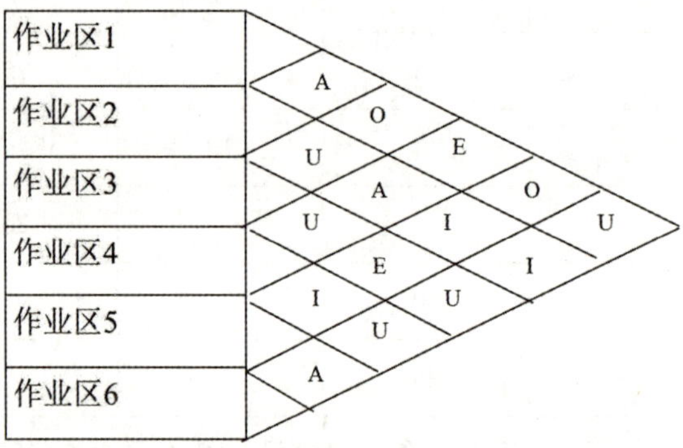

图 7-7 作业关联图

解：step1 关联线图底稿

按照从 A～X 的关联性，把作业区之间的关联程度列表表示，也就是转化为关联线图底稿，表中数字表示作业区区号。

表 7-4 关联线图底稿

关联等级＼作业区域	作业区 1	作业区 2	作业区 3	作业区 4	作业区 5	作业区 6
A	2	1，4		2	6	5
E	4		5	1	3	

续表

关联等级＼作业区域	作业区 1	作业区 2	作业区 3	作业区 4	作业区 5	作业区 6
I		5，6		5	2，4	2
O	3，5		1，6		1	3
U	6	3	2，4	3，6		1，4
X						

step2 建立关联线图

关联线图的建立是一个对作业区重复选择和摆放的过程。

首先选择具有最多“A”关联的作业区第一个进入布置区域。若符合条件的作业区具有多个时，按以下顺序加以选定：最多“E”关联，最多“I”关联，最少“X”关联。如果最后还是无法选定，可在这些条件中任意选择一个。

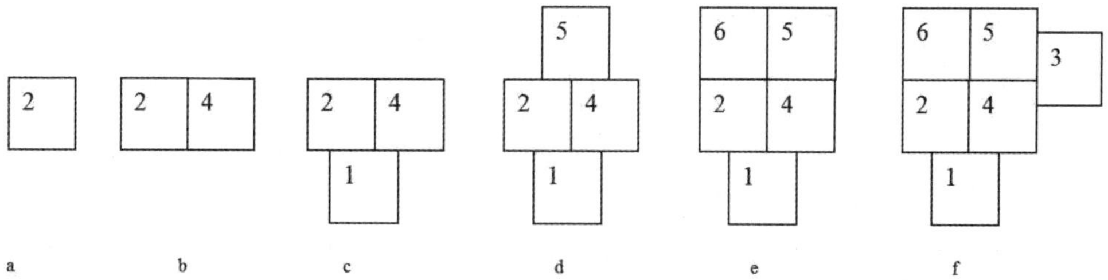

图 7-8　作业区布置位置图

Step3 确定最终布置图

根据各作业区的实际面积，依据关联线图，确定最终布局方案如图 7-9 所示。

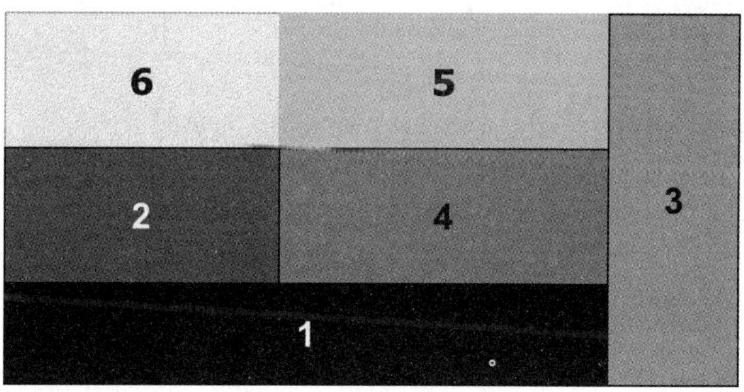

图 7-9　最终作业区布置图

②图形构建法

利用在共平面上发展最大权数的邻接图以完成区域布局的方法，即以不同作业区间的权数总和（定量测量）作为挑选作业区的总和。其中，共平面也称为可平面，是平面上没有任何边相交叉的一种图形。一个最大可平面是除非在三维空间加画，否则平面内没有一条不与其他边相交叉的边可以加上去；权数是指：区域作业对间的关联强度量化值，可以是定量从至图的物流量，也可以是定性关联的量化或者是综合关系量化。

$$V_i = \sum_{j=1}^{n} r_{ij} \tag{7-1}$$

V_i——作业区 i 的关系权数总和；

r_{ij}——作业区 i 和作业区 j 的关联度的量化值。

图形构建法的构建算法有多种，主要有节点插入法、最大关联数法。

节点插入法步骤：选择具有最大权数的作业区对，进入关联线图；选择第三个作业区进入关联线图，并与前作业区对构成三角，选择标准是与先进入作业区具有最大的总权数；对未选定的作业区，建立总权数表，选择最大总权数的作业区插入三角形内；再次选择剩余作业区中的具有最大总权数的作业区，插入与已有三角平面具有最大总权数的内部；重复布置4，直至完成最后一个作业区；完成邻接图后，根据各作业区的面积和形状要求进行调整布置。

例题：已知某物流中心有5个作业区，作业区间的流量从至如表7-5所示，进行物流中心布置设计。

表7-5　作业区流量从至表

物流量		到地区域				
		1	2	3	4	5
起始区域	1		9	8	10	0
	2			12	13	7
	3				20	0
	4					2
	5					

解：

Setp1：选择具有最大流量的成对作业区3和4进入布局图。

Setp2：分别计算未进入布局的作业区（1，2，5）和作业区（3，4）间的流量和（总权数），选择作业区2进入布局图，与作业区（3，4）构成三角形。

作业区域	3	4	合计
1	8	10	18
2	12	13	25
5	0	2	2

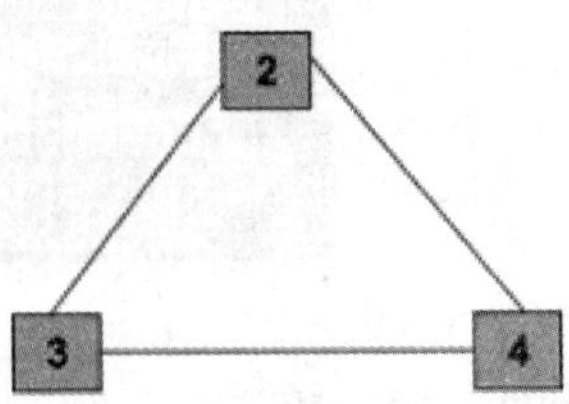

图7-10

Setp3：同样计算剩余作业区（1，5）和已布局作业区（3，4，2）的总权数，选择作业区1进入布局，插入已构成的三角形内。

作业区域	3	4	2	合计
1	8	10	9	27
5	0	2	7	9

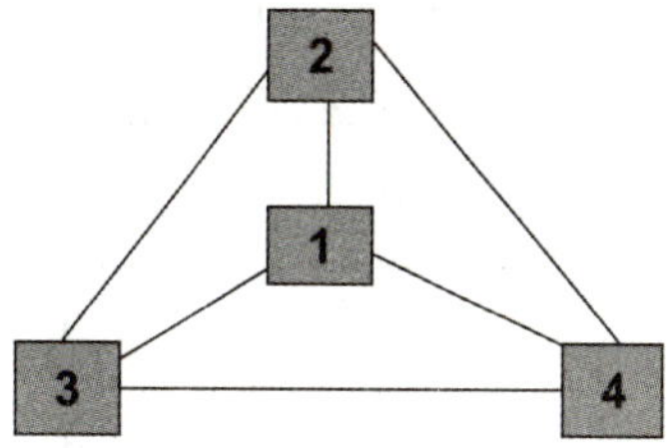

图 7-11

Setp4：分别计算剩余作业区 5 与已构成的若干三角形的权数和，选择插入具有最大权数和的三角形（1，2，4）内部，完成邻接图。

作业区域	3，4，2	1，3，4	1，2，4	1，2，3
5	9	2	9	7

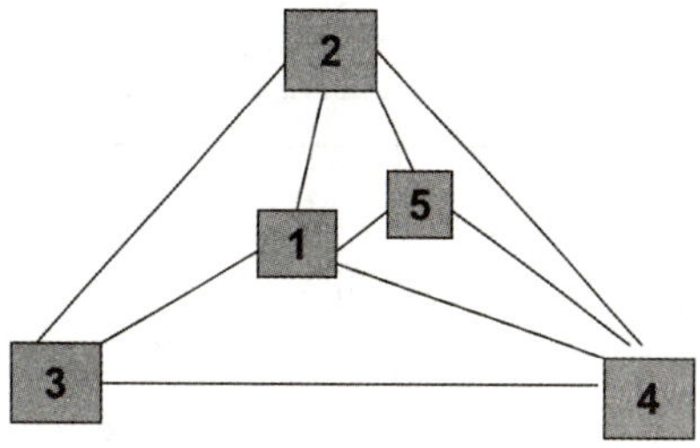

图 7-12

根据各作业区的面积及形状，调整形成最终布局图。

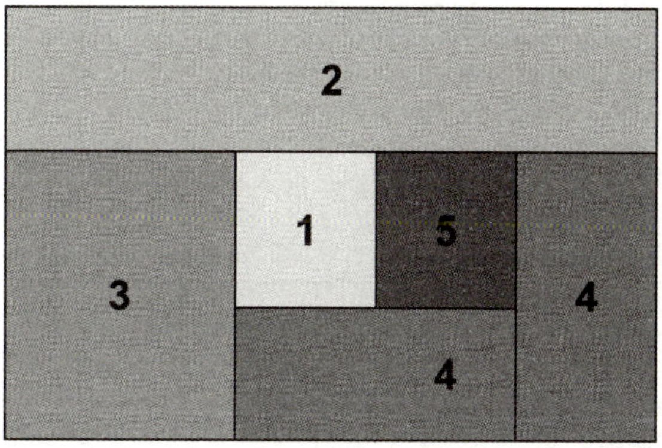

图 7-13

③动态流程法——动线布置法

动线布置法：先决定作业系统的主要动线进行方向，再依据流程性质或关联性关系进行区域配置。流程动线法用于生产区域的布置设计。

方法步骤如下：一是决定规划区的对外道路连接形式，以决定出入口位置及厂区配置形式。二是决定规划总区域的空间范围和各作业区模板面积大小及长宽比例。三是决定物流中心从进货到出货的动线形式。四是根据作业流程顺序配置各作业区位置：首先安排面积较大且长宽比例不易变动的区域，如储存或收货分拣区等，之后再插入面积较大但长宽比例可变更调整的作业区域，如集货区和理货区；最后插入面积较小且长宽比例可变更调整的区域，如退货补货区、流通加工区等。五是布置行政办公及其他辅助设施的位置。六是进行各作业流程与活动关联的联合布置，并考虑可能的布置组合。

例题：某配送中心各区域的模板面积和长宽比例如图 7-14 所示，请设计动态流程或者作业动线。

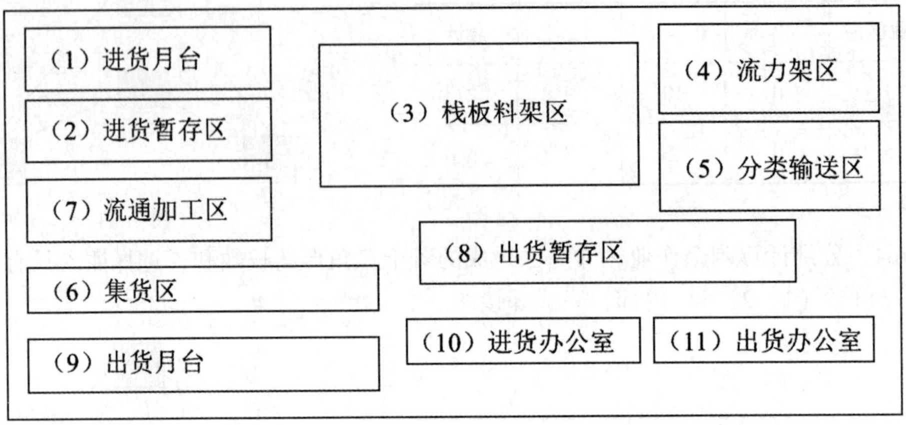

图 7-14

解：直线形布置

（1）决定进出月台布置及厂内物流动线（图 7-15）

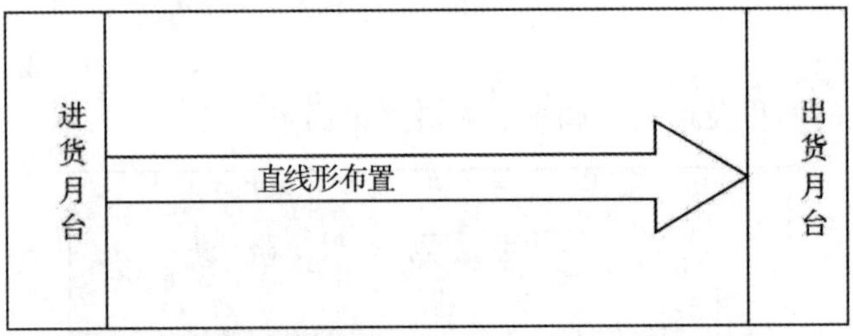

图 7-15

（2）布置面积较大且长宽比例不易变更的区域（图 7-16）

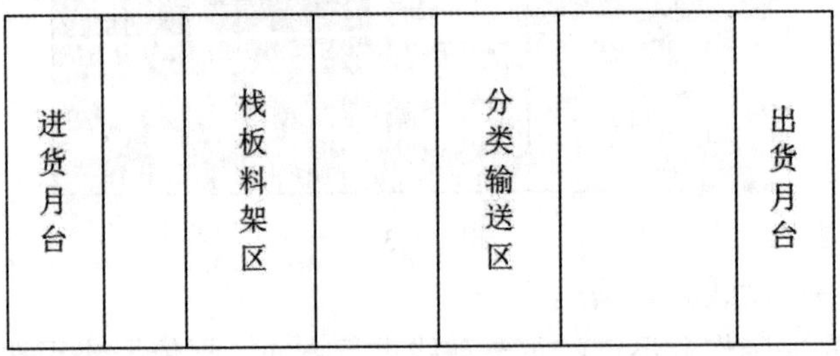

图 7-16

（3）布置面积较大且长宽比例可调整的区域（图 7-17）

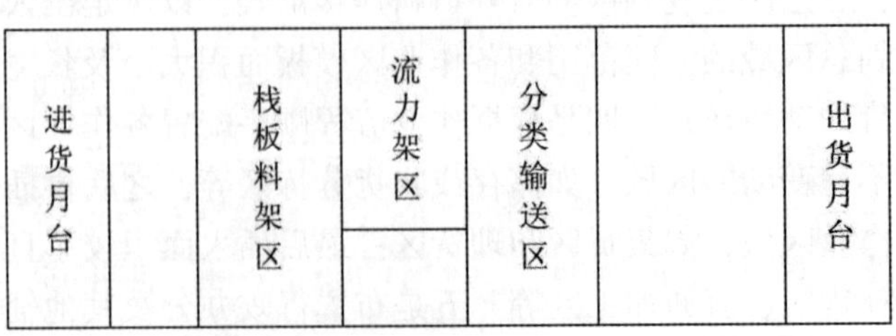

图 7-17

（4）布置面积较小且长宽比例可调整的区域（图 7-18）

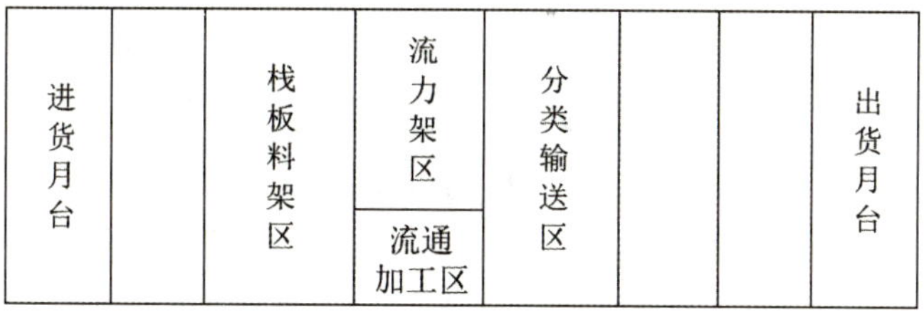

图 7-18

（5）布置行政管理与办公区域（图 7-19）

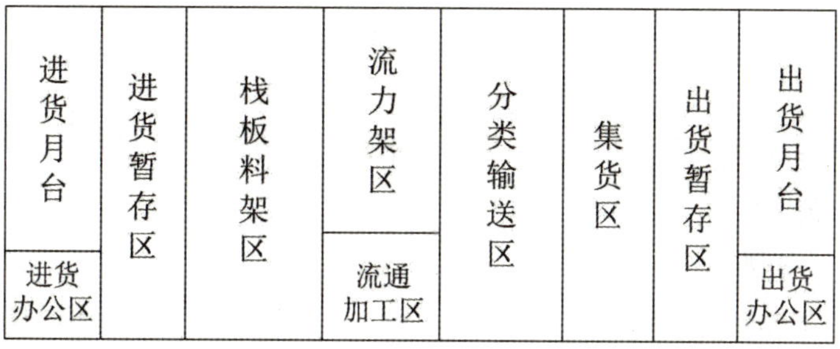

图 7-19

项目总结

物流中心和物流配送中心是最常见的物流设施，承担了绝大部分的物流设施操作与管理，本项目通过论述配送中心和物流中心两种设施的规划设计，通过案例介绍了关联分析法和区域布置法的应用。

项目思考

1. 配送中心规划内容有哪些？
2. 物流设施规划的理论有哪些？
3. 物流中心（配送中心）规划方法有哪些，如何应用？

项目八

数智赋能——物流信息系统规划设计

【学习目标】

专业知识目标

- 了解现代物流与信息技术
- 理解物流信息系统规划
- 掌握物流信息系统分析
- 应用物流信息系统设计与维护

职业能力目标

- 能进行物流信息系统规划
- 能进行物流信息系统设计与维护

素养目标

- 通过引导案例及学习培养“甘做铺路石”与“一丝不苟”的工匠精神
- 强化“新文科”的人文分析能力在系统设计中的应用
- 培养学生“使命、敬畏、严谨、行动”的职业精神
- 通过团队协助增强团队文化建设与参与的能力

【重点难点】

学习重点

- 物流信息系统规划
- 物流信息系统分析

学习难点

- 物流信息系统设计与维护

【引导/课程案例】

数字孪生下的中国物流

数字孪生，来自英文术语 Digital Twin，简称 DT。数字孪生作为一项新兴技术，已被美国知名咨询及分析机构 Gartner 连续三年列入十大战略性技术。数字孪生在诸多行业都有广泛的应用前景，例如，医疗部门尝试采用数字孪生技术，为每个病人建立其数字孪生，借此可了解患者的健康状况并预测治疗方案的效果；航空公司尝试应用数字孪生技术，提高飞机日常检修维护效率，避免大事故发生等。

在物流行业，数字孪生技术也发挥着重要作用。通过对真实世界的物流设备进行虚拟，能够依赖大数据和机器学习，对海量物流数据进行分析、优化仓库的存储结构、优化设备的运行效率，并协助决策与维护，为企业释放极大潜力。目前，数字孪生在物流行业的应用主要集中在以下几个方面。

数字孪生技术物流运输数字化追踪。我们可以对某些高价值货物的运输过程进行数字化追踪，全流程记录货物所处的温度、湿度环境以及受冲击/碰撞情况等，从而确定承运方是否按照约定的条件对货物进行了保护。一旦出现货物损坏，也有足够的证据来支持理赔操作。此外，把远洋货轮本身当作数字孪生的建模追踪对象，有助于监控其运输时效，并预防船只的抛锚、失火等事故。

数字孪生技术物流网络运营。新一代地理信息系统（GIS）给数字化物流提供了前所未有的机遇。在宏观设计层面，民用地图的精度达到了前所未有的程度，并且还推出物流专用的货运版地图，显示出货运卡车在城市每个区域的限行状况等。这有助于制订更精细的物流规划方案。在微观运作方面，对于车辆/货物的精确跟踪，也有利于在每日运作中制定更优的决策。

数字孪生技术物流基础设施管理。除了广义的地理信息系统之外，我们还可以为某个具体的港口/机场建立孪生模型，实时监控和分析其运作情况，预测未来一段时间内的海运/航空班次准点率等。并且，不用大兴土木作实体建造，就可以分析出未来5~10年的最优改建方案。

数字孪生技术仓库/物流中心运营。对于单个的仓库/物流中心运营，数字孪生技术也能提供很多帮助。在低成本传感器和大数据技术的支持下，我们可以对仓库各个库区的应用情况了如指掌，并且能够建立3D模型对其进行描绘。哪怕坐在家中，也能掌握每一个货架的实时情况。出于培训目的，我们还可以为公司职员配备虚拟现实眼镜，把数字化的仓库栩栩如生地展现在他们眼前。

（案例来源：数字孪生技术应用在物流领域中的案例解析. https：//blog. csdn. net/asiafinance/article/details/124969971）

案例思考

1. 查找 DT 技术相关资料，请举例说明 DT 技术在日常生活中的应用。
2. 调研现代物流数字孪生技术的实现途径。
3. 我国现代物流信息技术有哪些？

任务一 现代物流与信息技术

8.1.1 物流信息概述

随着物流行业转型升级的步伐日趋加快，“现代物流”已经替代传统物流成了当前物流行业的专属名词。

1. 现代物流的概念

所谓现代物流，是指现代管理制度、管理组织、管理技术、信息技术和管理方法在物流中的运用，具体包括物流专业化、管理系统化、运输合理化、仓储自动化、包装服务标准化、装卸机械化、配送一体化和信息网络化。

如果将此概念与传统物流概念相对比就会发现，现代物流和传统物流在管理理念、职能、组织、技术等多方面存在差异。本书限于篇幅，仅将两者之间的区别表现总结如表 8-1 所示。

表 8-1 现代物流与传统物流内涵比较表

项 目	现代物流	传统物流
理念	供应链物流	“储运”，流通与生产的附属
职能	运输、储存、包装、装卸、流通加工、配送、信息活动、增值服务、供应链管理、系统优化	运输、储存
组织	企业内外部的主业组织	企业内部的分散组织
技术	信息技术	以手工操作为主
地位	“先锋”“价值创造事业”	“后勤”“成本支出项目”
目标	成本与服务的均衡	成本最低

由于以上区别，可以得出现代物流的基本特征包括以下几个方面。

（1）物流过程一体化，具体体现在原料、半成品、成品的生产、供应、销售结合成有机整体；物流供应链特征明显。

（2）物流技术专业化，体现在物流作业应用专业化、标准化、智能化的先进技术与设备，如无人机、AGV 小车、自动立体仓库、数字孪生系统等。

（3）物流运营与管理信息化，体现在客户信息、订单的数据化、编码化；物流信息处理的电子化、计算机化；信息传递的实时化和标准化等。

（4）物流标准化，体现在服务、数据和流程的标准化等方面。

（5）物流网络化，体现在商品和服务的信息在网络上出现和流通；信息商品生产、流通与消费转移到互联网甚至是移动互联网；资金流更向网络进行流通等。

（6）物流移动化，体现在前端数据采集、数据无线传递到集成管理等。

（7）物流虚拟化，体现在构建虚拟仓库、虚拟配送中心，共享企业资源，优化配置物流方式等。

2. 现代物流与信息技术

从某种角度上来说，现代物流其实就是物流信息化的结果，物流信息化的层次由低到高可分为四个层次：基础信息化、供应链物流信息化、物流决策信息化、智能物流。其中，基础信息化更多聚焦内部流程和数据的信息化；供应链物流信息化注重基于信息共享共建的供应链打造；物流决策信息化开始将重点转移到人工智能、数据挖掘等方面；智能物流层次则是将智能化物流系统建设提到了前所未有的高度（图 8-1）。

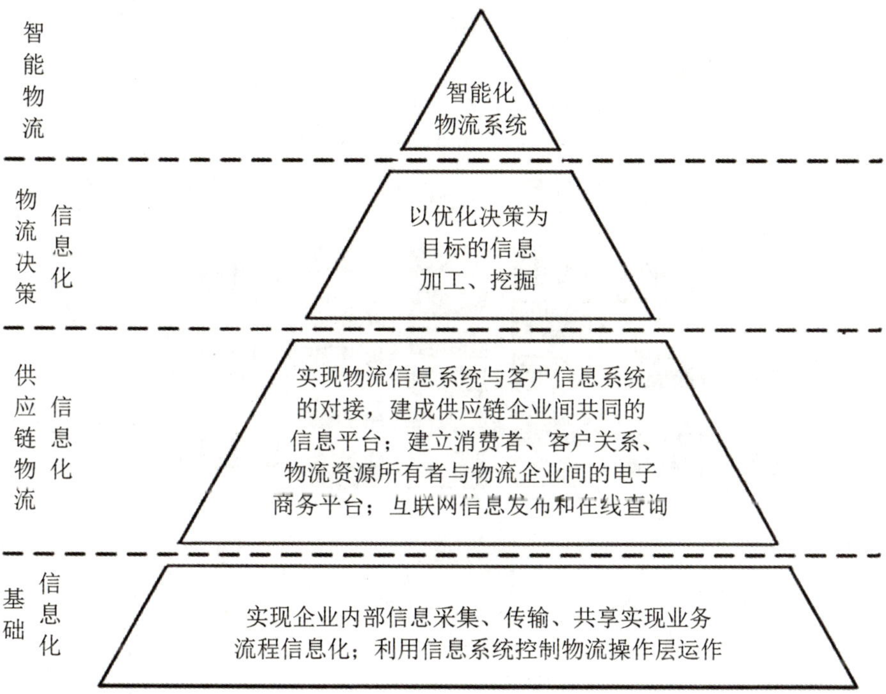

图 8-1　现代物流信息化层次示意图

经过多年的物流信息化的发展与实践，物流信息化已经从传统物流信息系统（服务于传统物流业务体系，将技术、设备、装备等作为业务体系独立单元管理控制，图 8-2），转化为服务智能物流业务体系（以网为平台，以即时动态为特征，以互联共享为基础，以个性化服务为目的的现代物流体系，图 8-3）的现代物流阶段。

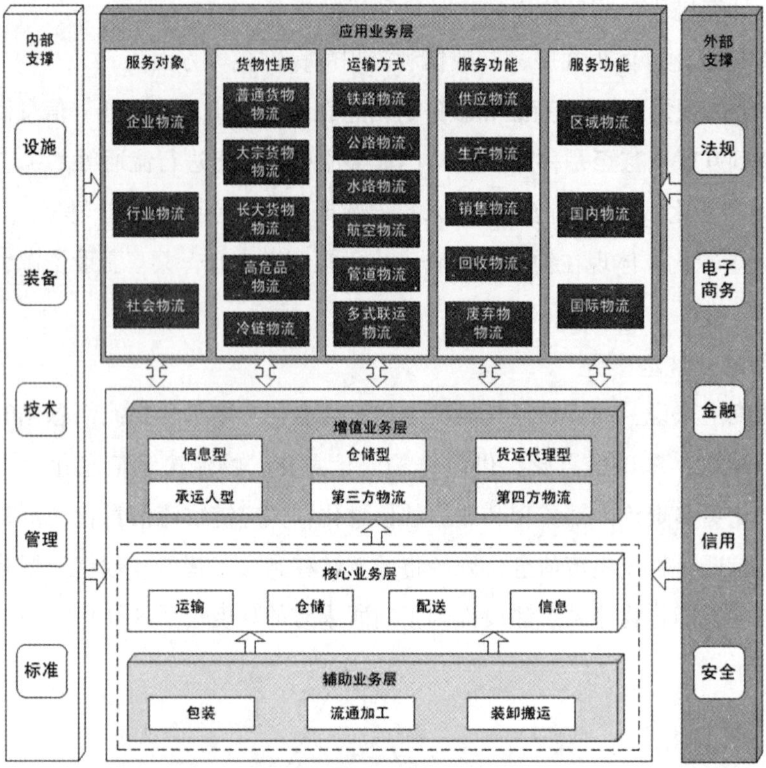

图 8-2 传统物流业务体系图

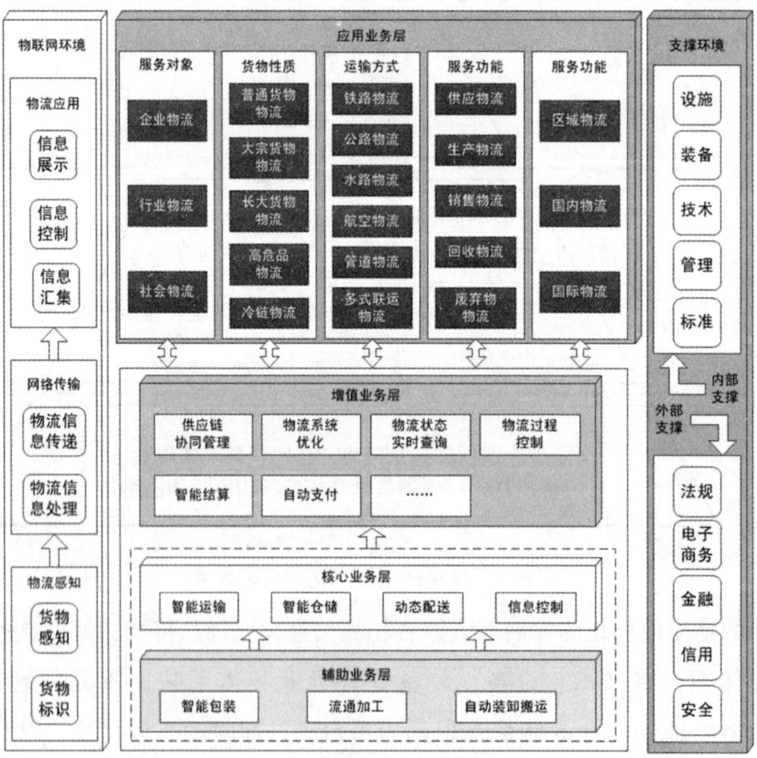

图 8-3 智能物流业务体系图

当前，信息技术在物流业中已得到广泛应用，从物品信息采集到智能化物流决策，从GPS 系统路径选择到 AR 虚拟仿真技术的应用，都为现代物流和智能化物流管理水平的提升提供了技术支持，目前，广泛使用在现代物流中的信息技术总结如表 8-2 所示。

表 8-2 现代物流中常见信息技术

物流信息编码标识与采集技术	自动识别技术	条码技术、RFID 技术、磁条（卡）识别技术、光学字符识别技术、图像识别技术、语音识别技术、生物识别技术
物流信息传输技术	电子数据交换（EDI）技术	
	网络传输技术	Internet Intranet 企业内部网络，内联网 Extranet 企业间系统
物流信息存储与管理技术	数据库技术	
	数据仓库技术	
	数据挖掘技术	
物流定位与导航技术	卫星定位技术	北斗卫星导航定位系统 GPS 全球定位系统
	GIS 技术	（Geographic Information System，地理信息系统）
	GSM 技术	（Global System for Mobile communication，全球移动通信系统）
	ITS 技术 （Intelligent Transportation System，智能交通系统）	交通管理系统、交通信息服务系统、车辆控制系统、公共交通系统、货运管理系统、电子收费系统及紧急救援系统 7 部分组成

8.1.2 物流信息系统介绍

1. 物流信息系统概念

关于物流信息系统，很多专家学者从不同的角度提出了定义，本书在总结各种概念侧重点的基础上，提出如下定义：物流信息系统是综合运用物流信息技术、管理和决策方法，由人和计算机共同组成的，对物流信息进行加工处理，实现对物流、资金流的有效管理与控制，辅助管理人员进行物流业务管理、分析和决策的系统。现代物流信息系统的建设可以应用前述的各类技术，并结合先进的管理思想和技术开发应用思想，目的是实现物流系统的优化管理与运作，支持企业物流过程。

从上述定义可以看出，数据采集与传输是物流信息系统运行的先决条件，信息系统覆盖物流全过程，涵盖物流战略层、管理层、操作层三个层面，由此构成了现代物流信息系统的基本框架（图 8-4）。

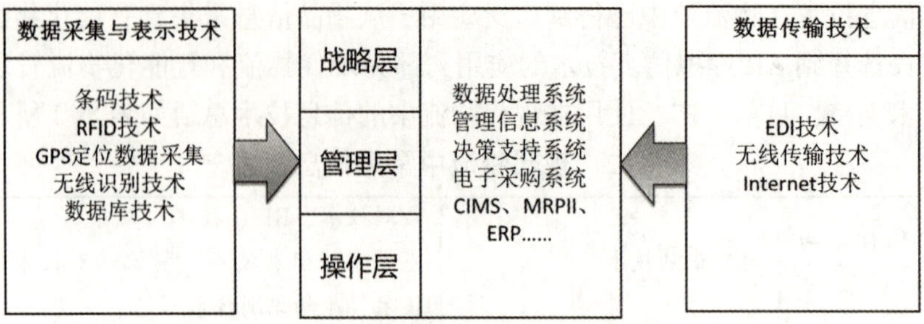

图 8-4 现代物流信息系统的基本框架

2. 物流信息系统的结构

由上面分析可知，现代管理信息系统需要涵盖战略管理层、职能管理层和业务管理层，物流信息系统也是如此，因此，可以依据管理层次理论将现代物流信息系统的结构分为三层（图 8-5）。

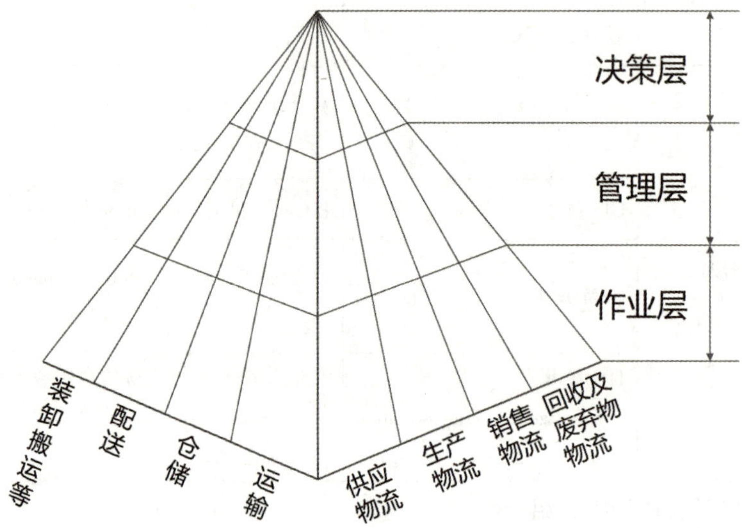

图 8-5 现代物流信息系统的结构

如图 8-5 所示，决策层的任务是根据企业外部环境和内部条件设定企业的战略目标，对一定时期的、全局的长远的发展方向、目标、任务和政策，以及资源调配做出决策；管理层的任务是对运输、仓储等各项物流活动的计划、分析、组织、管理、控制，保证所需要的人、财、物的调用和分配；作业层是用于启动和记录物流活动的最基本的层次。任务是有效地使企业现有的人力、物力资源在预算的范围内有效地执行物流活动中各个环节的各项任务，并收集、加工和存储物流信息。

3. 物流信息系统的功能

物流信息系统的功能如表 8-3 所示。

表 8-3　物流信息系统功能

主要功能	描　　述
数据实时采集和输入	借助条码技术、射频识别技术、GIS 技术、GPS 技术等现代物流技术，对物流活动进行准确、实时的信息采集
数据传输	通过网络将数据从一地传输到另一地，通过 EDI 传输结构化的标准信息
数据处理	数据处理、预测决策、数据挖掘、联机分析、专家系统
数据存储	输入存储、输出存储、历史数据查询、未来预测信息
数据输出	良好数据输出界面，展示文字、表格、图形、声音等内容
系统控制功能	对软件、硬件、人员、管理思想等进行控制和管理；对数据输入、存储、处理、输出、传输等环节进行控制和管理

4. 典型物流信息系统

物流信息系统根据不同企业的需要可以有不同层次、不同程度的应用和不同子系统的划分。一般来说，一个完整、典型的物流信息系统可由作业信息处理系统、管理信息处理系统、决策支持系统三个子系统组成。

（1）作业信息处理系统，例如采购作业信息系统、运输作业信息系统、自动仓储作业信息系统、配送作业信息系统、货代作业信息系统、报关作业信息系统以及 EOS 与 POS 业务系统。

（2）管理信息处理系统，例如订单管理系统（OMS）、仓库/仓储管理系统（WMS）、运输管理系统（TMS）、货代管理系统（FMS）、采购管理系统等。

（3）决策支持系统，例如管理驾驶舱、综合类管理系统、大数据平台等。

任务二　物流信息系统规划

8.2.1　物流信息系统规划的内容

物流信息系统的规划是根据用户的系统开发请求，进行初步调查，明确问题，确定系统目标和总体结构，确定分阶段实施进度，然后进行可行性研究。系统规划的主要目标是根据组织的目标与战略制定出组织中业务流程改革与创新和信息系统建设的长期发展方案，决定信息系统在整个生命周期的发展方向、规模和进程。

按照规划时间长短划分，系统规划一般包括三年或更长时间的计划，也包括短期的计划。无论是哪种规划，都包括以下内容。

1. 企业的物流现状分析

对物流现状分析包括对软硬件、通信设施、现有系统功能、应用环境、缺陷和需求的了解与评价；同时也包括对企业当前的组织结构、业务流程、企业文化等情况进行分析。

2. 物流信息系统的目标、约束与结构

物流信息系统规划应该根据企业物流活动的战略目标、组织的业务流程和内外约束条

件确定系统的总目标、发展战略规划和总体结构。根据总目标，进一步确立物流信息系统各个发展阶段的阶段目标，并给出衡量具体工作完成的标准，以及给企业带来的预期变革。

3. 影响规划的信息技术发展的预测

物流信息系统的规划受当前和未来信息技术发展的影响，因此，计算机及其各项技术的影响应得到必要的重视并在系统规划中有所反映。另外，对信息网络、数据库、软件的可用性、方法论的变化、周围环境的变化及它们对信息系统产生的影响也在考虑的因素之中。

4. 发展规划阶段安排

项目计划是指对本次规划第一个发展阶段中有关项目实施的原则确定和具体安排。主要包括硬件设备的采购时间表、应用项目的开发时间表、软件维护与转换工作的时间表、人力资源的需求计划，以及人员培训的时间安排和资金需求等。

8.2.2 物流信息系统规划的步骤

物流规划需要按照系统规划开发的原理开展，因此规划步骤要严谨科学、兼顾经济性和效用。具体包括以下步骤（图 8-6）。

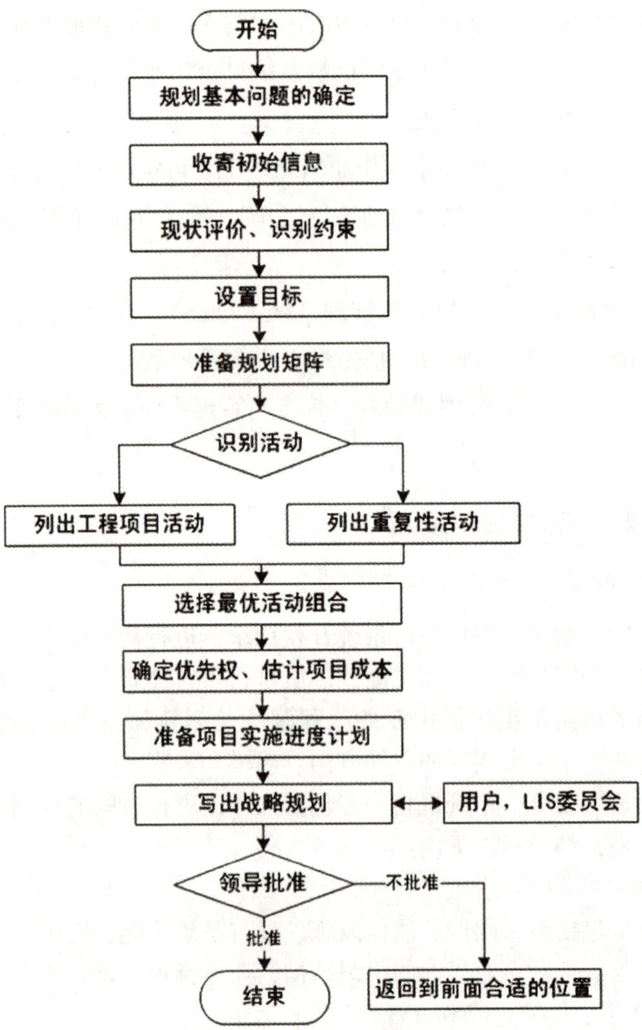

图 8-6 物流信息系统规划步骤

需要说明的是，识别系统活动的类型非常关键，一般系统活动可以分为工程项目性活动和重复性活动两大类，有效组合两类活动能直接反映出物流信息系统规划的效率和成本。因此，上述流程中“识别活动”非常重要。

8.2.3　物流信息系统规划与分析的主要方法

1. 物流信息系统规划的主要方法

物流信息系统规划的方法数量众多，限于篇幅，本书简要介绍几种常见的方法。

（1）关键成功因素法

关键成功因素法是以关键因素为依据来确定系统信息需求的一种信息系统总体规划方法。通过对关键成功因素的识别，找出实现目标所需的关键信息集合，从而确定系统开发的优先次序（图 8-7）。

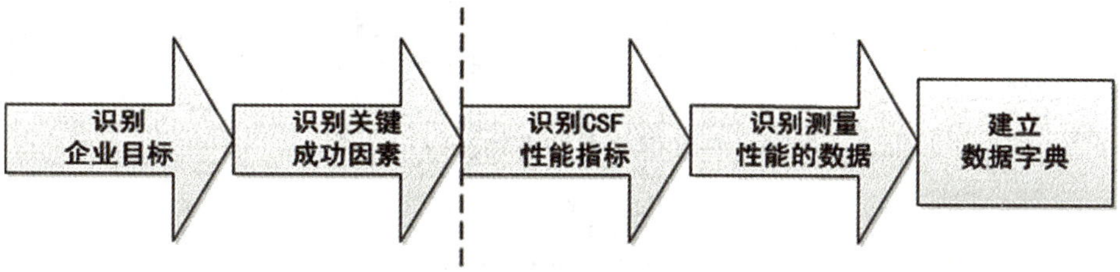

图 8-7　系统开发次序

（2）战略目标集转化法

把整个组织的战略目标看成是一个“信息集合”，该集合由组织的使命、目标、战略和其他影响战略的因素组成。战略目标集合转化的过程就是把组织的战略目标转化为信息系统战略目标的过程。

第一步：识别组织的战略集。

首先，描绘出组织各类人员的结构，如客户、股东、管理者、业务人员、政府部门及债权人员等；其次，识别每类人员的目标；最后，对于每类人员识别其使命及战略。

第二步：将组织战略集转化成信息系统战略。

信息系统战略应包括系统目标、约束及战略计划等。首先，根据组织目标确定信息系统目标；其次，对相应的组织战略集的每个元素识别对应的信息系统战略约束；最后，根据信息系统目标和约束提出信息系统战略。

（3）企业系统规划法

企业系统规划法是为指导企业信息系统开发而建立起的一种结构化方法（图 8-8）。

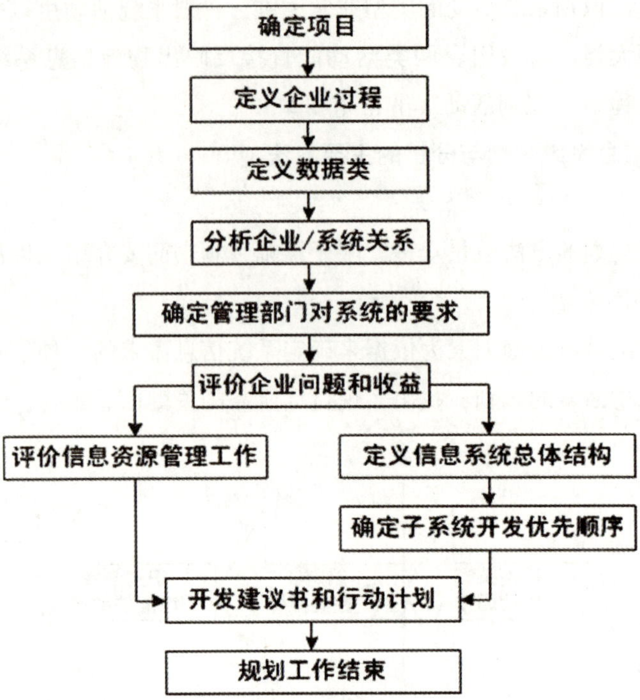

图 8-8　企业系统规划法

2. 物流信息系统的开发方法

（1）结构化系统开发方法

①结构化系统开发方法的基本思想。结构化系统开发方法是用系统工程的思想和工程化的方法，按用户至上的原则，结构化、模块化、自顶向下地对系统进行分析与设计。具体来说，就是先将整个信息系统开发过程划分成若干个相对独立的阶段，如系统规划、系统分析、系统设计、系统实施等。在前三个阶段坚持自顶向下地对系统进行结构化划分，应从宏观整体入手，先考虑系统整体的优化，然后再考虑局部的优化问题。在系统实施阶段，则应坚持自底向上地逐步实施。

②结构化系统开发方法的特点。自顶向下整体性的分析与设计和自底向上逐步实施的整合系统开发过程，用户至上，深入调查研究，严格区分工作阶段，充分预计可能发生的变化，工作文件标准化和文献化。

③结构化系统开发的生命周期。在结构化系统开发中，开发过程分为五个阶段，即系统规划阶段、系统分析阶段、系统设计阶段、系统实施阶段和系统运行维护与评价阶段。

④结构化系统开发方法的优缺点及适用范围，如表 8-4 所示。

表 8-4　结构化系统开发方法的优缺点及适用范围

优　点	缺　点	适用范围
整体思路清楚	开发周期太长	大系统或系统开发缺乏经验的情况
阶段性非常强，每个阶段均有工作成果出现	不大符合认知规律	
系统分析中易诊断出原系统存在的问题	需要大量的文档和图表，工作量较大	

（2）原型法

①原型法的基本思想

原型法（Prototyping Approach）的基本思想是 1977 年开始提出来的，它试图改进结构化系统开发方法的缺点，由用户与系统分析设计人员合作，在短期内定义用户的基本需求，开发出一个功能不十分完善的、实验性的、简易的应用软件基本框架（称为原型）。先运行这个原型，再不断评价和改进原型，使之逐步完善。

②原型法开发过程

主要包括四步：第一步，确定用户的基本需求；第二步，开发初始原型系统；第三步，对原型进行评价；第四步，修正和改进原型系统。

③原型法的优缺点及适用范围，如表 8-5 所示。

表 8-5 原型法的优缺点及适用范围

优　点	缺　点	适用范围
认识论上的突破	开发工具要求高	用户事先难以说明需求的较小的应用系统
加强了与用户的交流	解决复杂系统和大型系统问题很困难	决策支持系统
开发风险及开发成本降低	管理水平要求高	与 SSA&D 方法结合

（3）面向对象方法

①面向对象方法的由来。面向对象方法是从 20 世纪 80 年代各种面向对象的程序设计方法，如 Smalltalk、C++等逐步发展而来的，最初用于程序设计，后来扩展到系统开发的全过程，出现了面向对象分析和面向对象设计。

②面向对象法的基本思想。当设计和实现一个客观系统时，如能在满足需求的条件下，把系统设计成一些不可变的（相对固定）部分组成的最小集合，那么这个设计就是最好的。它把握了事物的本质，不再会被周围环境（物理环境和管理模式）的变化以及用户需求的不断改变所左右。这些不可变的部分就是所谓的对象。

③面向对象方法的几个基本概念：对象，对象是现实世界中一类具有某些共同特性的事物的抽象；消息，消息是为完成某些操作而向对象所发送的命令和命令说明；类，类定义的是对象的类型，是对一组性质相同的对象的描述，或者说，类是对象的模板。

④面向对象法的开发过程：系统调查和需求分析；分析问题的性质和求解问题；整理问题；程序实现。

⑤面向对象法的优缺点。

优点方面：面向对象法以对象为基础，利用特定的软件工具直接完成从对象客体的描述到软件结构之间的转换，这是面向对象法最主要的特点和成就。缺点方面：一是同原型法一样，面向对象法需要一定的软件基础支持才可以应用；二是在大型的信息系统开发中，如果不经过自顶向下的整体划分，而是一开始就自底向上地采用面向对象法开发系统，同样也会造成系统结构不合理、各部分关系失调等问题。因此，面向对象法和结构化系统开发方法目前仍是在系统开发领域相互依存、不可替代的方法。

任务三 物流信息系统分析

系统分析就是对现行系统的观点和方法，进行全面的、科学的分析和研究，在一定的限制条件下，优选出可能采取的方案，以达到系统预期的目标。

系统分析的基本任务是彻底搞清用户的要求，详细地了解现行系统的状况和存在的问题，在此基础上再进行系统功能、用户需求和限制条件的分析，综合考虑各种因素，确定一个切实可行的新系统方案。系统分析阶段结束的标志是提交一个经审批通过了的"系统分析报告"。按照信息系统分析的步骤，可以分为系统需求分析，系统结构分析、业务流程分析、数据与数据流程分析、新系统逻辑方案的建立、系统分析报告六个步骤，下面逐一说明。

8.3.1 系统需求分析

该工作主要对现行系统做全面、充分和详细的调查，弄清现行系统的边界、组织机构、人员分工、业务流程，各种计划、单据和报表的格式、种类及处理过程，企业资源及约束情况，为系统开发做好原始资料的准备工作。具体包括以下内容。

1. 初步调查

对现行信息系统的整体状况及环境进行粗略调查，重点在于论证建立新系统的必要性和可行性，在用户提出开发任务和要求的基础上，提出几种新系统的设想和方案，为总体设计和可行性研究提供定性和定量的依据。

2. 可行性分析

根据系统环境、资源等条件，从开发必要性、经济可行性、组织管理可行性等方面对物流信息系统的开发进行可行性分析并撰写可行性研究报告。

3. 详细调查

主要内容包括：组织结构及职能调查，系统目标，主要功能和用户需求调查，业务处理流程调查，数据及数据流程调查，系统运营环境调查，可用资源与限制条件调查，以及现存问题和改进意见调查等。

实施方法主要有资料收集、开调查会、个别访问、书面调查、参加业务实践、电子邮件、电话、视频会议等。

8.3.2 系统结构分析

该阶段，在详细调查的基础上，用图表和文字对现行系统进行描述，详细了解各级组织的职能和相关人员的工作职责，对其组织机构担负的职能进行分析。

1. 对组织结构进行分析，形成组织结构图（图 8-9）

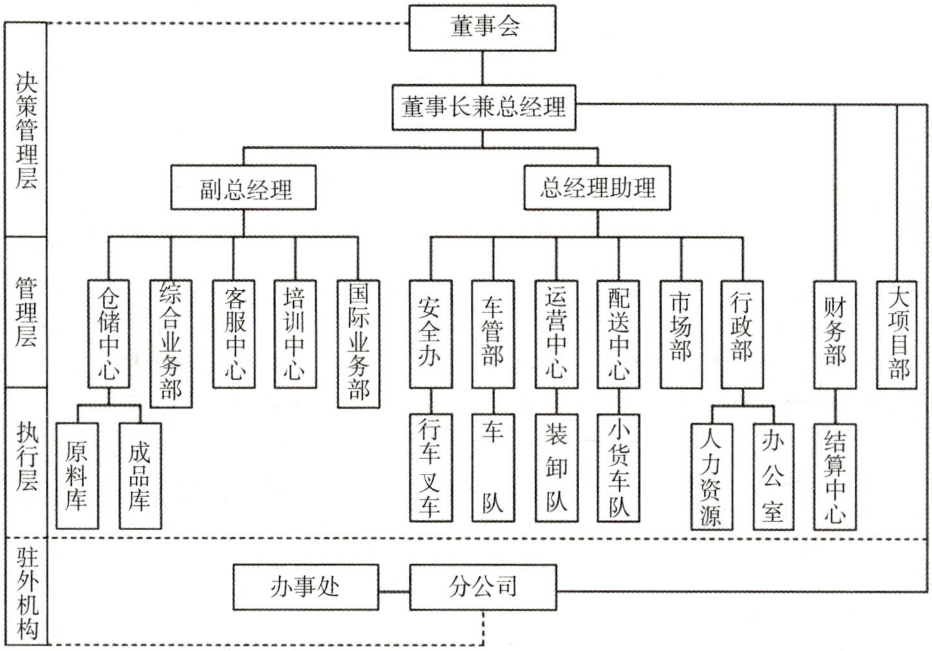

图 8-9　组织结构图示例

2. 进行业务功能分析，形成业务功能图（图 8-10）

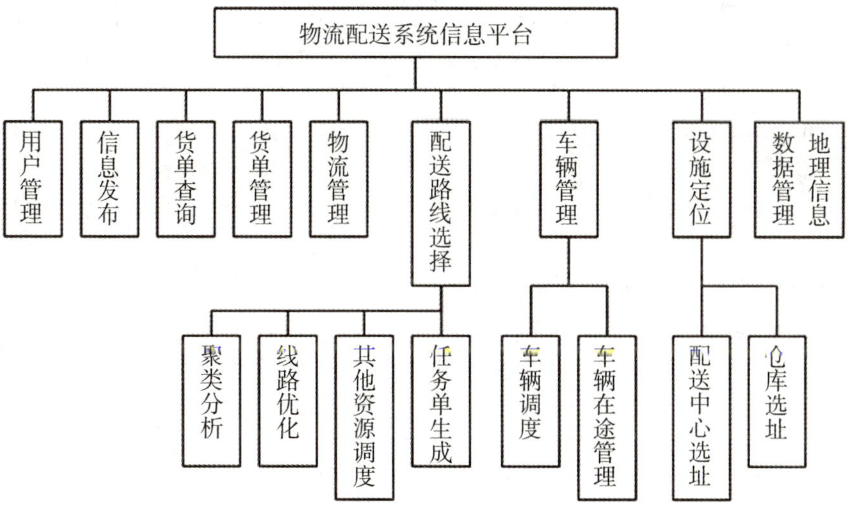

图 8-10　物流系统功能结构图示例

3. 将组织结构与功能关联，形成组织业务关系表

8.3.3　业务流程分析

管理业务流程图：业务流程图（Transaction Flow Diagram，简称 TFD），就是用一些规定的符号及连线来表示某个具体业务处理过程。业务流程图的绘制基本上按照业务的实际处理步骤和过程绘制。换句话说，就是“文本”用图形方式来反映实际业务处理过程的“流水账”。

1. 常用流程图符号及含义

如表 8-6 所示。

表 8-6 流程图符号及含义

序号	图 标	图标名称	释 义
1		开始和终止符号	椭圆形符号，表示一个过程的开始或结束。“开始”或“结束”写在符号内
2	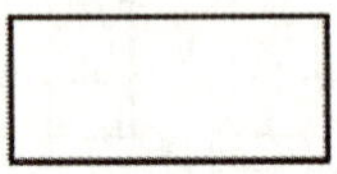	处理符号	矩形符号，表示一个过程、功能、行动、处理等单独的活动步骤，活动的简要说明写在矩形内
3	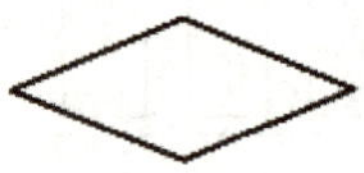	判定符号	菱形符号，表示决策或判断，依据一定判定条件传送至不同的路径
4	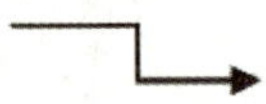	流线符号	表示活动步骤在顺序中的进展，流线的箭头表示一个过程的流向
5		离页连接符号	表示流程在另一页继续。通常情况下使用页码标注在符号内来简单指引流程去向
6	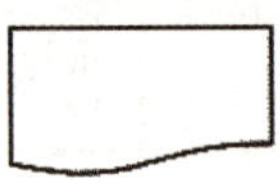	文档符号	表示流程中输入、输出的表格、报告等各类文档，文档的题目或说明写在符号内
7	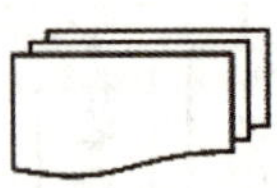	多文档符号	多副本的文档符号
8	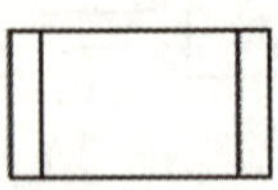	子流程符号	表示图表中已知或已确定的另一个过程，但未在图表中详细列出

2. 业务流程图绘制方法

顺着信息流动的过程逐步地进行，画出处理业务、信息来源、处理方法、计算方法、信息流经去向、提供信息的时间和形态（报告、单据、屏幕显示等）。

3. 业务流程分析

通过业务流程图和文字对现行系统业务处理过程进行描述，分析其业务流程各环节的处理业务及信息的来龙去脉。

8.3.4　数据与数据流程分析

提取业务流程的数据流，分析系统业务和管理数据的流动、传递、处理与存储过程。此步骤目的在于了解数据流流转机制，以便在开发的信息系统中对齐进行更好的控制与管理。

8.3.5　新系统逻辑方案的建立

基于整体上分析系统的功能和数据之间的关系，并在系统调查和系统分析的基础上建立新系统逻辑模型，用一组图表工具表达和描述，方便用户和分析人员对系统提出改进意见。

1. 新系统的业务流程

画出新系统的业务流程图。

2. 新系统的数据流程

画出新的数据流程图。

3. 新系统的逻辑结构

新系统的逻辑结构是指新系统中的子系统划分模式，此步骤需要画出新系统的功能层次结构图。

4. 新系统的数据处理方式

数据处理的方式是指采用成批处理方式或联机实时处理、单机处理或网络处理，集中处理或分布处理、两层结构或三层结构或多层结构、B/S 结构或 C/S 结构和其他关键数据技术。

5. 新系统的管理模型

管理模型是系统在每个具体管理环节上所采用的管理方法的抽象。新系统的逻辑方案中要根据数据流程图对每个处理过程进行认真分析，研究每个管理过程的信息处理特点，找出相对应的管理模型。

8.3.6　系统分析报告

对系统分析阶段的工作进行总结和向有关领导提交文字报告，为下一步系统设计提供工作依据。该报告应当包括如下要素：组织情况简述；系统目标和开发的可行性；现行系统运行状况及需求分析；新系统的逻辑方案。

任务四　物流信息系统设计与维护

8.4.1　物流信息系统设计的目标

物流信息系统设计是一个系统性工程，考虑到该系统的运营和推广，在设计之初就要兼顾以下目标：必须较好地满足用户工作的实际要求；系统具有通用性；系统具有可扩展性；系统具有可维护性；系统具有可移植性。

8.4.2　物流信息系统设计的任务

基于以上目标，物流系统设计需要包括以下步骤。

第一步，子系统和模块划分，该系统需要包括物流管理系统，以物流信息管理系统为基础，构建出功能模块，一般情况下，常见物流信息管理系统包括如下模块（图 8-11）。

图 8-11 物流信息管理系统模块

第二步，绘制功能结构图，当子系统和各功能模块都画好以后，需要用功能结构图对系统的功能结构进行描述。功能结构图是按层次绘制的系统功能从属关系图，自上而下，既描述了系统及模块的分解结果，又反映了功能（模块）的调用关系。

第三步，系统处理流程设计，使用参见 GB/T 1526-1989 标准，画出流程图，具体方法参见前面论述。

第四步，进行系统物理配置，此步骤包括系统总体布局设计、硬件配置设计、网络结构设计、代码设计、数据结构和数据库设计、输入输出设计、详细设计等 7 项内容。

总体布局设计方面，应该关注以下设计内容：根据系统分布距离、数据的安全需要确定采用集中式还是分布式；确定处理方式，根据用户对信息处理速度的要求确定采用批处理方式还是联机实时处理方式，或者是混合处理方式；根据数据量的多少、存储方式的要求、数据资源的安全性来确定系统数据存储采用分布式存储还是集中式存储；根据系统对信息处理的要求确定系统所需要的机器、设备类型和数量；根据市场商品软件供给情况、系统开发队伍力量确定是购买还是自行开发。

模块功能与处理过程设计（详细设计）方面，应该注意设计一个个模块和它们之间的连接方式，具体设计出每个模块内部的功能和处理过程。这一步工作通常是借助于 IPO 图（IPO 图是用于描述某个特定模块内部的处理过程和输入输出关系的图。）和 HIPO 图来实现的。HIPO 图由层次结构图和 IPO 图两部分构成，前者描述了整个系统的设计结构及各类模块之间的关系，后者描述了某个特定模块内部的处理过程和输入/输出关系。HIPO 图一般由一张总的层次化模块结构图和若干张具体模块内部展开的 IPO 图组成。限于本书篇幅和课程标准，本书不做赘述。

8.4.3　物流信息系统实施与维护

物流信息系统实施，是在系统设计阶段成果的基础上，通过设立系统实施环境，对已经设计的程序进行系统调试，经过反复修改，待到系统相对稳定后，编写系统使用说明，并对操作人员进行培训（图 8-11）。

运营与维护阶段，要注意记录系统运行情况，注意从数据、程序、代码和硬件设备四个方面进行维护。

目前常见的物流信息系统评价，采用的是多元评价的方法，主要从系统运营完成情况、系统运行性能和实用性、系统直接经济效益和系统间接经济效益四个方面进行评价，注意这种评价是动态的，贯穿系统维护和运营的全过程（图 8-12）。

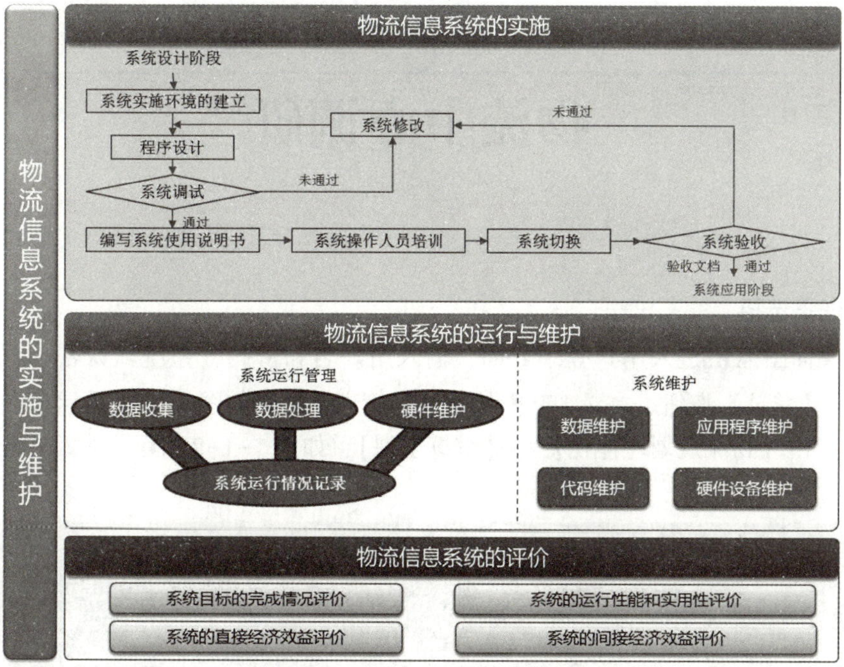

图 8-12　物流信息系统实施与维护

项目总结

信息是物流系统的连接与控制核心，本项目通过介绍物流信息系统规划设计的主要方法，从系统需求分析等七个方面论述物流信息系统分析的具体内容，并就物流信息系统设计与维护做了介绍。

项目思考

1. 物流信息系统规划与分析的主要方法有哪些？
2. 物流信息系统分析的主要步骤有哪些？
3. 物流信息系统设计的目标有哪些？
4. 物流信息系统设计的任务有哪些？

实训篇 ▸▸▸▸▸ 实践验真 · 反馈提升

虚仿实训任务 1

物流中心调研

一、任务选择

双击桌面图标ITP进入用户登录界面，输入用户名和密码（系统默认密码与用户名一样），点击【登录】按钮，登录 ITP 一体化教学管理平台，如图 1-1-1 所示。在【学习中心】模块点击【物流规划一体化】→【继续上课】，如图 1-1-2 所示。

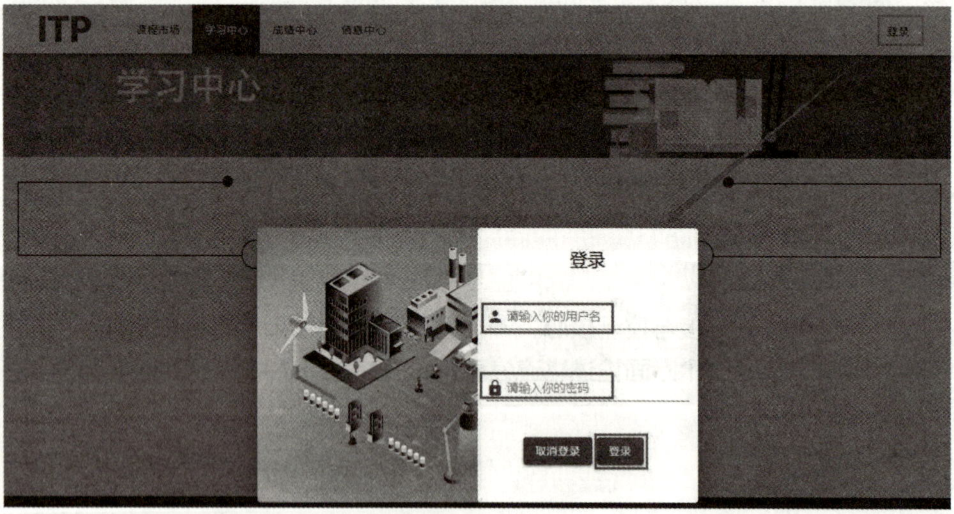

图 1-1-1　登录界面

图 1-1-2　选择课程

鼠标放在【目录】处，点击【任务一　物流中心运营调研方案设计与实施】→右侧【方案设计与实施】，在【物流中心运营调研方案实施】任务下，点击【进入仿真实验】，如图 1-1-3、1-1-4 所示。

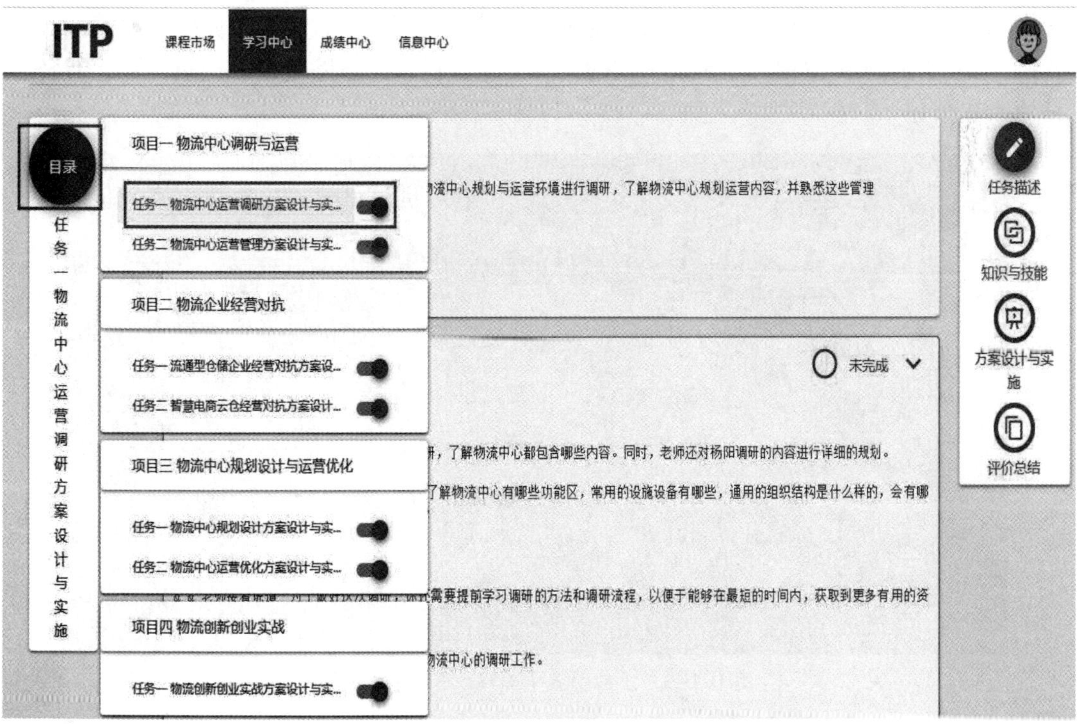

图 1-1-3　选择任务

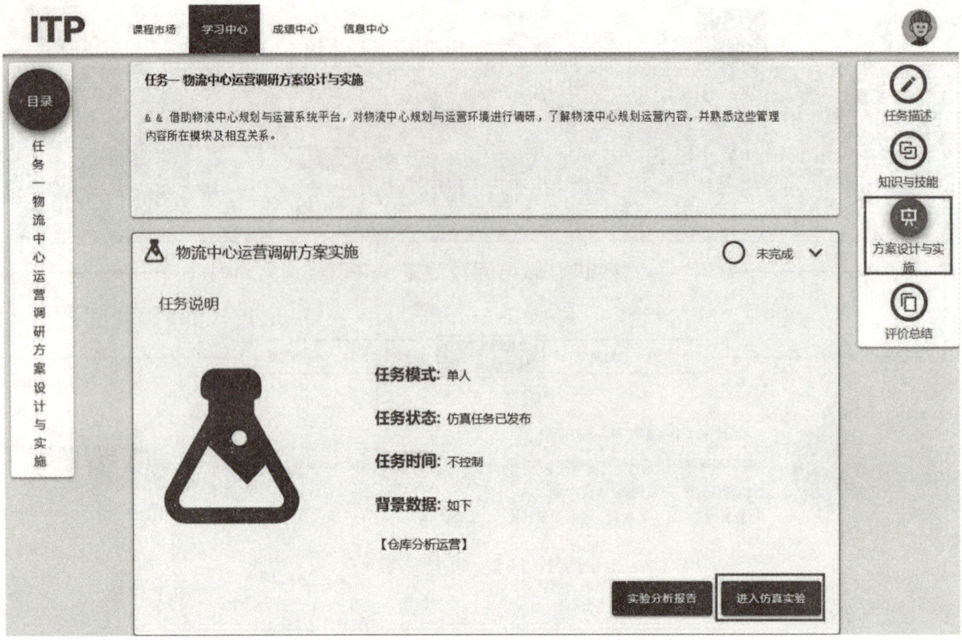

图 1-1-4　进入仿真实验

二、基础操作

1. 主界面介绍

进入虚拟物流中心规划 3D 仿真场景，如图 1-1-5 所示。左上角 4 个图标分别代表该系统的 4 个模式，从左到右依次为布局规划建设模式、管理模式、节点图编辑模式、工作模式；右上角的 4 个按键从上到下依次为设置、保存场景、清除场景、测量标尺，具体如表 1-1-1 所示。

图 1-1-5　虚拟物流中心规划 3D 仿真场景

表 1-1-1　主界面图标及按键说明

图标/按键	名　称	说　明
	布局规划建设模式	建设仓库、购买设施设备、仓库模板、存档管理
	管理模式	查看仓库信息、进行员工管理
	节点图编辑模式	对建好的设施设备、雇用的人员进行选择和连线
	工作模式	查看财务管理、订单信息、市场信息和数据统计，仓库运行和暂停
	设置	系统设置、退出系统
	保存场景	建设仓库时保存场景
	清除场景	清除现有模型场景（特别注意：点击此按钮前先保存场景）
	测量标尺	按住鼠标左键在两点之间拖动，测量距离；点击鼠标右键，清除绿线，但不退出标尺状态，可继续测量；按 ESC 键退出标尺

2. 操作按键说明

操作按键说明如表 1-1-2 所示。

表 1-1-2　操作按键说明

鼠标左键	选中建筑或设备；节点图连线；按住左键拖动节点图模块或界面；使用标尺时画绿线
鼠标右键	按住鼠标右键拖动可旋转方向；取消选中建筑或设备；清除绿线但不退出标尺
鼠标滚轮	滚动鼠标滚轮可调节视野远近；按住鼠标滚轮可拖动节点图界面
W	按住鼠标右键+W 键，可向前移动；选中建筑或设备，W 键顺时针调整方向
S	按住鼠标右键+S 键，可向后移动
A	按住鼠标右键+A 键，可向左移动
D	按住鼠标右键+D 键，可向右移动
Q	按住鼠标右键+Q 键，可向上移动

续表

E	按住鼠标右键+E 键，可向下移动；选中建筑或设备，E 键逆时针调整方向
T	场景俯视
F2	场景虚化和恢复
空格	场景恢复、扩大
Delete	删除建筑或设备
Ctrl+Z	撤销上一步操作
Esc	使用标尺时，退出标尺并清除绿线
Shift	选中设备充电区或存放区，按住 Shift 键+点击要购买的设备，可批量购买设备
Alt+D	按住 Alt+D 键，可删除节点图模块和连线

三、调研实施

1. 调研物流中心规划与运营系统的模式

进入系统后，可以查看左上角的 4 个模式，从左到右依次为布局规划建设模式、管理模式、节点图编辑模式、工作模式，如图 1-1-6 所示。

图 1-1-6 物流中心规划与运营系统的 4 个模式

点击【布局规划建设模式】→【仓库模板】→【流通型仓库 1】，载入仓库模型，如图 1-1-7 所示；点击【保存】，输入文件名后点击【保存】，如图 1-1-8 所示；保存成功后，点击【存档管理】，可以看到已保存的仓库模型，如图 1-1-9 所示。

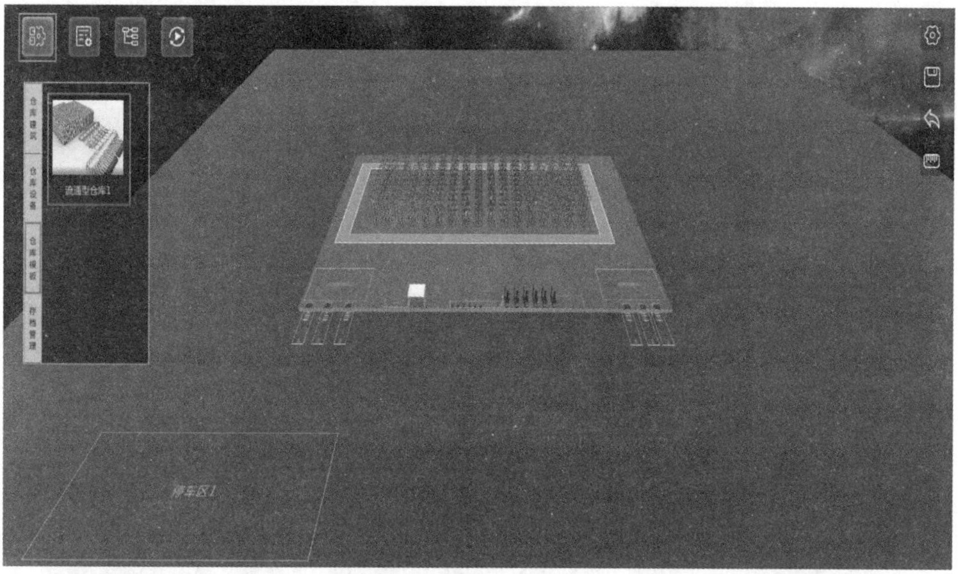

图 1-1-7　载入仓库模型

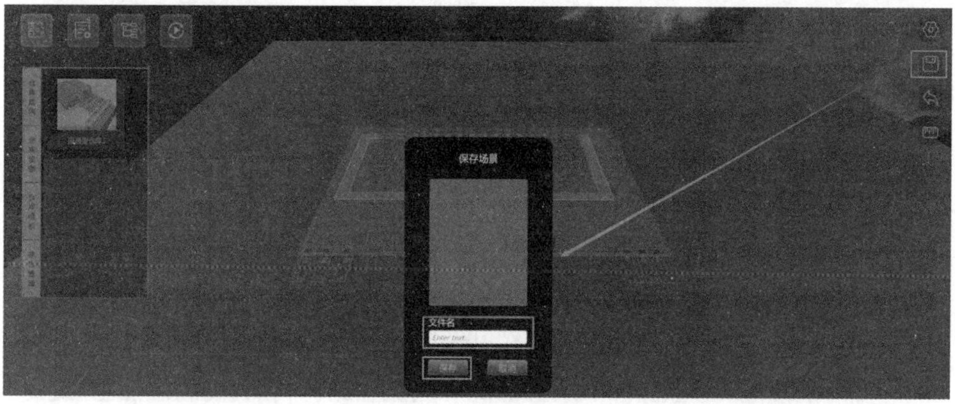

图 1-1-8　保存仓库模型

图 1-1-9　查看存档

2. 调研物流中心规划与运营系统下的业务模块

(1) 布局规划建设模式

点击【布局规划建设模式】→【仓库建筑】，查看仓库建筑类型，如图 1-1-10 所示；点击【仓库设备】，查看仓库设施设备类型，如图 1-1-11 所示。

图 1-1-10 查看仓库建筑类型

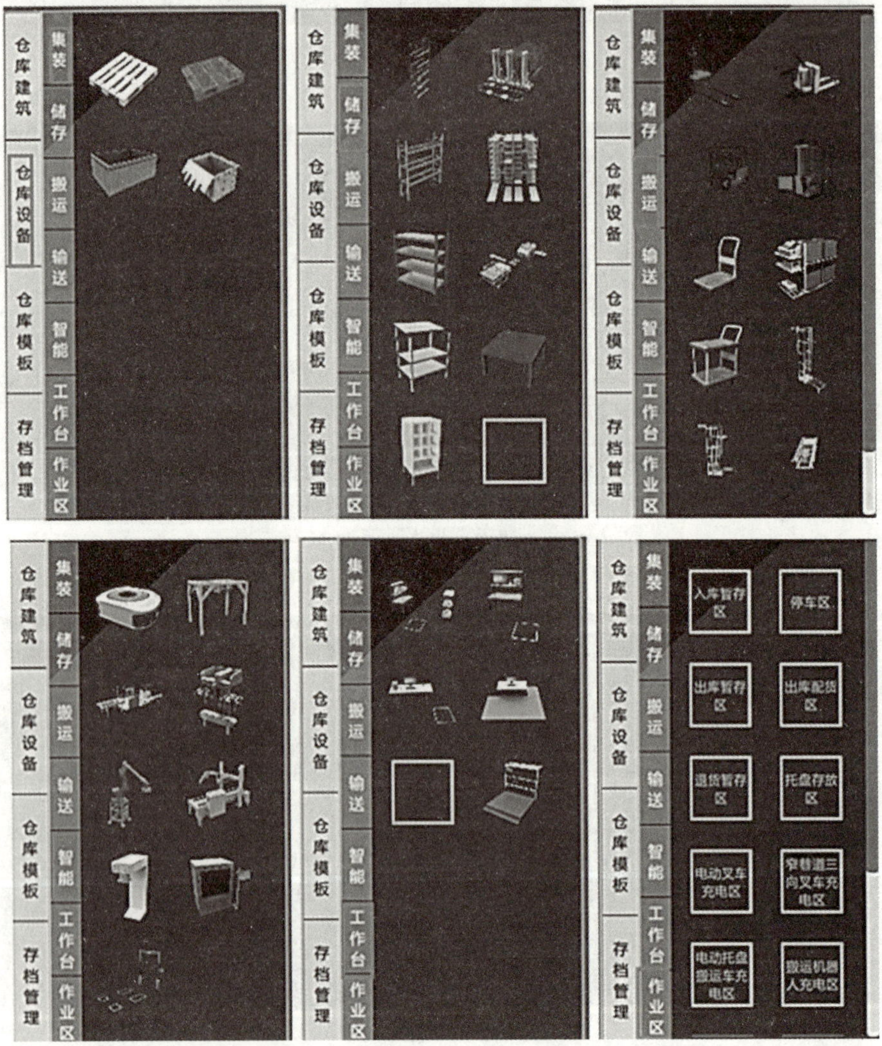

图 1-1-11 查看仓库设施设备类型

（2）管理模式

点击【管理模式】，进入管理模式，查看公司情况和进行员工管理，如图 1-1-12 所示。

图 1-1-12　管理模式

（3）节点图编辑模式

点击【节点图编辑模式】，进入节点图编辑模式，节点图中的模块和场景中相对应，在这里对建好的设施设备、雇用的人员进行选择和连线，如图 1-1-13 所示。

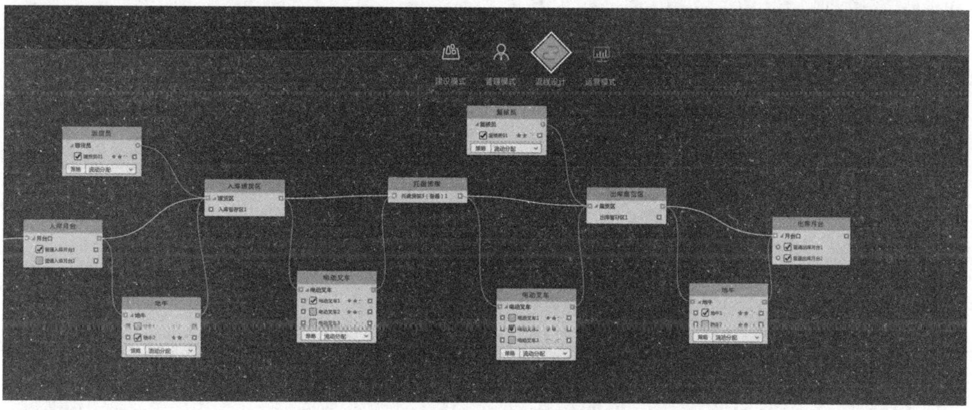

图 1-1-13　节点图编辑模式

（4）工作模式

点击【工作模式】，进入工作模式，查看财务管理、订单信息、市场信息和数据统计，建好仓库和连好节点图后，在这里进行运行，如图 1-1-14 所示。

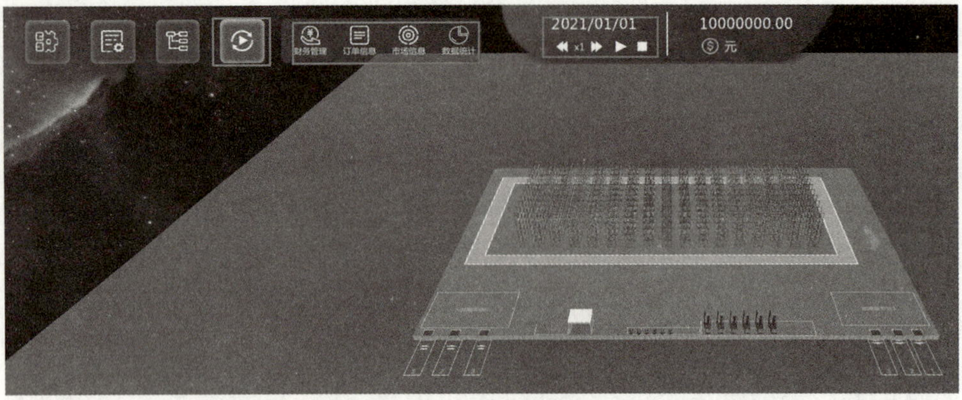

图 1-1-14　工作模式

3. 调研指定物流仓储企业的基本信息

点击【管理模式】，调研指定物流仓储企业的基本信息。点击【管理模式】→【我的公司】，查看功能、员工和仓库信息，如图 1-1-15~图 1-1-17 所示。

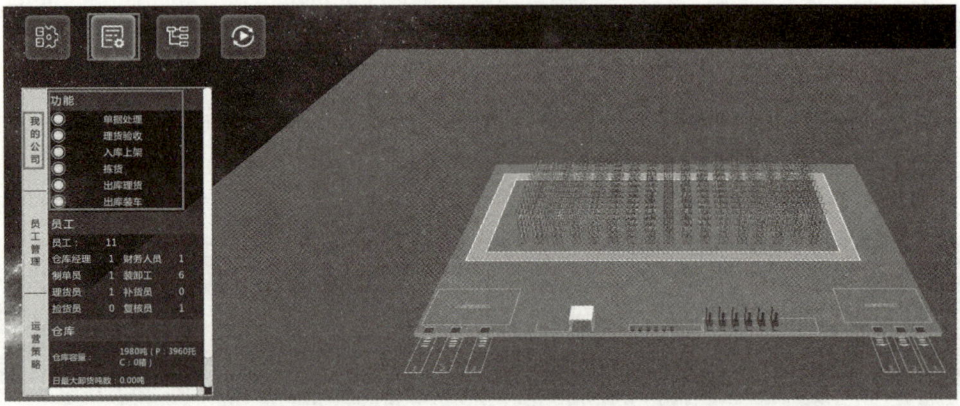

图 1-1-15　查看仓库功能

图 1-1-16　查看员工信息

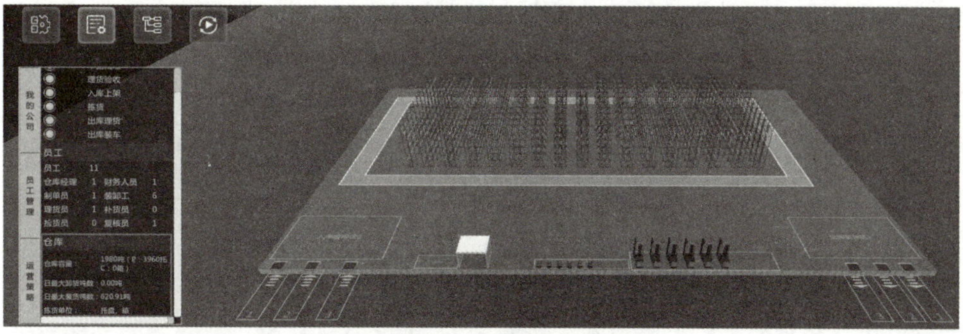

图 1-1-17　查看仓库信息

4. 调研指定物流仓储企业的布局结构

通过直接观察，调研指定物流仓储企业的布局结构，如图 1-1-18 所示。

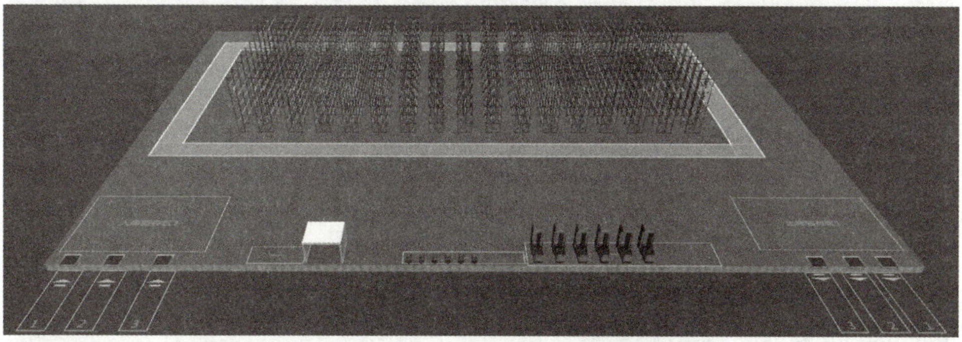

图 1-1-18　查看仓库布局结构

5. 调研指定物流仓储企业的作业流程

点击【节点图编辑模式】，调研指定物流仓储企业的作业流程，如图 1-1-19 所示。

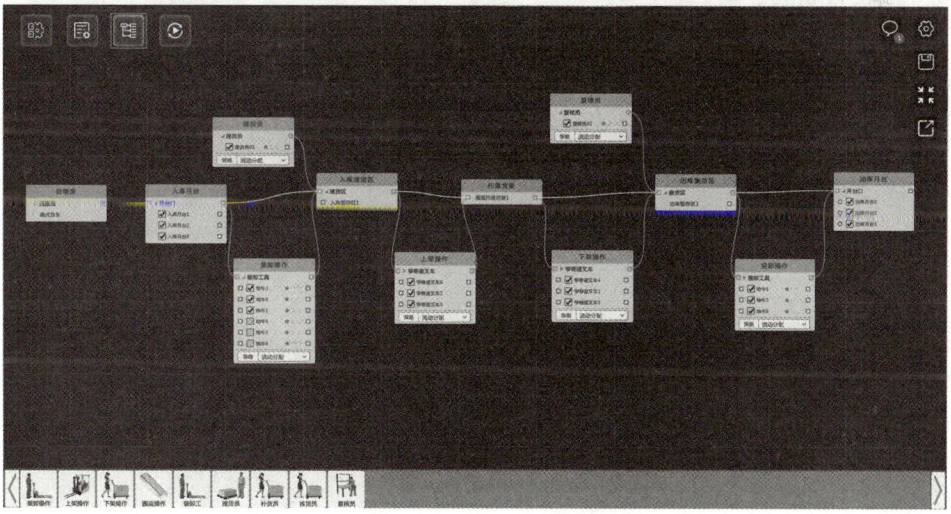

图 1-1-19　查看作业流程

6. 调研指定物流仓储企业的设施设备类型和数量

通过直接观察，调研指定物流仓储企业的设施设备类型和数量，如图 1-1-20 所示。

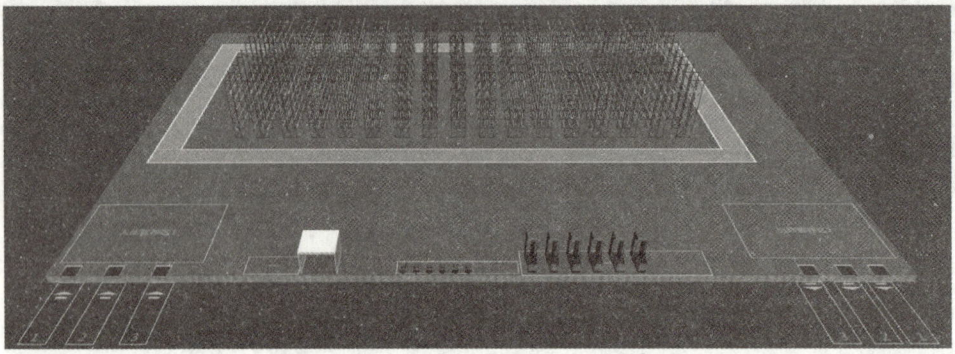

图 1-1-20　查看设施设备类型和数量

7. 调研指定物流仓储企业的工作岗位

点击【工作模式】→【我的公司】，调研指定物流仓储企业的工作岗位，如图 1-1-21 所示。

图 1-1-21　查看工作岗位

8. 调研指定物流仓储企业的运营成本

点击【工作模式】→【财务管理】→【费用明细】，查看员工工资信息和仓库内设施设备的成本信息，如图 1-1-22 所示。

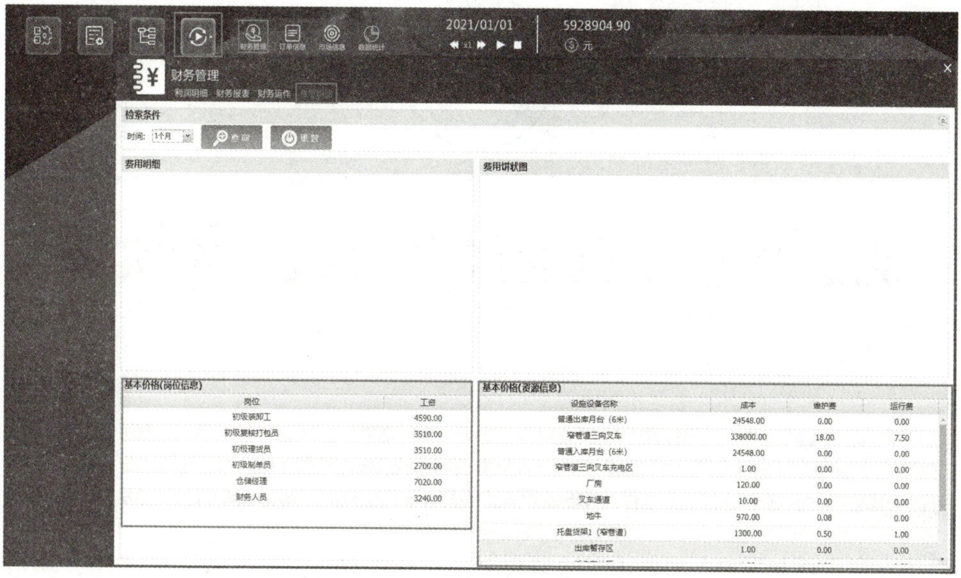

图 1-1-22　查看运营成本

四、退出系统

点击右上角的设置按钮，打开系统设置界面，点击【退出系统】→【确定】，退出系统，如图 1-1-23 所示。

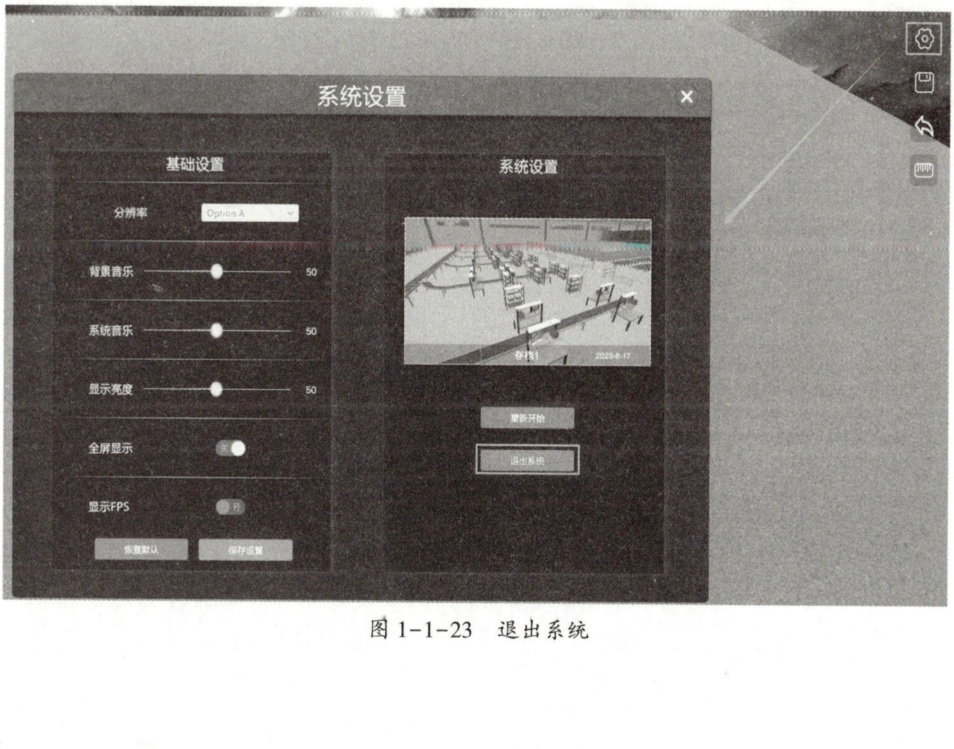

图 1-1-23　退出系统

虚仿实训任务 2

流通型仓储企业经营对抗方案实施

一、任务选择

鼠标放在【目录】处，点击【任务一　流通型仓储企业经营对抗方案设计与实施】→右侧【方案设计与实施】，在【流通型仓储企业经营对抗方案实施】任务下，点击【进入仿真实验】，如图 2-1-1、图 2-1-2 所示。

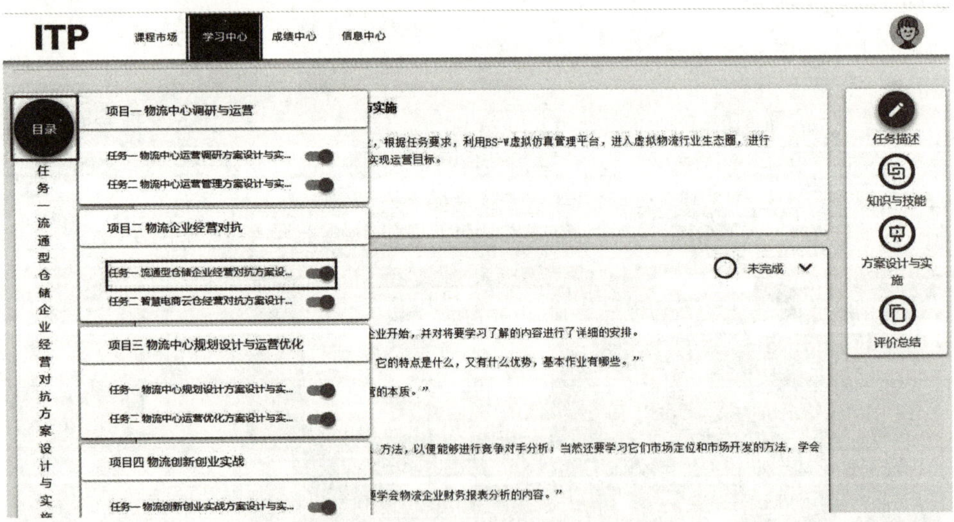

图 2-1-1　选择任务

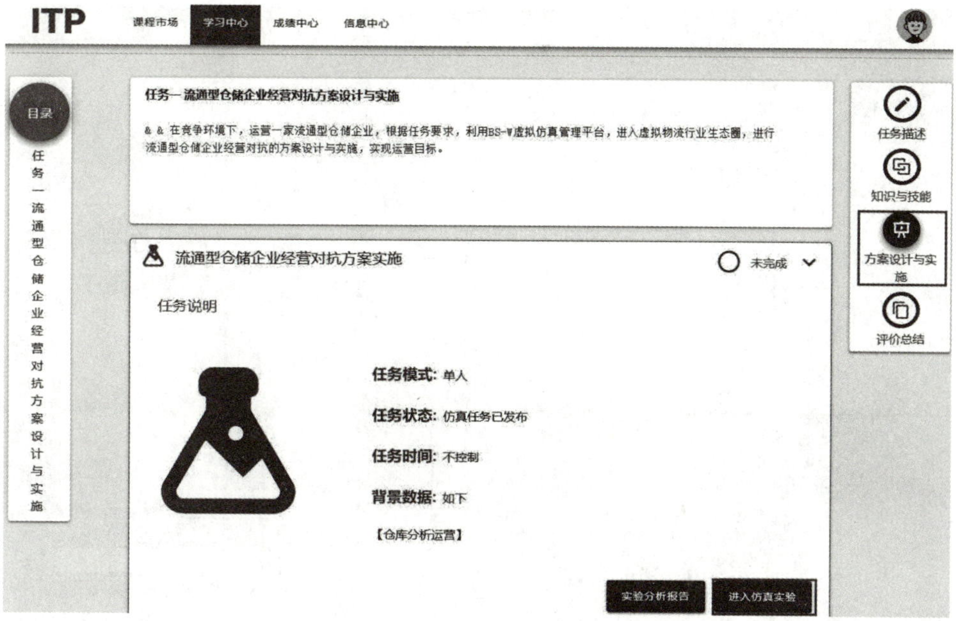

图 2-1-2　进入仿真实验

二、方案实施

1. 查看历史信息

进入仿真场景后，点击【工作模式】，系统提示场景未保存，点击【确定】，输入文件名后点击【保存】，先保存场景，如图 2-1-3、图 2-1-4 所示。然后点击【工作模式】→【市场信息】→【历史信息】，选择类型（入库、出库、库存）后，点击【查询】，查看历史信息，进行市场分析，如图 2-1-5 所示。

图 2-1-3　系统提示场景未保存

图 2-1-4　保存场景

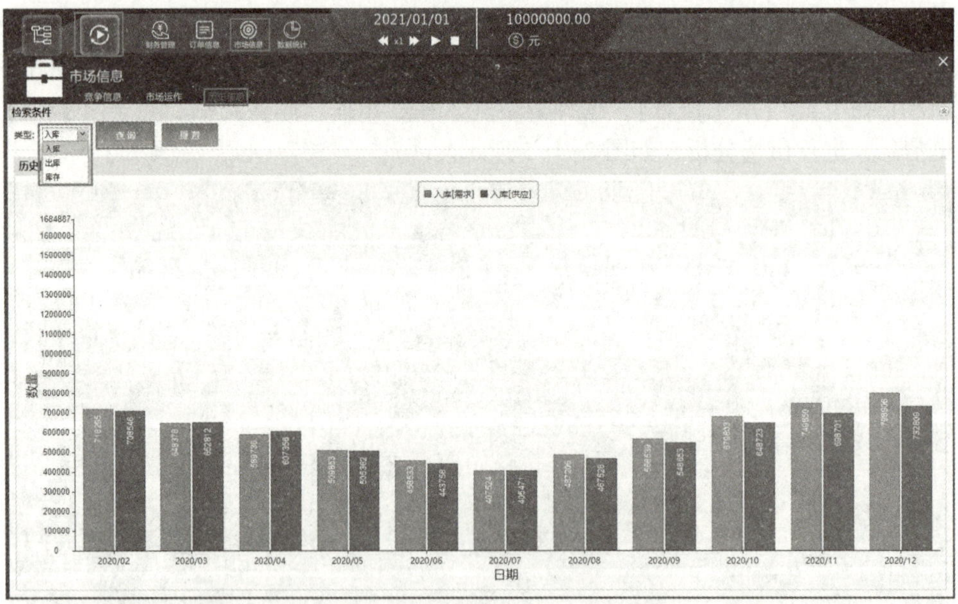

图 2-1-5　查看历史信息

2. 载入仓库模板

根据物流市场分析结果和历史供需量，确定企业规模和出库形式。以流通型仓库 2 为例说明，点击【布局规划建设模式】→【仓库模板】→【流通型仓库 2】，载入仓库模型，然后点击【保存】，如图 2-1-6 所示。

图 2-1-6　载入仓库模型

3. 仓库运行

（1）运行

点击【工作模式】，点击运行按钮，如图 2-1-7 所示。

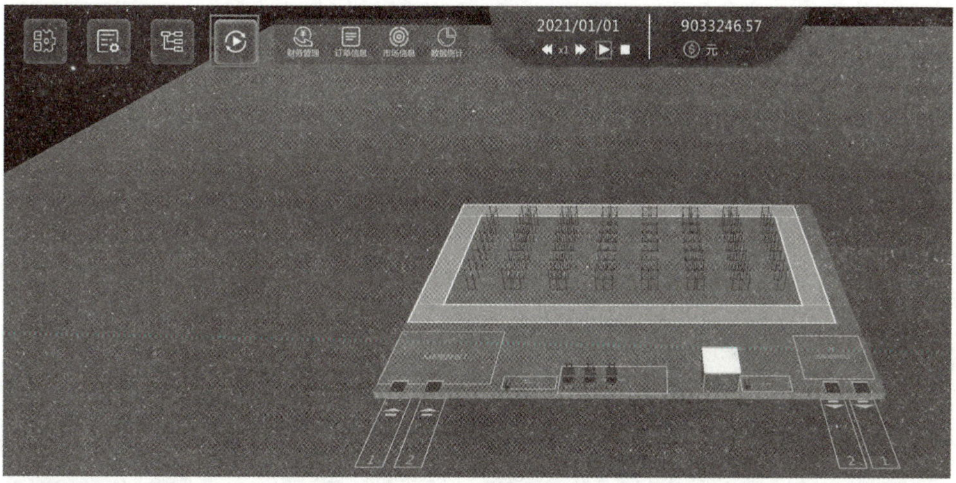

图 2-1-7　点击运行

（2）投标

点击运行后，首先要进行投标，中标后场景才可运行。点击【市场信息】，看到系统已发布招标信息，勾选招标信息后点击【一键投标】，如图 2-1-8 所示。也可手动投标，双击投标价下面的“0”，输入投标价后点击【投标】，如图 2-1-9 所示。中标后场景在系统运行到开始日期时运行，如图 2-1-10 所示。

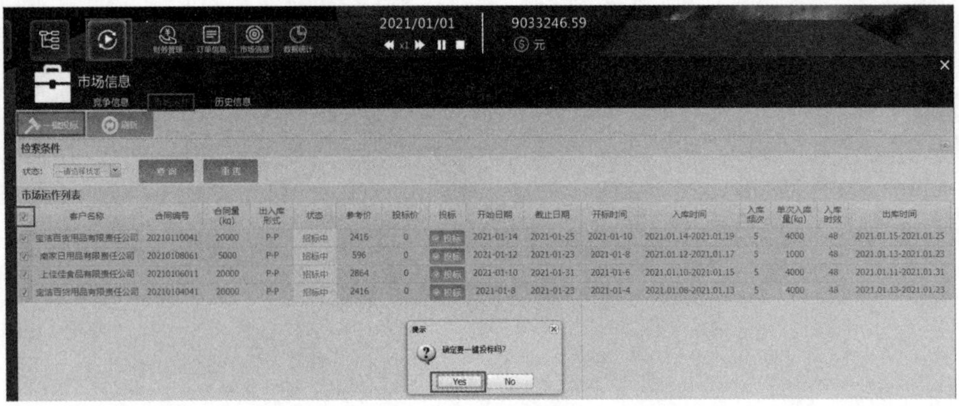

图 2-1-8 一键投标

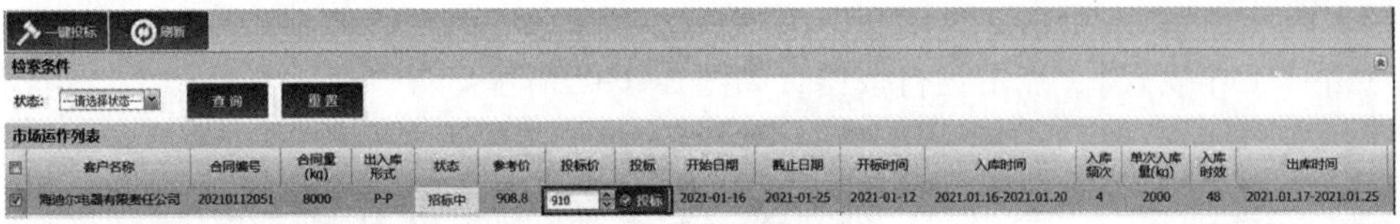

图 2-1-9 手动投标

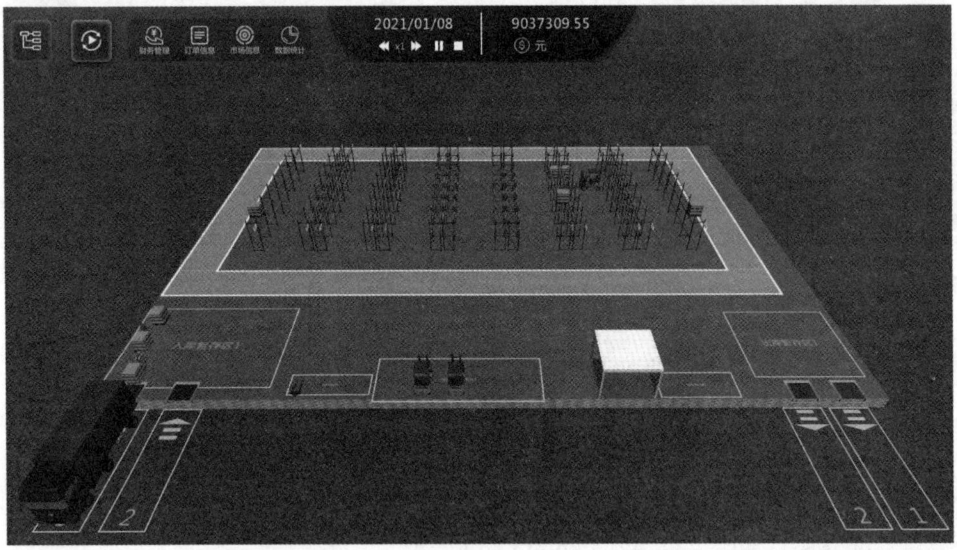

图 2-1-10 场景运行

（3）购买设备

购买设备时，需先点击暂停键暂停仓库运行。点击【布局规划建设模式】→【仓库设备】→【搬运】，选中要购买的设备，如图 2-1-11 中的地牛，拖动鼠标至场景中地牛存放区高亮显示框处，点击鼠标左键放下。

图 2-1-11　购买设备

（4）雇用员工

雇用员工时，需先点击暂停键暂停仓库运行。点击【管理模式】→【员工管理】，选择要雇用的员工，如雇用初级的装卸工，在初级装卸工人数处填入数量后点击【雇用】，如图 2-1-12 所示。如果要解雇员工，输入数量后点击【解雇】即可。

图 2-1-12　雇用员工

（5）调整节点图

调整节点图时，需先点击暂停键暂停仓库运行。点击【节点图编辑模式】，可以看到仓库模板的节点图已经连接好了，如图 2-1-13 所示。根据仓库运行情况，可对节点图进行调整，调整好后进行保存，然后再次运行，查看运行情况。

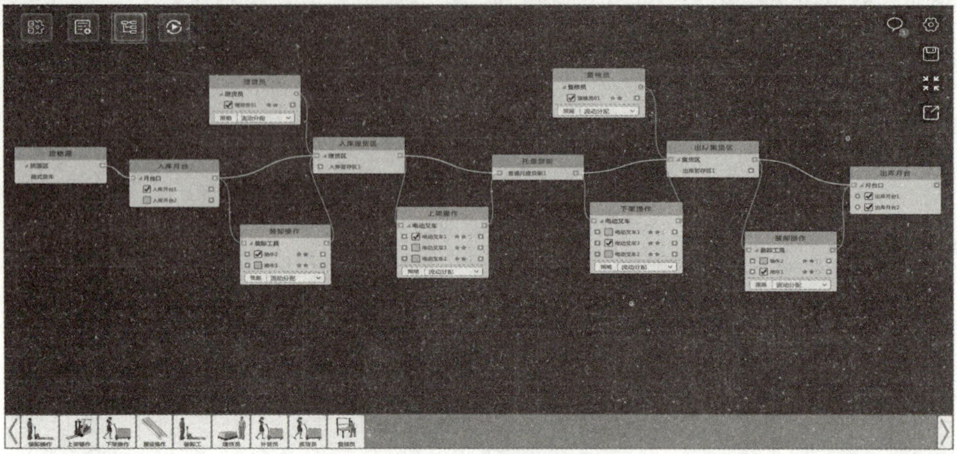

图 2-1-13　仓库模板节点图

三、查看运营数据

1. 财务管理

点击【工作模式】→【财务管理】，查看财务明细、财务报表、财务运作和费用明细，如图 2-1-14 所示。

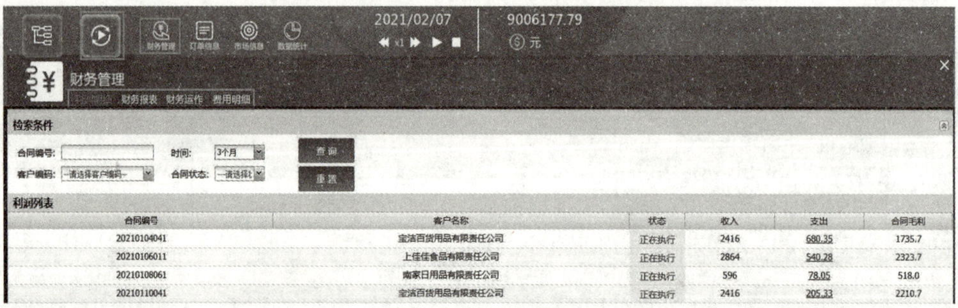

图 2-1-14　财务管理

（1）利润明细

点击【利润明细】，选择时间后点击【查询】，可查看合同状态、收入、支出和合同毛利。如图 2-1-15 所示。点击"支出"下面的数字，可查看支出详情，如图 2-1-16 所示。

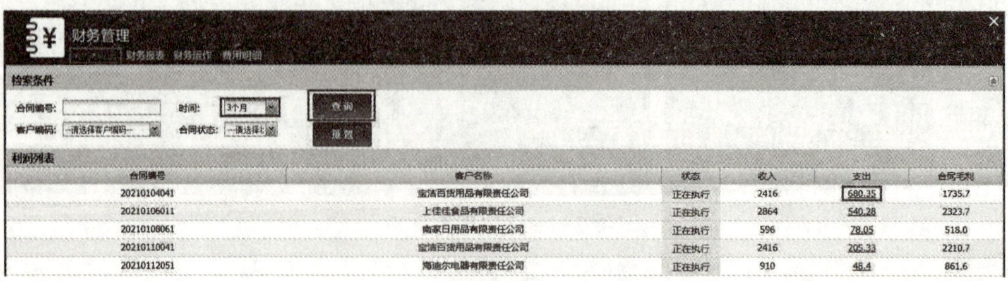

图 2-1-15　利润明细

支出详情

订单编号	订单类型	订单量	重量	开始时间-结束时间	作业成本
202101040411001	入库单	8000	4000	2021/1/8 13:00:00-2021/1/10 13:00:00	37.66
202101040411002	入库单	8000	4000	2021/1/9 12:00:00-2021/1/11 12:00:00	31.75
202101040411003	入库单	8000	4000	2021/1/10 13:00:00-2021/1/12 13:00:00	33.66
202101040411004	入库单	8000	4000	2021/1/11 12:00:00-2021/1/13 12:00:00	39.3
202101040411005	入库单	8000	4000	2021/1/12 10:00:00-2021/1/14 10:00:00	38.78
202101040412001	出库单	2000	1000	2021/1/13 13:00:00-2021/1/15 13:00:00	8.17
202101040412002	出库单	2000	1000	2021/1/13 12:00:00-2021/1/15 12:00:00	10.87
202101040412003	出库单	2000	1000	2021/1/14 14:00:00-2021/1/16 14:00:00	14.72
202101040412004	出库单	2000	1000	2021/1/14 13:00:00-2021/1/16 13:00:00	16.52
202101040412005	出库单	2000	1000	2021/1/15 13:00:00-2021/1/17 13:00:00	16.93
202101040412006	出库单	2000	1000	2021/1/15 11:00:00-2021/1/17 11:00:00	11.79
202101040412007	出库单	2000	1000	2021/1/16 13:00:00-2021/1/18 13:00:00	13.82
202101040412008	出库单	2000	1000	2021/1/16 14:00:00-2021/1/18 14:00:00	14.24
202101040412009	出库单	2000	1000	2021/1/17 14:00:00-2021/1/19 14:00:00	13.97
202101040412010	出库单	2000	1000	2021/1/17 11:00:00-2021/1/19 11:00:00	14.92
202101040412011	出库单	2000	1000	2021/1/18 14:00:00-2021/1/20 14:00:00	18.98
202101040412012	出库单	2000	1000	2021/1/18 13:00:00-2021/1/20 13:00:00	13.91
202101040412013	出库单	2000	1000	2021/1/19 14:00:00-2021/1/21 14:00:00	2.42
202101040412014	出库单	2000	1000	2021/1/19 14:00:00-2021/1/21 14:00:00	2.42
202101040412015	出库单	2000	1000	2021/1/20 13:00:00-2021/1/22 13:00:00	2.42
202101040412016	出库单	2000	1000	2021/1/20 11:00:00-2021/1/22 11:00:00	2.42
202101040412017	出库单	2000	1000	2021/1/21 13:00:00-2021/1/23 13:00:00	2.42
202101040412018	出库单	2000	1000	2021/1/21 14:00:00-2021/1/23 14:00:00	2.42
202101040412019	出库单	2000	1000	2021/1/22 12:00:00-2021/1/24 12:00:00	2.42

存储成本：311　　总成本：680.35　　违约金：0

图 2-1-16　支出详情

(2) 财务报表

点击【财务报表】，查看资产负债表和损益表，如图 2-1-17、图 2-1-18 所示。

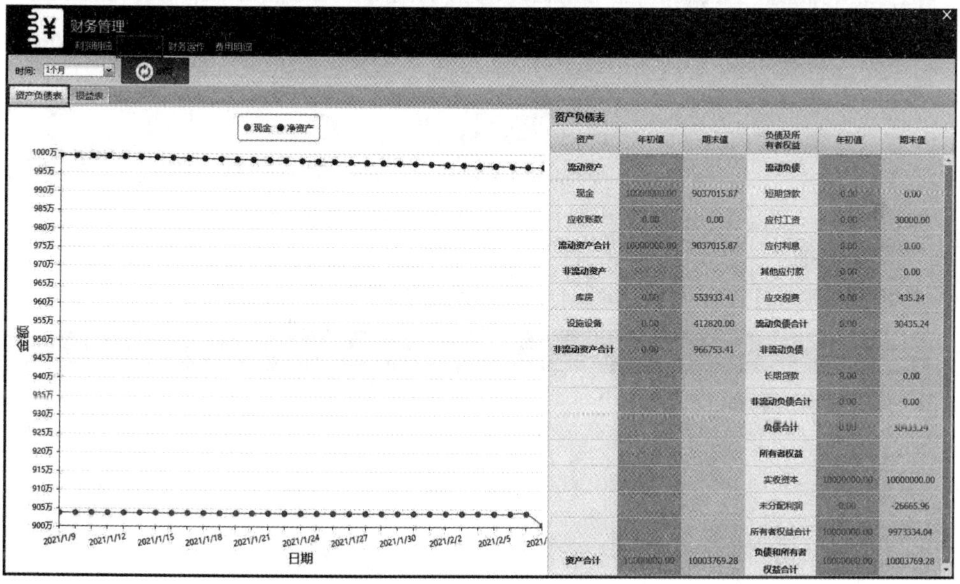

资产负债表

资产	年初值	期末值	负债及所有者权益	年初值	期末值
流动资产			流动负债		
现金	10000000.00	9037015.87	短期贷款	0.00	0.00
应收账款	0.00	0.00	应付工资	0.00	30000.00
流动资产合计	10000000.00	9037015.87	应付利息	0.00	0.00
非流动资产			其他应付款	0.00	0.00
库房	0.00	553933.41	应交税费	0.00	435.24
设施设备	0.00	412820.00	流动负债合计	0.00	30435.24
非流动资产合计	0.00	966753.41	非流动负债		
			长期贷款	0.00	0.00
			非流动负债合计	0.00	0.00
			负债合计	0.00	30435.24
			所有者权益		
			实收资本	10000000.00	10000000.00
			未分配利润	0.00	-26665.96
			所有者权益合计	10000000.00	9973334.04
资产合计	10000000.00	10003769.28	负债和所有者权益合计	10000000.00	10003769.28

图 2-1-17　资产负债表

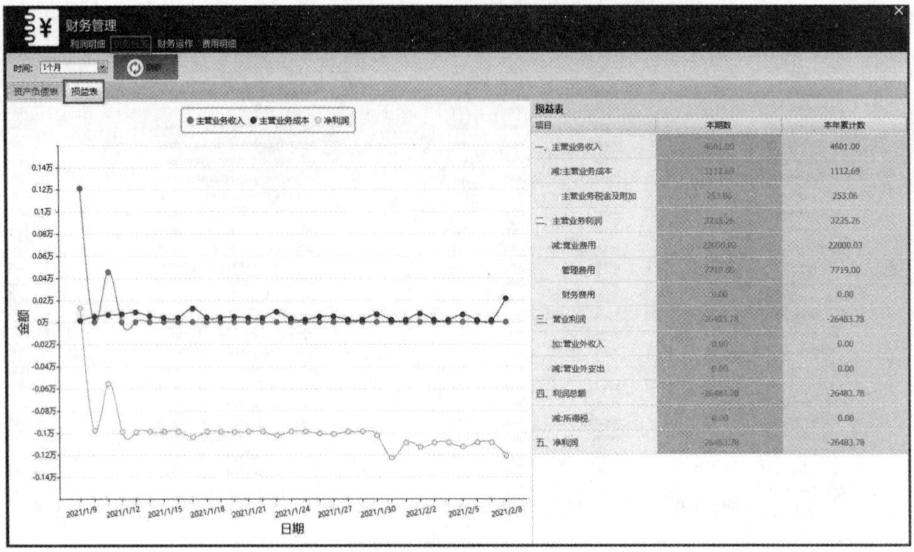

图 2-1-18　损益表

(3) 财务运作

点击【财务运作】，仓库运行到一定时间才可进行贷款，如图 2-1-19 所示。

图 2-1-19　财务运作

(4) 费用明细

点击【费用明细】，查看费用明细，如图 2-1-20 所示。

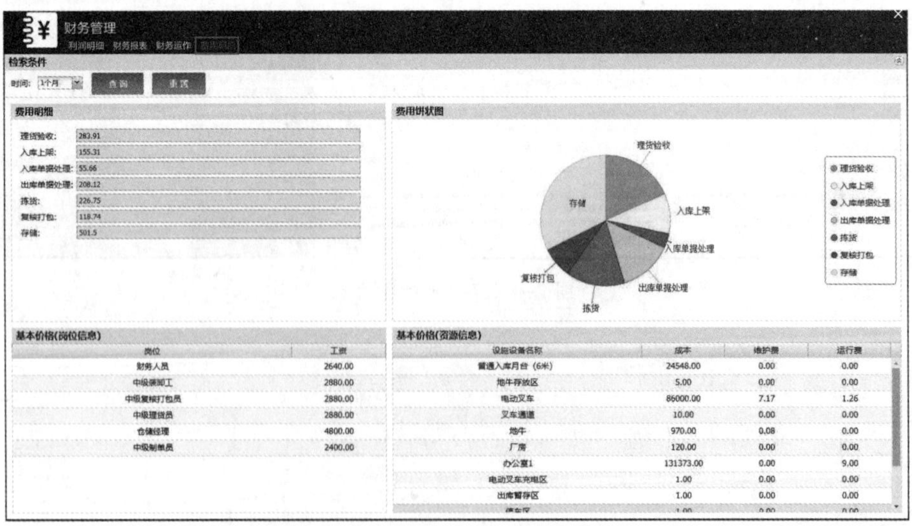

图 2-1-20　费用明细

2. 订单信息

点击【工作模式】→【订单信息】，查看订单完成情况，如图 2-1-21 所示。

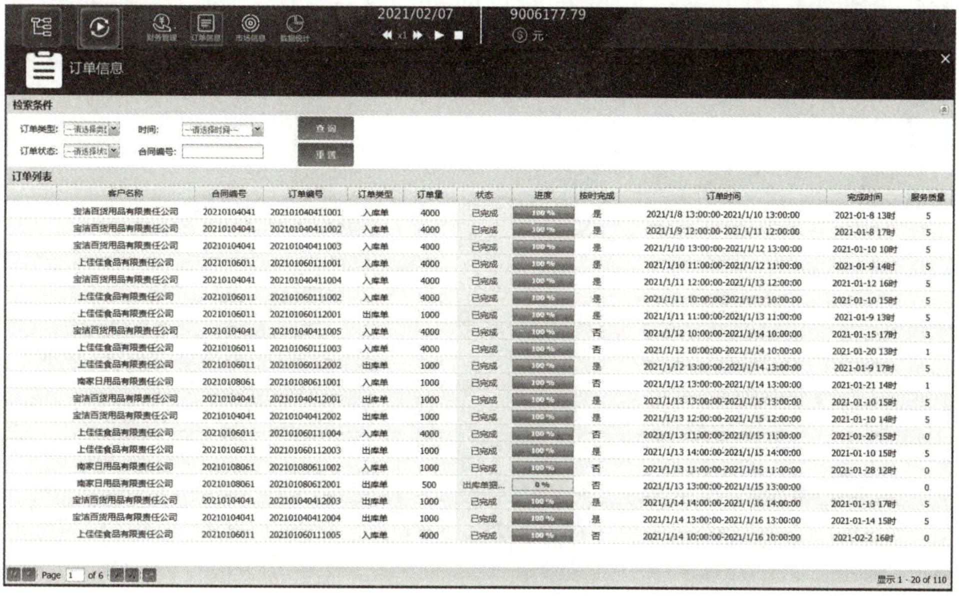

客户名称	合同编号	订单编号	订单类型	订单量	状态	进度	按时完成	订单时间	完成时间	服务质量
宝洁百货用品有限责任公司	20210104041	202101040411001	入库单	4000	已完成	100 %	是	2021/1/8 13:00:00-2021/1/10 13:00:00	2021-01-8 13时	5
宝洁百货用品有限责任公司	20210104041	202101040411002	入库单	4000	已完成	100 %	是	2021/1/9 12:00:00-2021/1/11 12:00:00	2021-01-8 17时	5
宝洁百货用品有限责任公司	20210104041	202101040411003	入库单	4000	已完成	100 %	是	2021/1/10 13:00:00-2021/1/12 13:00:00	2021-01-10 10时	5
上佳佳食品有限责任公司	20210106011	202101060111001	入库单	4000	已完成	100 %	是	2021/1/10 11:00:00-2021/1/12 11:00:00	2021-01-9 14时	5
宝洁百货用品有限责任公司	20210104041	202101040411004	入库单	4000	已完成	100 %	是	2021/1/11 12:00:00-2021/1/13 12:00:00	2021-01-12 16时	5
上佳佳食品有限责任公司	20210106011	202101060111002	入库单	4000	已完成	100 %	是	2021/1/11 10:00:00-2021/1/13 10:00:00	2021-01-10 15时	5
上佳佳食品有限责任公司	20210106011	202101060112001	出库单	1000	已完成	100 %	是	2021/1/11 11:00:00-2021/1/13 11:00:00	2021-01-9 13时	5
宝洁百货用品有限责任公司	20210104041	202101040411005	入库单	4000	已完成	100 %	否	2021/1/12 10:00:00-2021/1/14 10:00:00	2021-01-15 17时	3
上佳佳食品有限责任公司	20210106011	202101060111003	入库单	4000	已完成	100 %	否	2021/1/12 10:00:00-2021/1/14 10:00:00	2021-01-20 13时	1
上佳佳食品有限责任公司	20210106011	202101060112002	出库单	1000	已完成	100 %	是	2021/1/12 13:00:00-2021/1/14 13:00:00	2021-01-9 17时	5
南家日用品有限责任公司	20210108061	202101080611001	入库单	1000	已完成	100 %	否	2021/1/12 13:00:00-2021/1/14 13:00:00	2021-01-21 14时	1
宝洁百货用品有限责任公司	20210104041	202101040412001	出库单	1000	已完成	100 %	是	2021/1/13 13:00:00-2021/1/15 13:00:00	2021-01-10 15时	5
宝洁百货用品有限责任公司	20210104041	202101040412002	出库单	1000	已完成	100 %	是	2021/1/13 12:00:00-2021/1/15 12:00:00	2021-01-10 14时	5
上佳佳食品有限责任公司	20210106011	202101060111004	入库单	4000	已完成	100 %	否	2021/1/13 11:00:00-2021/1/15 11:00:00	2021-01-26 15时	0
上佳佳食品有限责任公司	20210106011	202101060112003	出库单	1000	已完成	100 %	是	2021/1/13 14:00:00-2021/1/15 14:00:00	2021-01-10 15时	5
南家日用品有限责任公司	20210108061	202101080611002	入库单	1000	已完成	100 %	否	2021/1/13 11:00:00-2021/1/15 11:00:00	2021-01-28 12时	0
南家日用品有限责任公司	20210108061	202101080612001	出库单	500	出库单据...	0 %	否	2021/1/13 13:00:00-2021/1/15 13:00:00		0
宝洁百货用品有限责任公司	20210104041	202101040412003	出库单	1000	已完成	100 %	是	2021/1/14 14:00:00-2021/1/16 14:00:00	2021-01-13 17时	5
宝洁百货用品有限责任公司	20210104041	202101040412004	出库单	1000	已完成	100 %	是	2021/1/14 13:00:00-2021/1/16 13:00:00	2021-01-14 15时	5
上佳佳食品有限责任公司	20210106011	202101060111005	入库单	4000	已完成	100 %	否	2021/1/14 10:00:00-2021/1/16 10:00:00	2021-02-2 16时	0

图 2-1-21　订单信息

3. 市场信息

点击【工作模式】→【市场信息】，查看竞争信息、市场运作和历史信息。点击【竞争信息】查看基本信息、市场份额、净资产、运营能力和盈利能力，如图 2-1-22～图 2-1-26 所示。

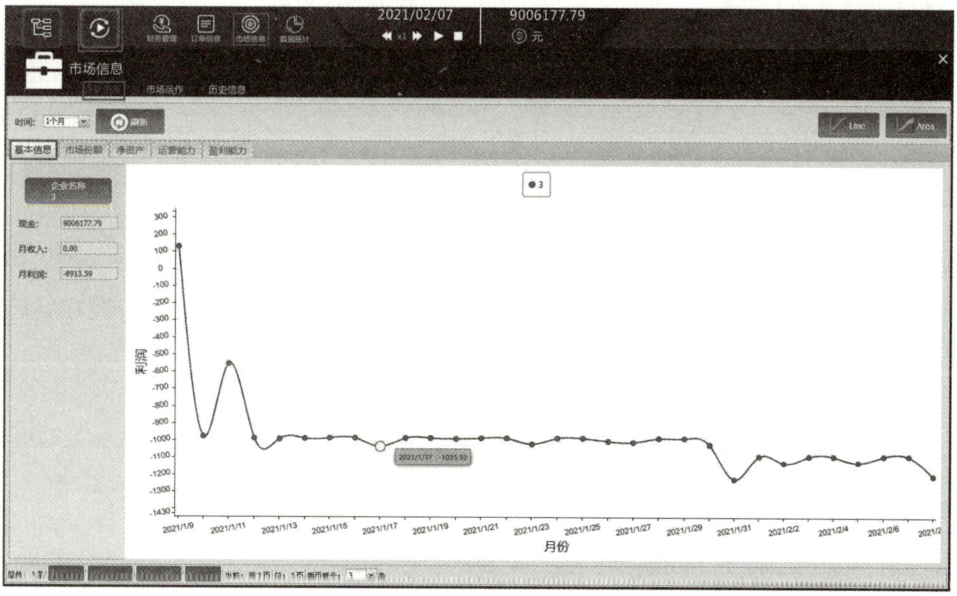

图 2-1-22　基本信息

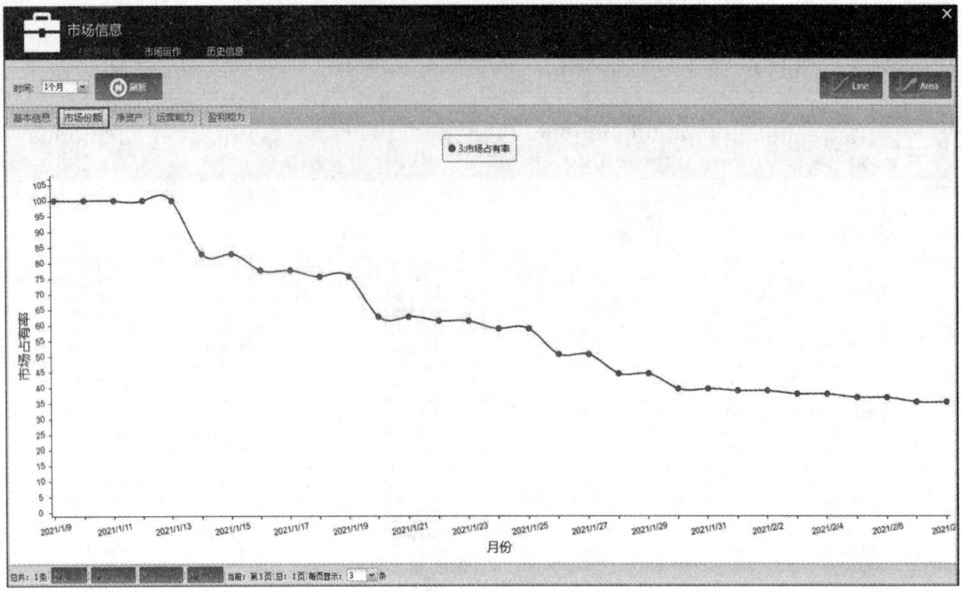

图 2-1-23 市场份额

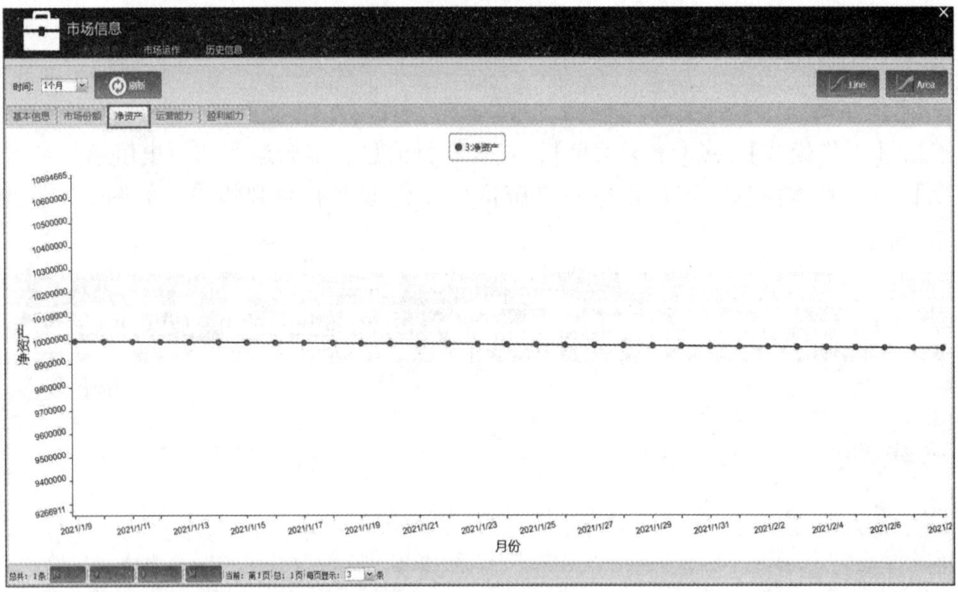

图 2-1-24 净资产

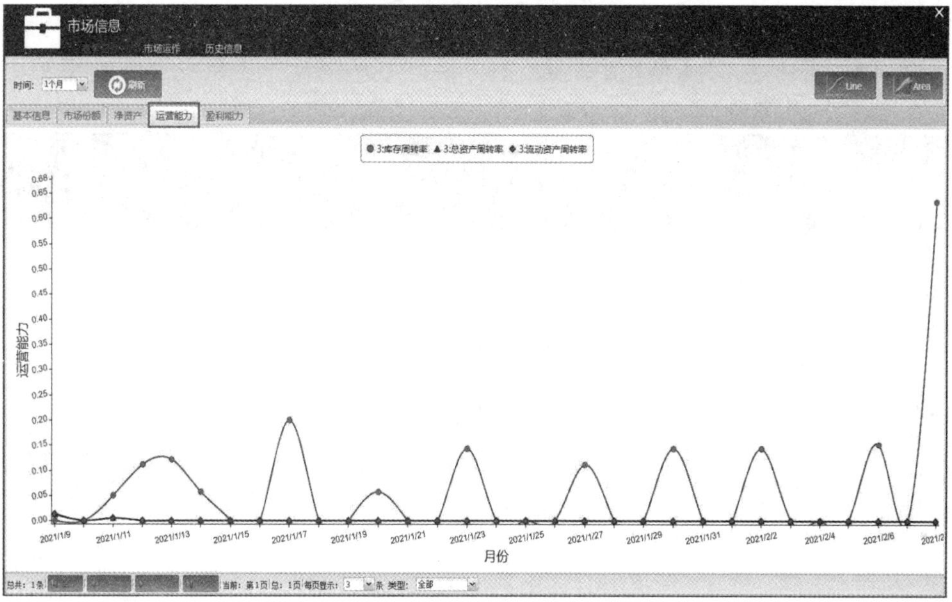

图 2-1-25　运营能力

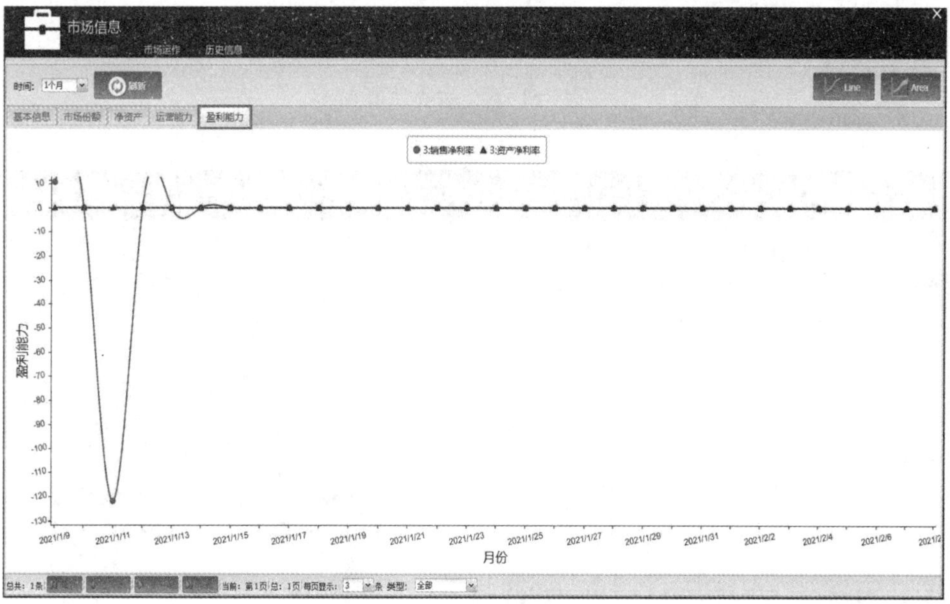

图 2-1-26　盈利能力

4. 数据统计

点击【工作模式】→【数据统计】，查看仓库、设备、员工及合同相关信息，如图2-1-27~图2-1-30所示。

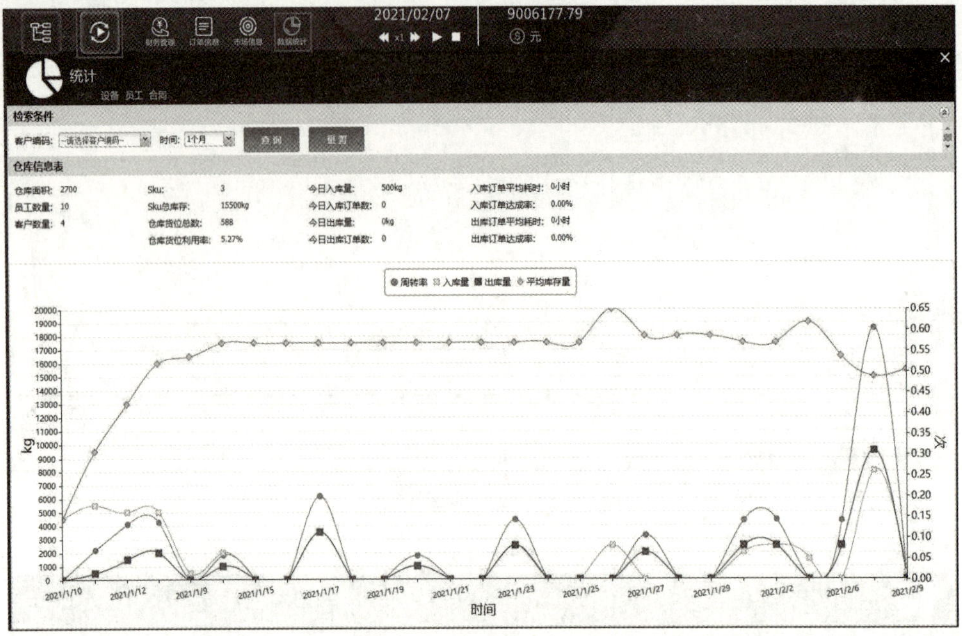

图 2-1-27 仓库信息

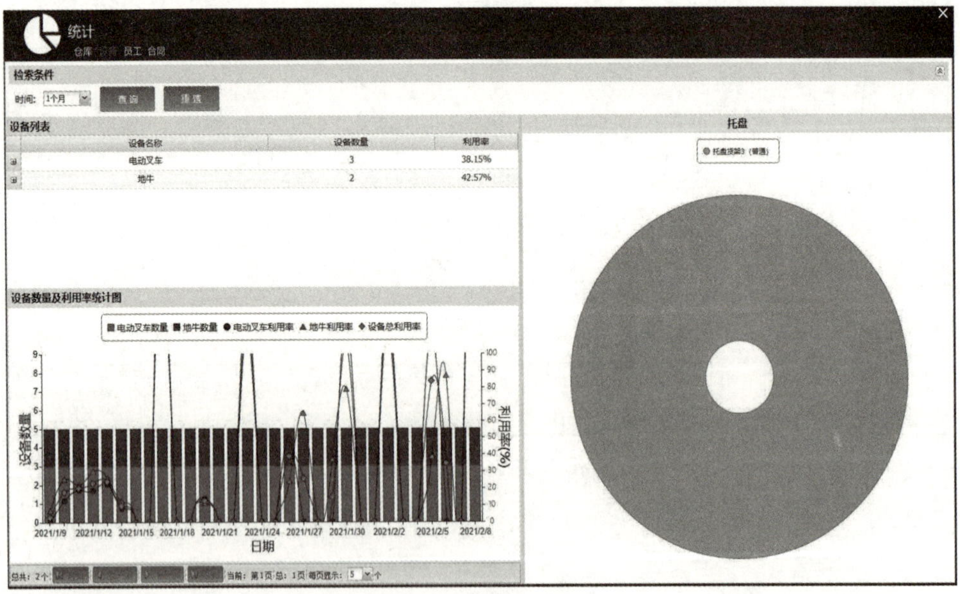

图 2-1-28 设备数据

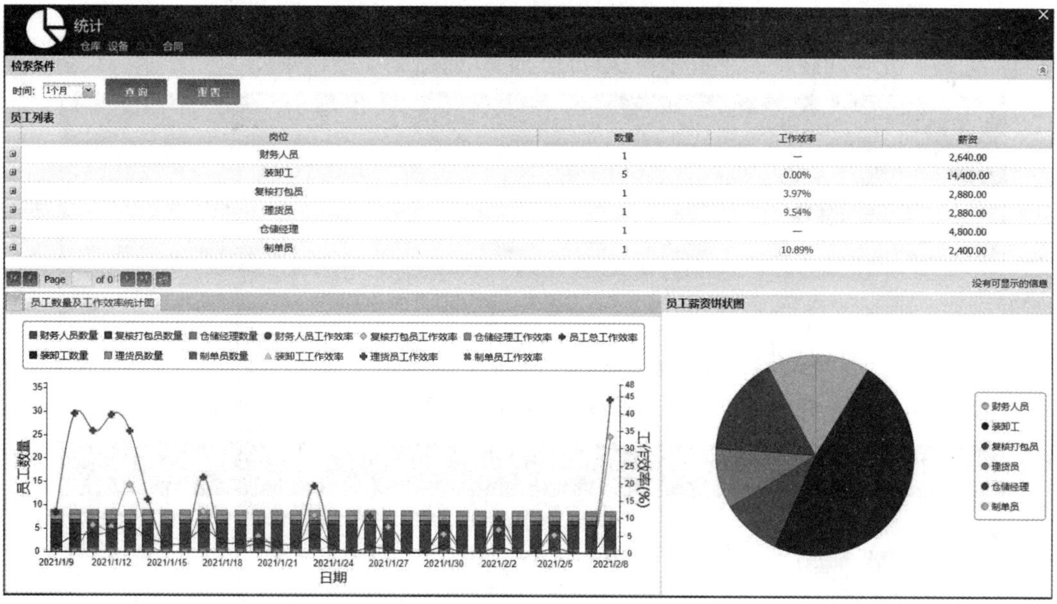

图 2-1-29　员工数据

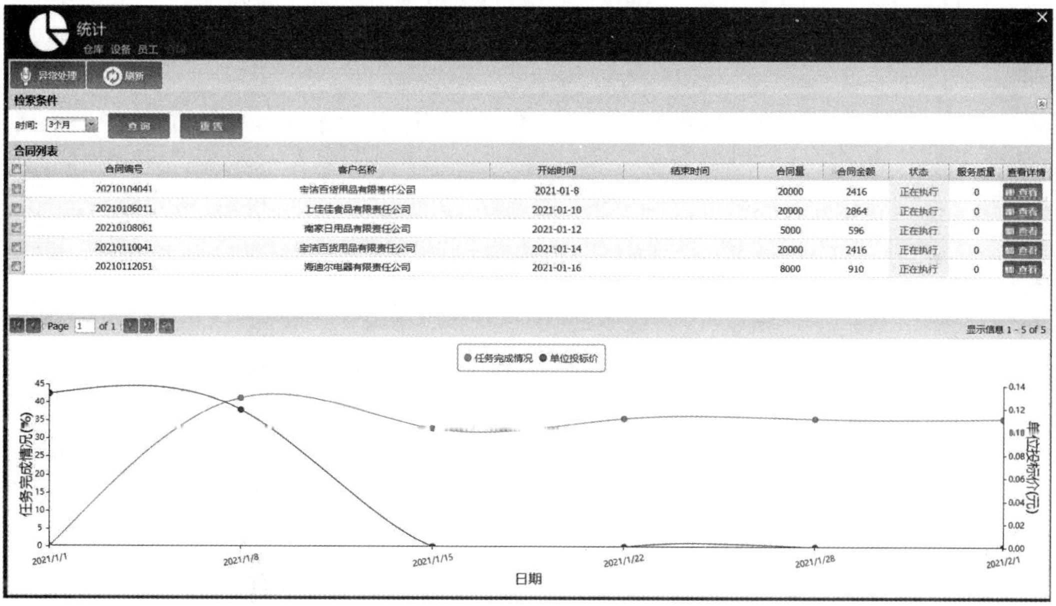

图 2-1-30　合同信息

在合同界面，可对合同进行异常处理。勾选合同后，点击【异常处理】，对此合同进行异常处理，此合同终止，系统不再执行此合同，如图 2-1-31 所示。

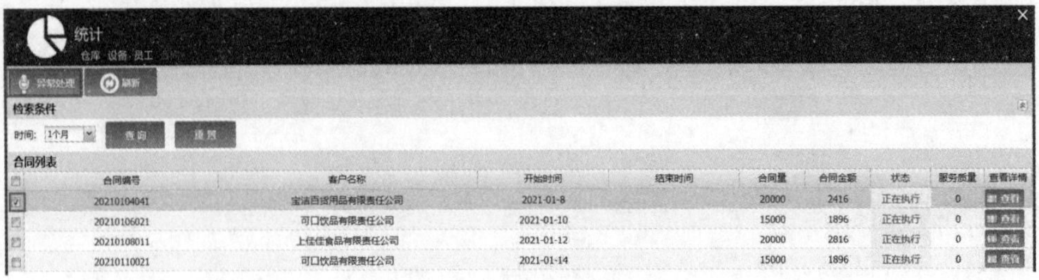

图 2-1-31　合同异常处理

同时，可查看合同详情，在合同后面点击【查看】，如图 2-1-32 所示。

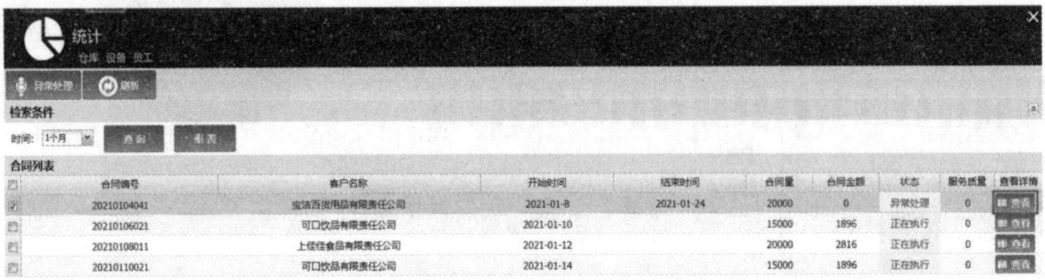

图 2-1-32　查看合同详情

虚仿实训任务 3

智慧电商云仓经营对抗方案实施

一、任务选择

鼠标放在【目录】处，点击【任务二　智慧电商云仓经营对抗方案设计与实施】→右侧【方案设计与实施】，在【智慧电商云仓经营对抗方案实施】任务下，点击【进入仿真实验】，如图 2-2-1、图 2-2-2 所示。

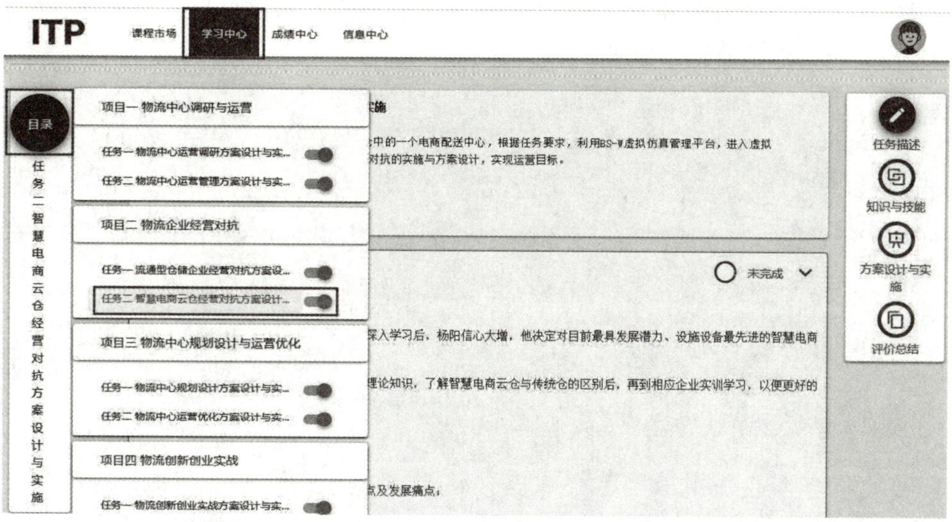

图 2-2-1　选择任务

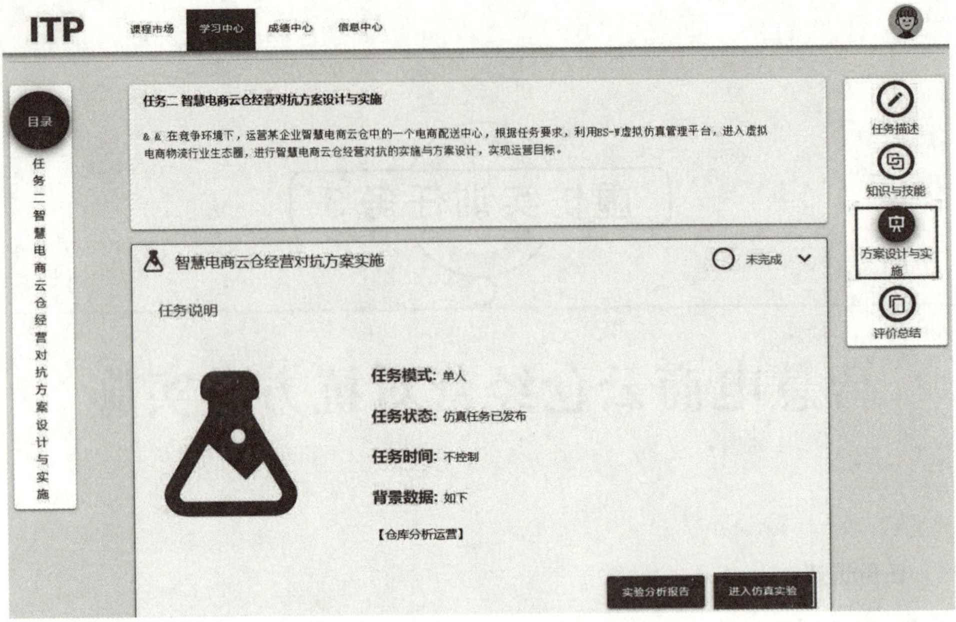

图 2-2-2　进入仿真实验

二、方案实施

1. 查看历史信息

进入仿真场景后，点击【工作模式】，系统提示场景未保存，点击【确定】，输入文件名后点击【保存】，先保存场景，如图 2-2-3、图 2-2-4 所示。然后点击【工作模式】→【市场信息】→【历史信息】，选择类型（入库、出库、库存）后，点击【查询】，查看历史信息，进行市场分析，如图 2-2-5 所示。

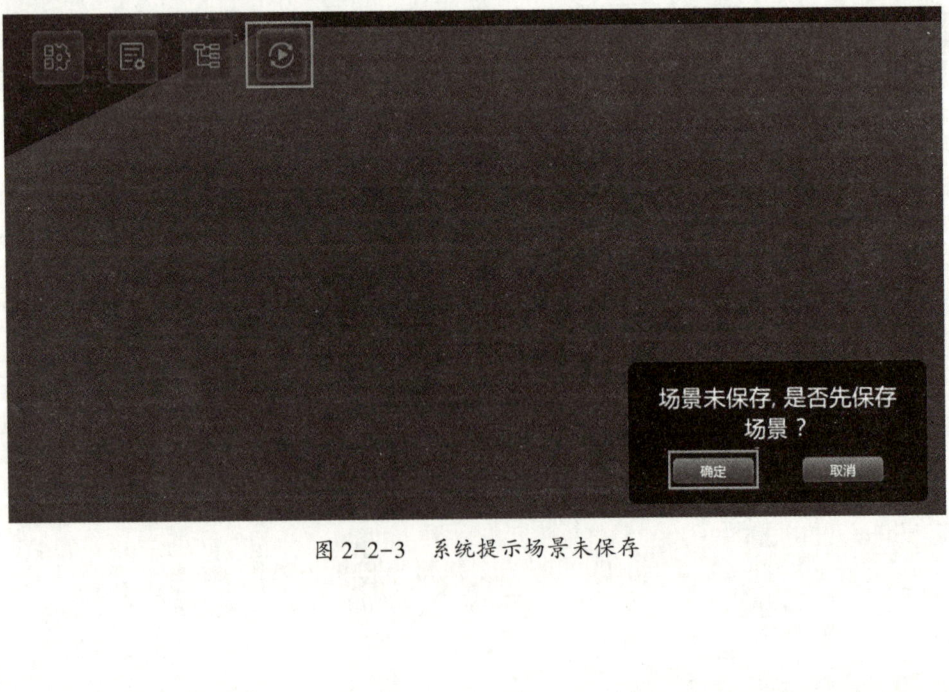

图 2-2-3　系统提示场景未保存

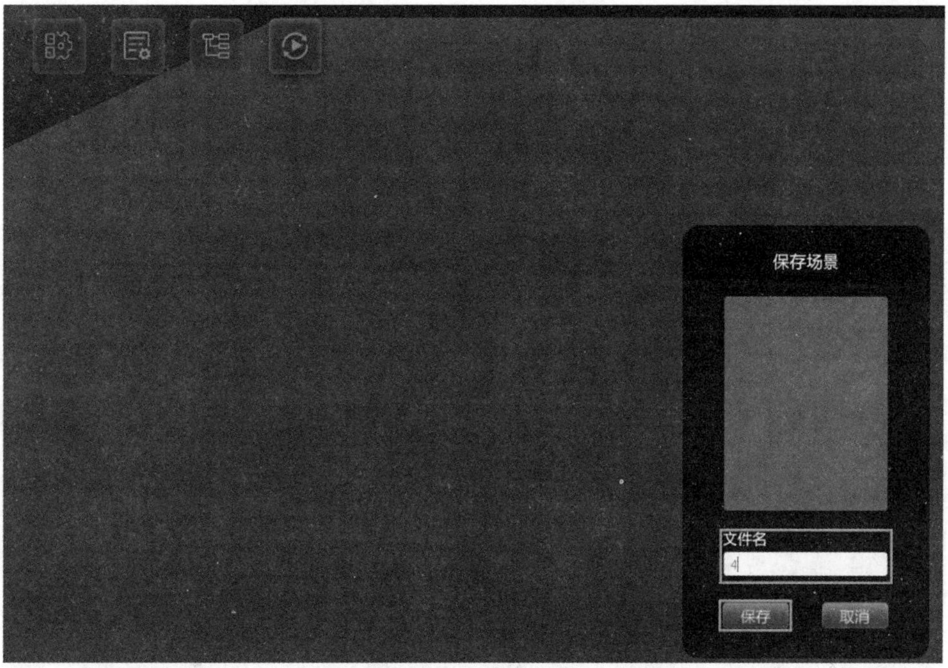

图 2-2-4　保存场景

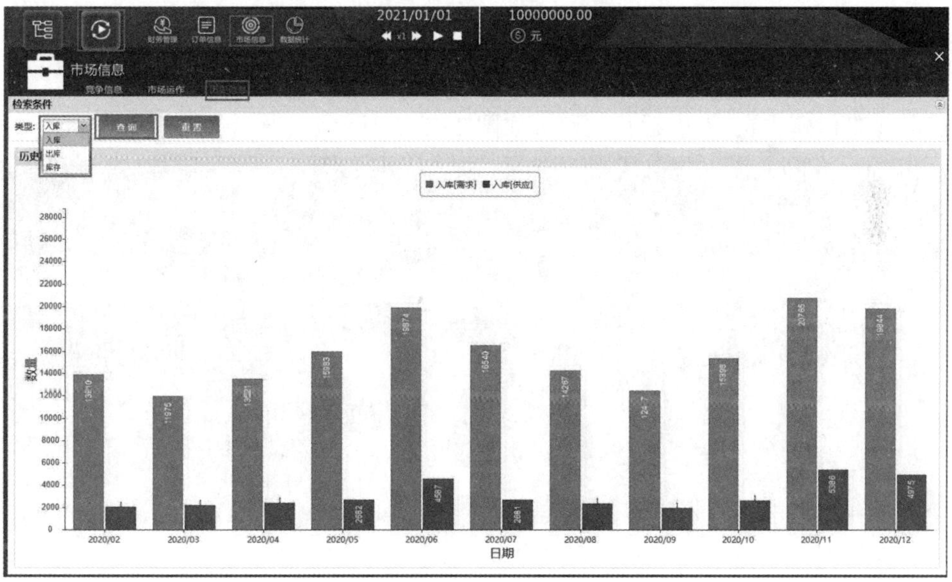

图 2-2-5　查看历史信息

2. 载入仓库模板

根据物流市场分析结果和历史供需量，确定企业规模和出库形式。以电商仓库 2 为例说明，点击【布局规划建设模式】→【仓库模板】→【电商仓库 2】，载入仓库模型，然后点击【保存】，如图 2-2-6 所示。

图 2-2-6 载入仓库模型

3. 仓库运行

(1) 运行

点击【工作模式】，点击运行按钮，如图 2-2-7 所示。

图 2-2-7 点击运行

（2）投标

点击运行后，首先要进行投标，中标后场景才可运行。点击【市场信息】，看到系统已发布招标信息，勾选招标信息后点击【一键投标】，如图 2-2-8 所示。也可手动投标，双击投标价下面的“0”，输入投标价后点击【投标】，如图 2-2-9 所示。中标后场景在系统运行到开始日期时运行，如图 2-2-10 所示。

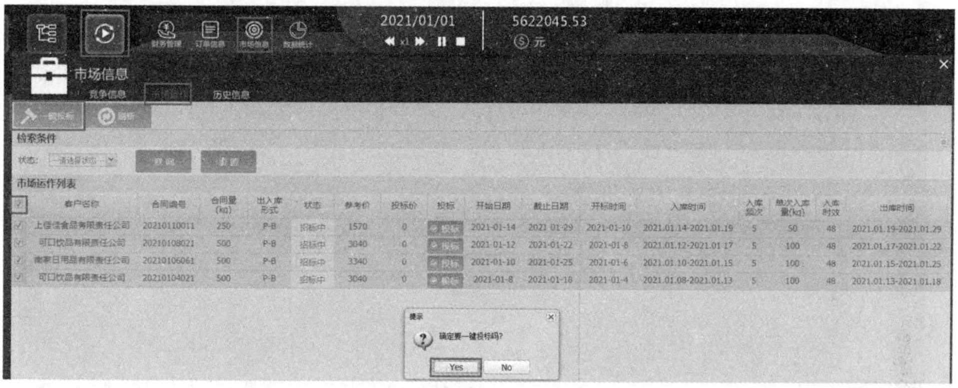

图 2-2-8　一键投标

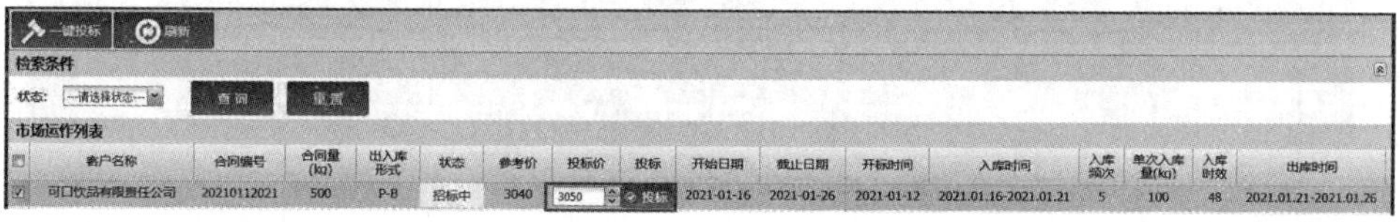

图 2-2-9　手动投标

图 2-2-10　场景运行

(3) 购买设备

购买设备时，需先点击暂停键暂停仓库运行。点击【布局规划建设模式】→【仓库设备】→【搬运】，选中要购买的设备，如图 2-2-11 中的窄巷道三向叉车，拖动鼠标至场景中窄巷道三向叉车充电区高亮显示框处，点击鼠标左键放下。

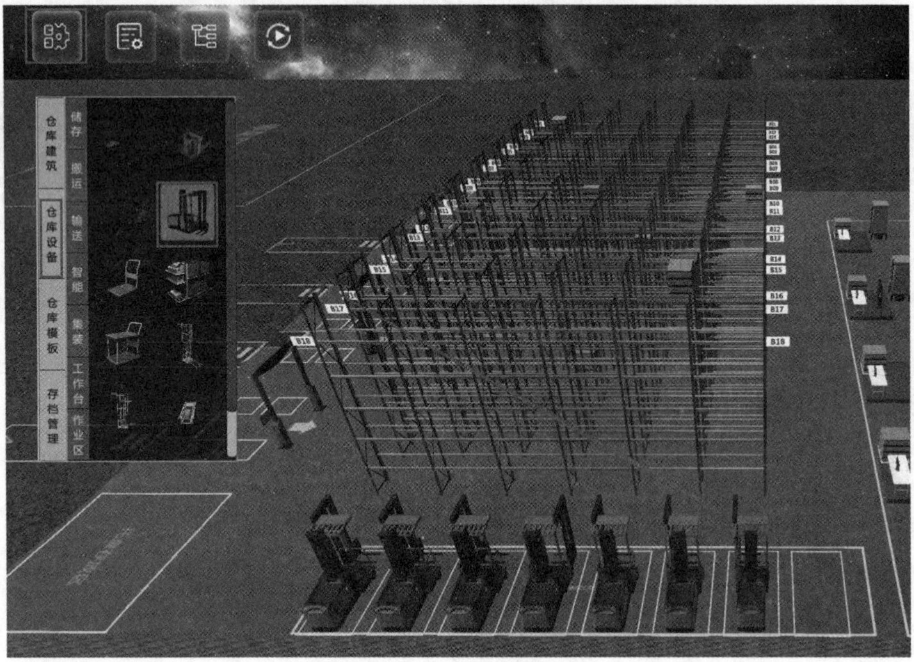

图 2-2-11 购买设备

(4) 雇用员工

雇用员工时，需先点击暂停键暂停仓库运行。点击【管理模式】→【员工管理】，选择要雇用的员工，如雇用初级的装卸工，在初级装卸工人数处填入数量后点击【雇用】，如图 2-2-12 所示。如果要解雇员工，输入数量后点击【解雇】即可。

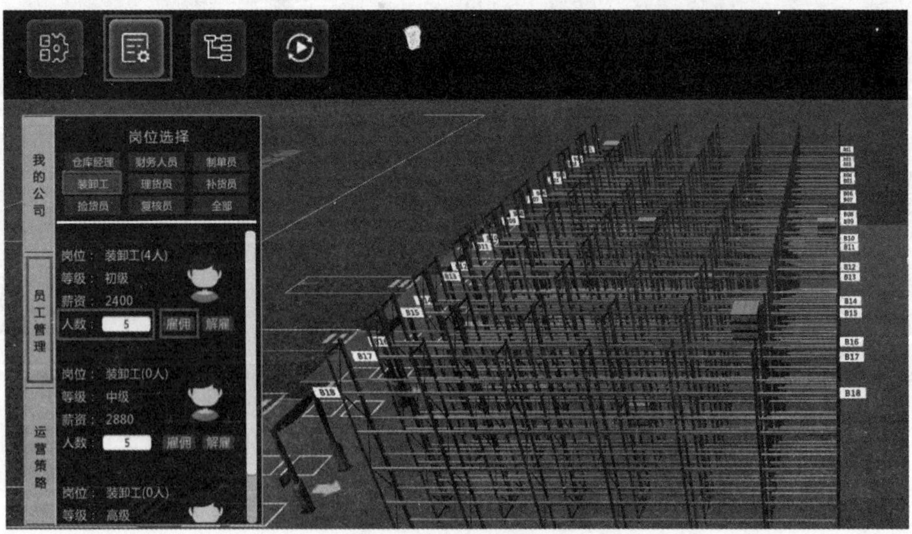

图 2-2-12 雇用员工

(5) 调整节点图

调整节点图时，需先点击暂停键暂停仓库运行。点击【节点图编辑模式】，可以看到仓库模板的节点图已经连接好了，如图 2-2-13 所示。根据仓库运行情况，可对节点图进行调整，调整好后进行保存，然后再次运行，查看运行情况。

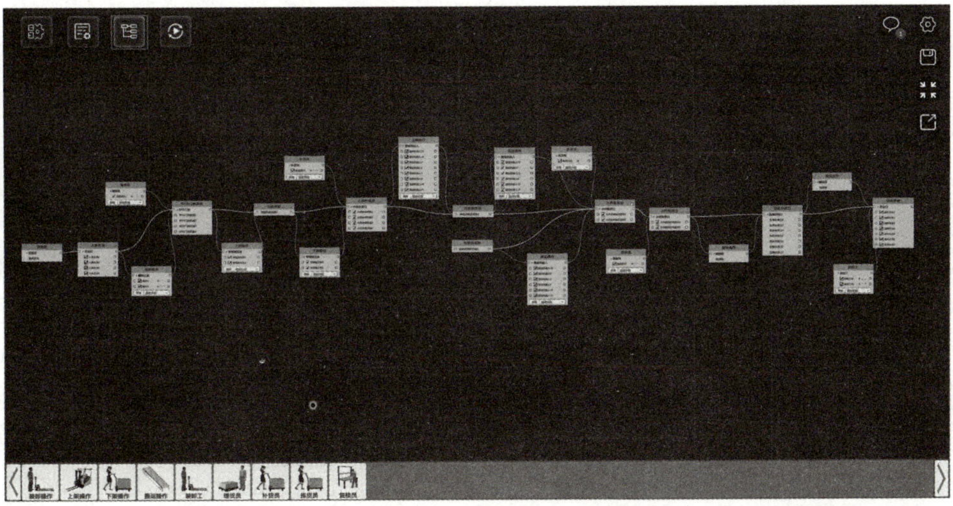

图 2-2-13　仓库模板节点图

三、查看运营数据

1. 财务管理

点击【工作模式】→【财务管理】，查看财务明细、财务报表、财务运作和费用明细，如图 2-2-14 所示。

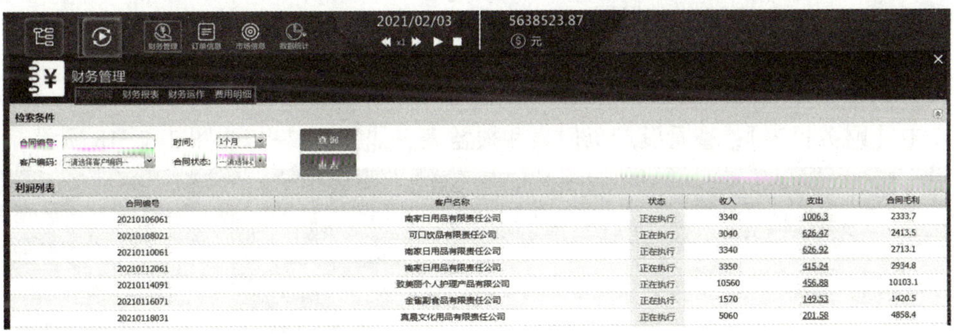

图 2-2-14　财务管理

（1）利润明细

点击【利润明细】，选择时间后点击【查询】，可查看合同状态、收入、支出和合同毛利，如图 2-2-15 所示。点击“支出”下面的数字，可查看支出详情，如图 2-2-16 所示。

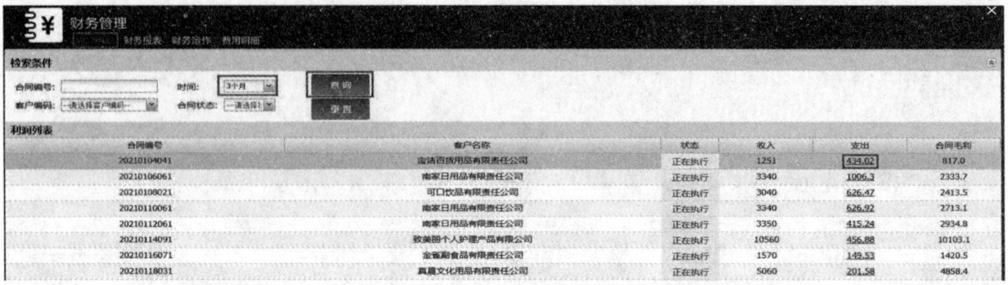

图 2-2-15　利润明细

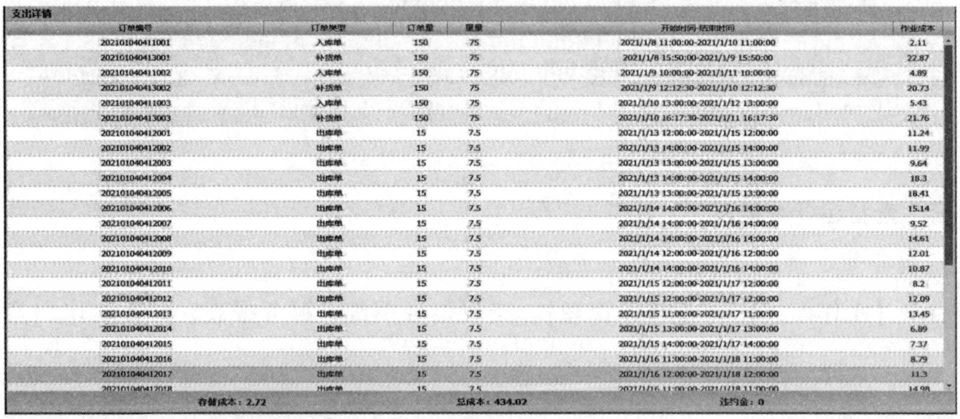

图 2-2-16　支出详情

（2）财务报表

点击【财务报表】，查看资产负债表和损益表，如图 2-2-17、图 2-2-18 所示。

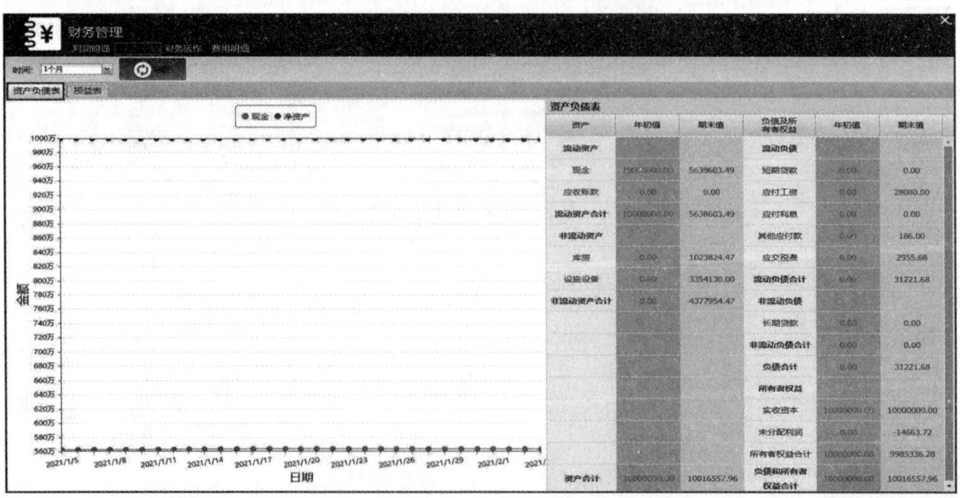

图 2-2-17　资产负债表

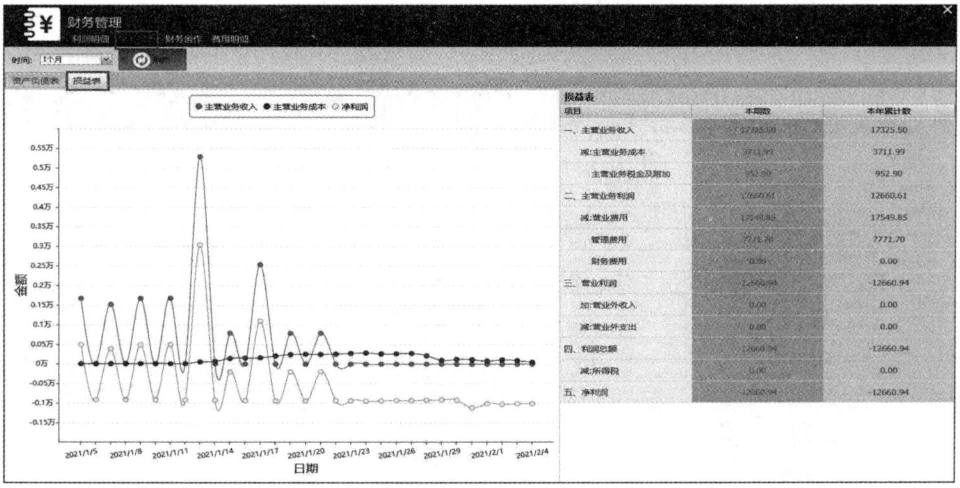

图 2-2-18　损益表

(3) 财务运作

点击【财务运作】，仓库运行到一定时间才可进行贷款，如图 2-2-19 所示。

图 2-2-19　财务运作

(4) 费用明细

点击【费用明细】，查看费用明细，如图 2-2-20 所示。

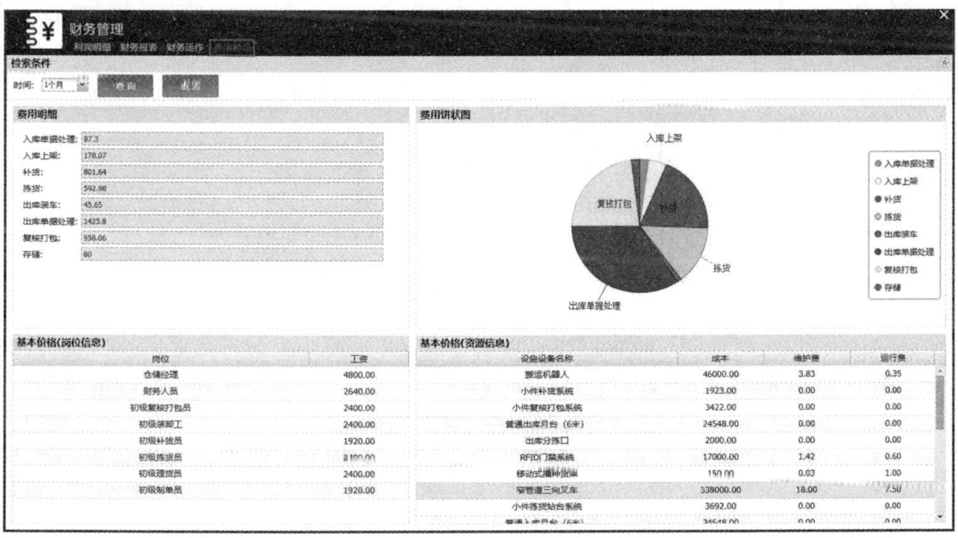

图 2-2-20　费用明细

2. 订单信息

点击【工作模式】→【订单信息】，查看订单完成情况，如图 2-2-21 所示。

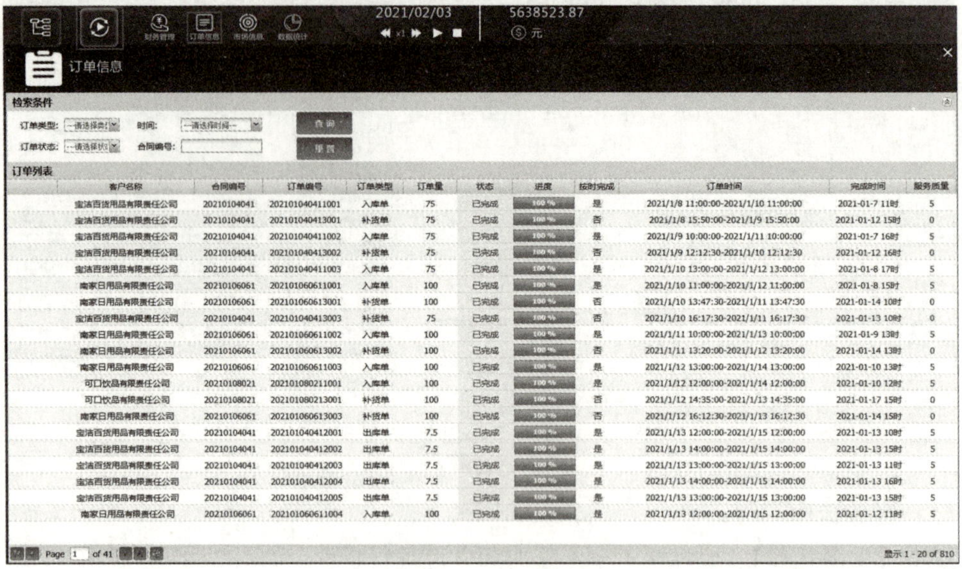

图 2-2-21　订单信息

3. 市场信息

点击【工作模式】→【市场信息】，查看竞争信息、市场运作和历史信息。点击【竞争信息】查看基本信息、市场份额、净资产、运营能力和盈利能力，如图 2-2-22、图 2-2-23、图 2-2-24、图 2-2-25、图 2-2-26 所示。

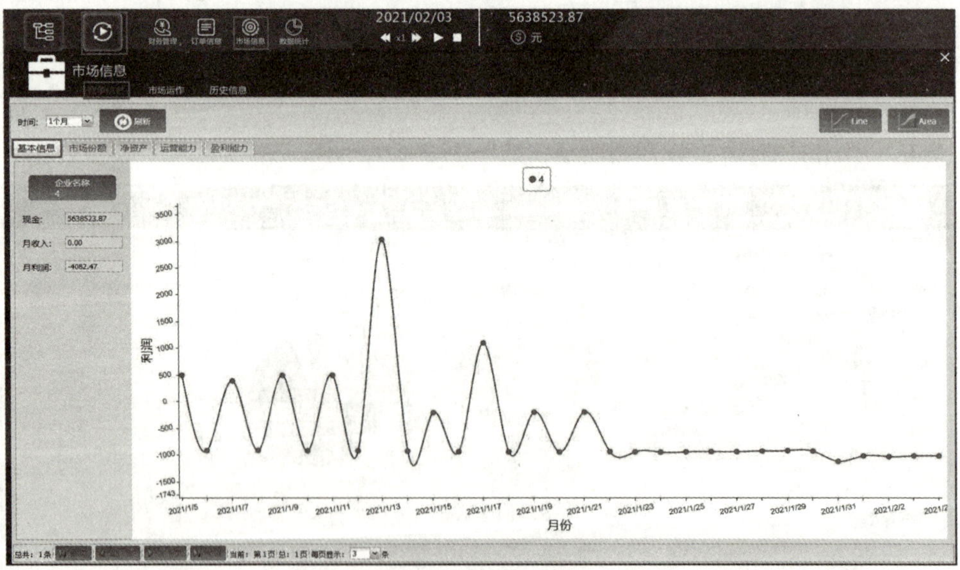

图 2-2-22　基本信息

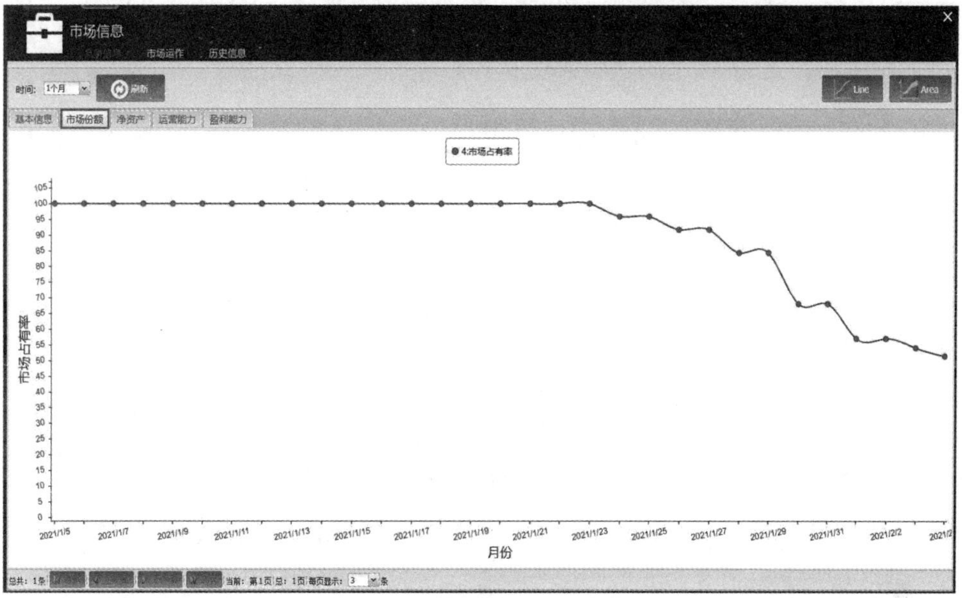

图 2-2-23　市场份额

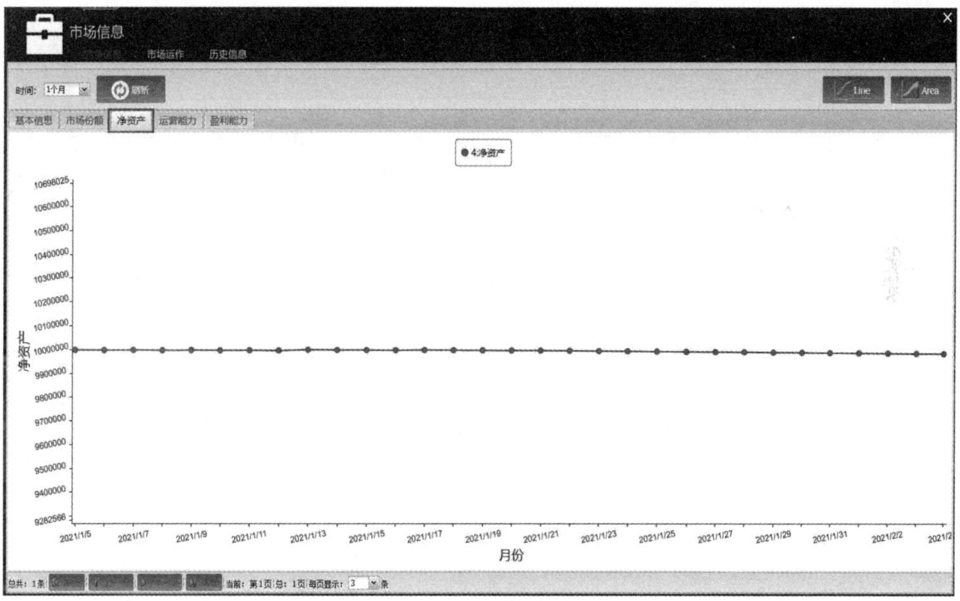

图 2-2-24　净资产

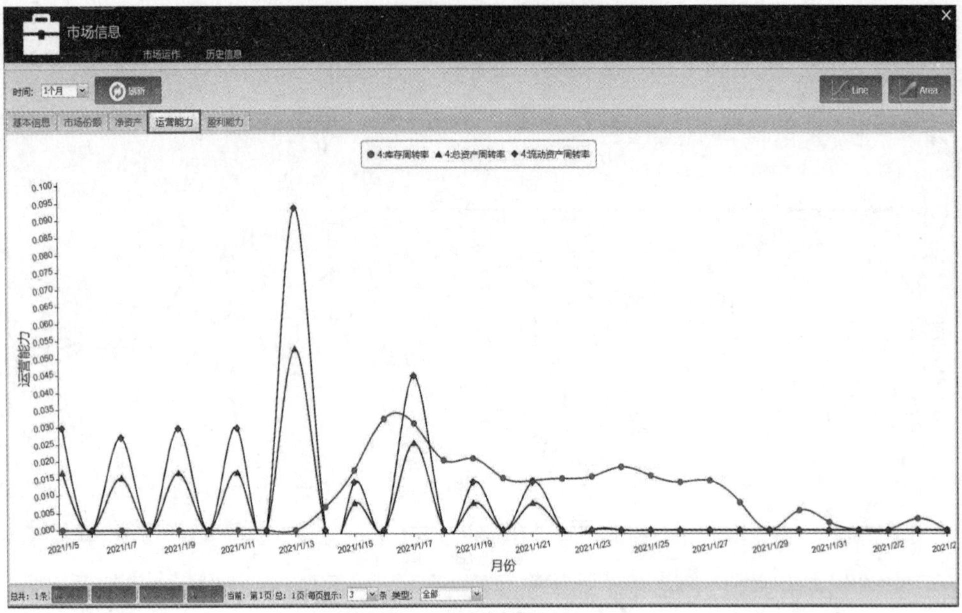

图 2-2-25　运营能力

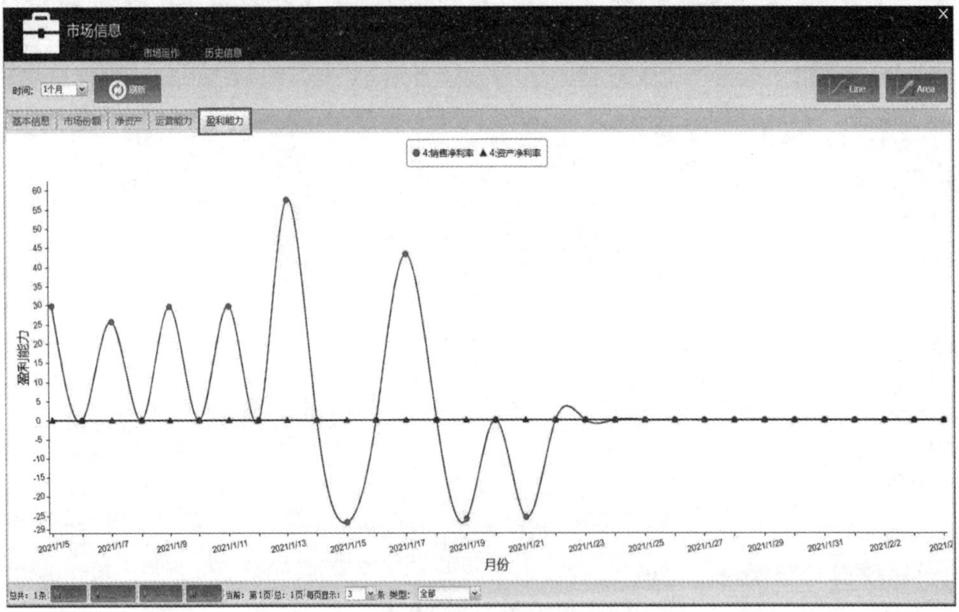

图 2-2-26　盈利能力

4. 数据统计

点击【工作模式】→【数据统计】，查看仓库、设备、员工及合同相关信息，如图 2-2-27~图 2-2-30 所示。

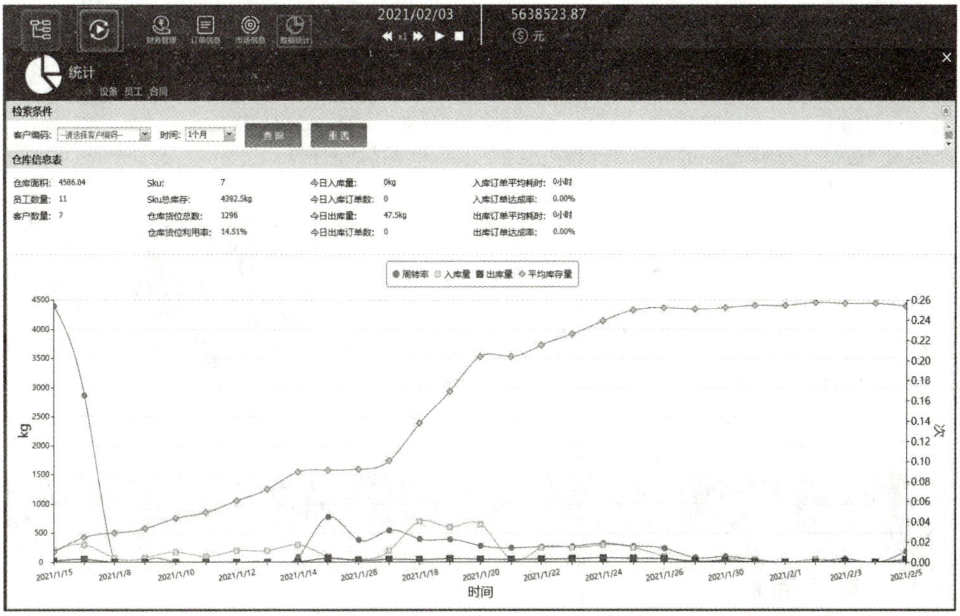

图 2-2-27　仓库信息

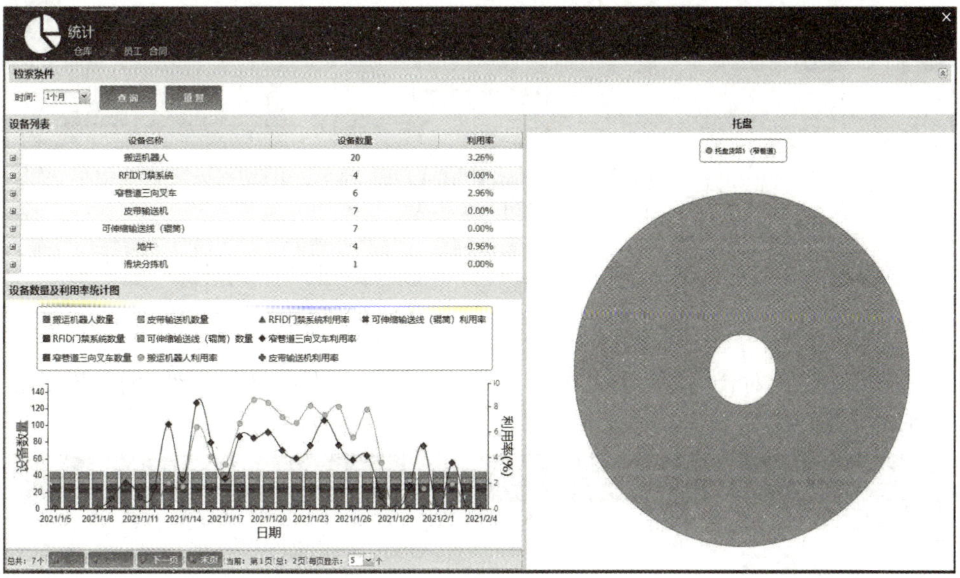

图 2-2-28　设备数据

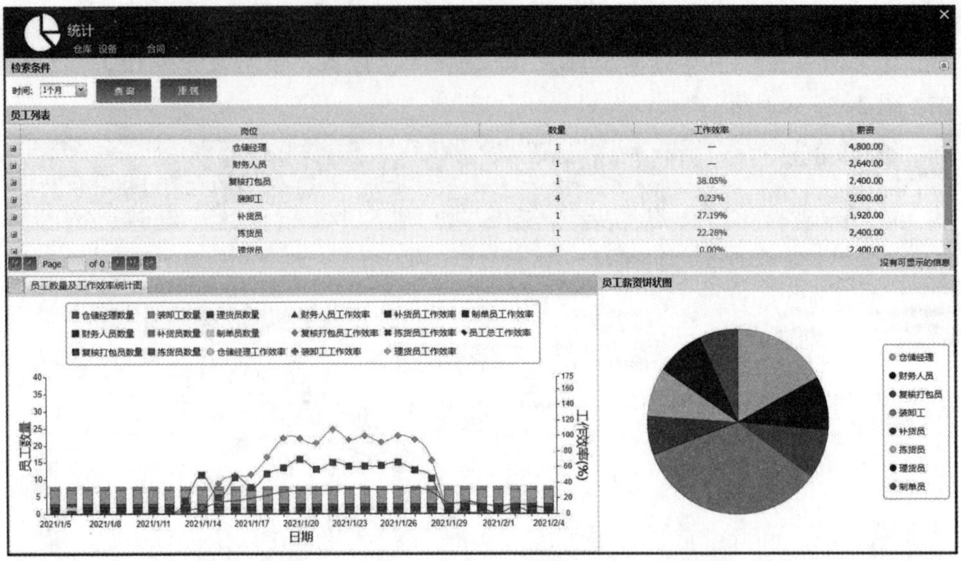

图 2-2-29 员工数据

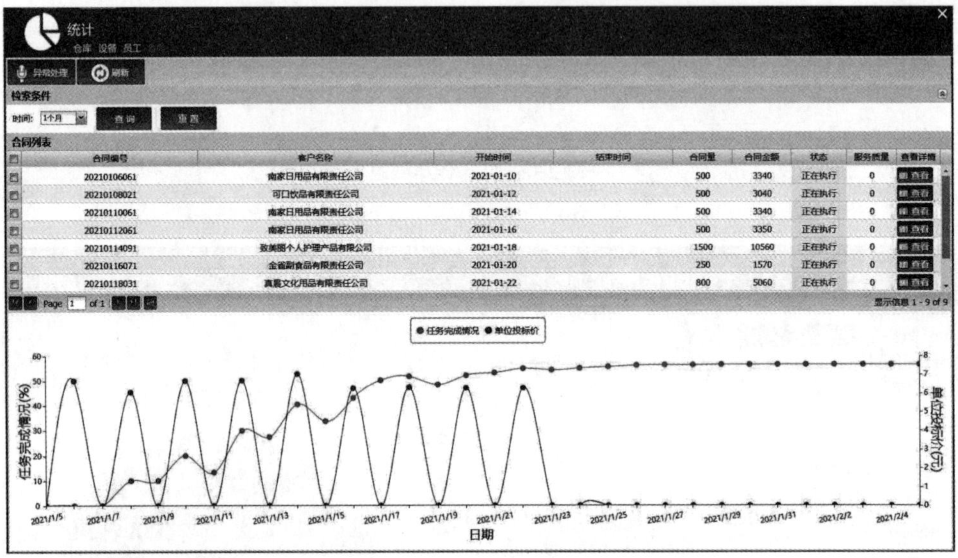

图 2-2-30 合同信息

在合同界面，可对合同进行异常处理。勾选合同后，点击【异常处理】，对此合同进行异常处理，此合同终止，系统不再执行此合同，如图 2-2-31 所示。

图 2-2-31 合同异常处理

也可查看合同详情，在合同后面点击【查看】，如图 2-2-32 所示。

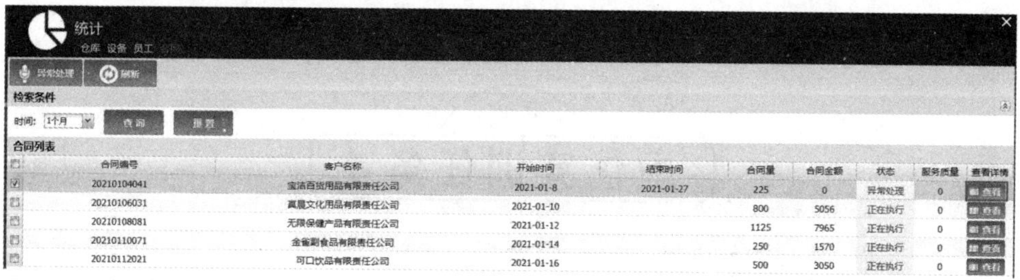

图 2-2-32　查看合同详情

虚仿实训任务 4

物流中心运营优化方案实施

一、任务选择

鼠标放在【目录】处，点击【任务二　物流中心运营优化方案设计与实施】→右侧【方案设计与实施】，在【物流中心运营优化方案实施】任务下，点击【进入仿真实验】，如图 3-2-1、图 3-2-2 所示。

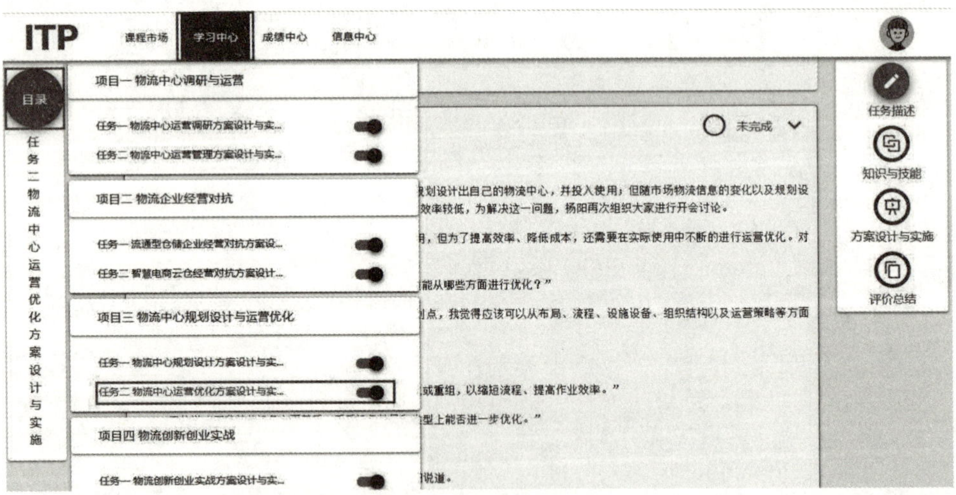

图 3-2-1　选择任务

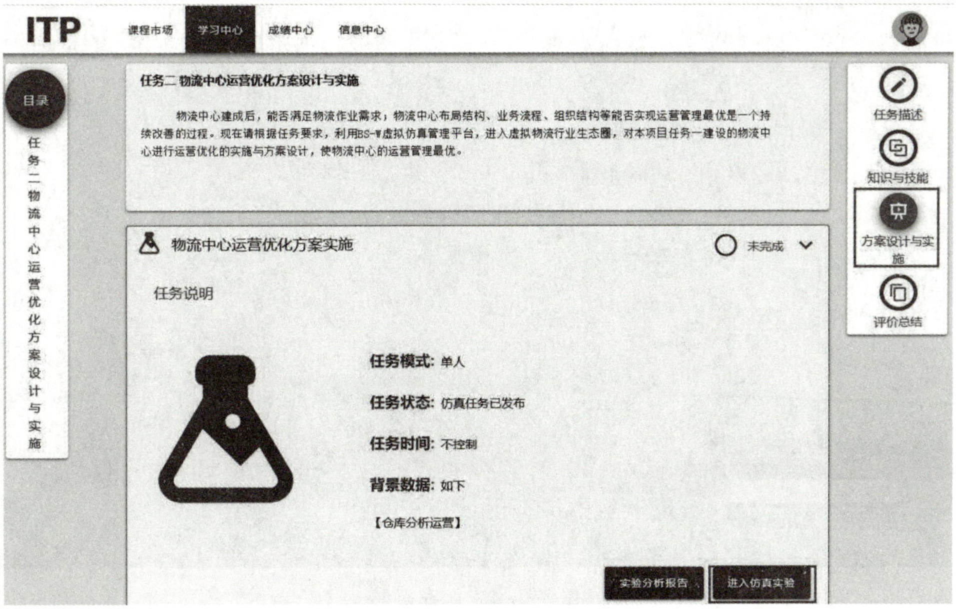

图 3-2-2　进入仿真实验

二、方案实施

根据任务书描述“在任务一　物流中心规划设计方案实施任务中，已经完成了物流中心的规划建设”，所以任务二只需要载入任务一的物流中心模型进行运营，在运营过程中不断进行优化调整来提高物流中心各环节的运营效率和经济效益。

1. 载入任务一的物流中心模型

点击【布局规划建设模式】→【仓库模板】，载入任务一的物流中心模型，然后进行保存，如图 3-2-3、图 3-2-4 所示。

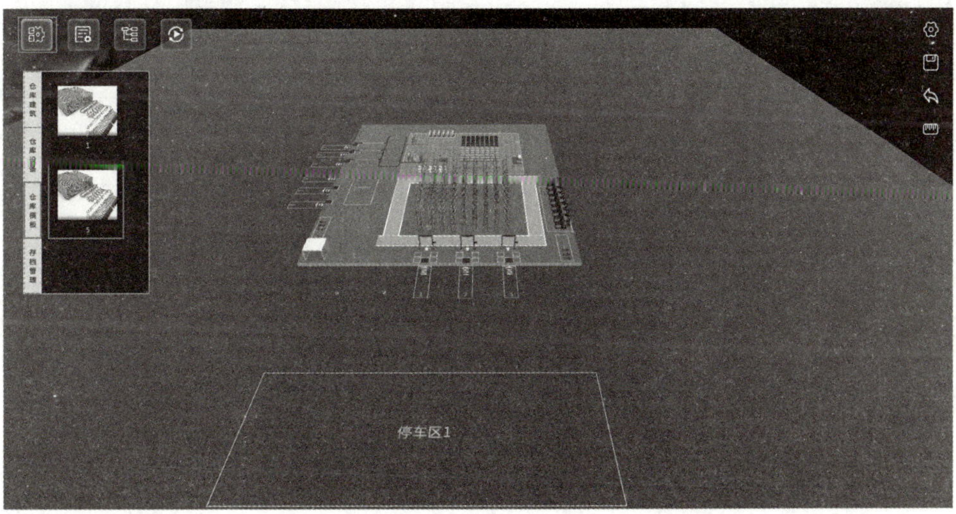

图 3-2-3　载入任务一的物流中心模型

图 3-2-4　保存模型

2. 物流中心运行

点击运行后，先进行投标，然后等待场景运行，在运行过程中不断进行优化调整，如图 3-2-5、图 3-2-6 所示。

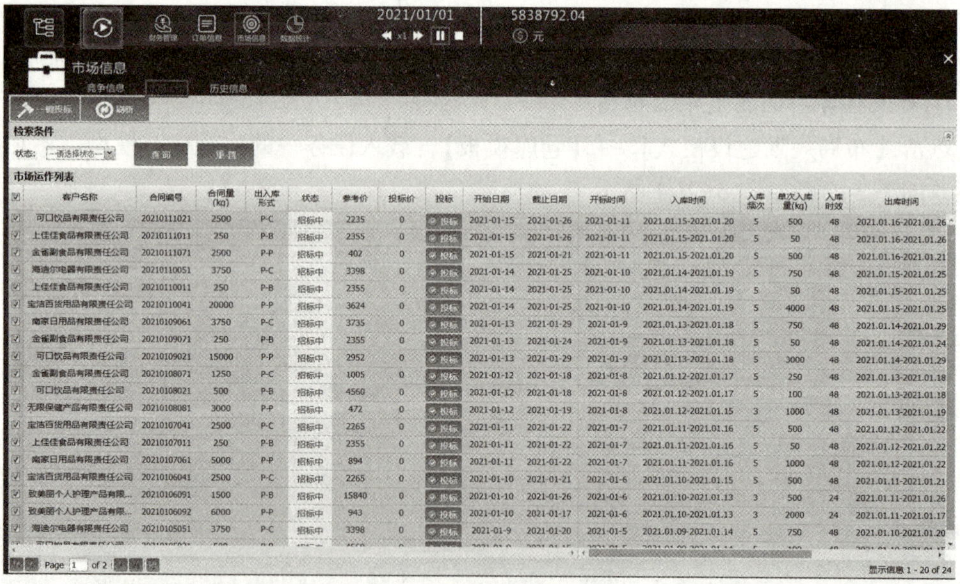

图 3-2-5　点击运行后投标

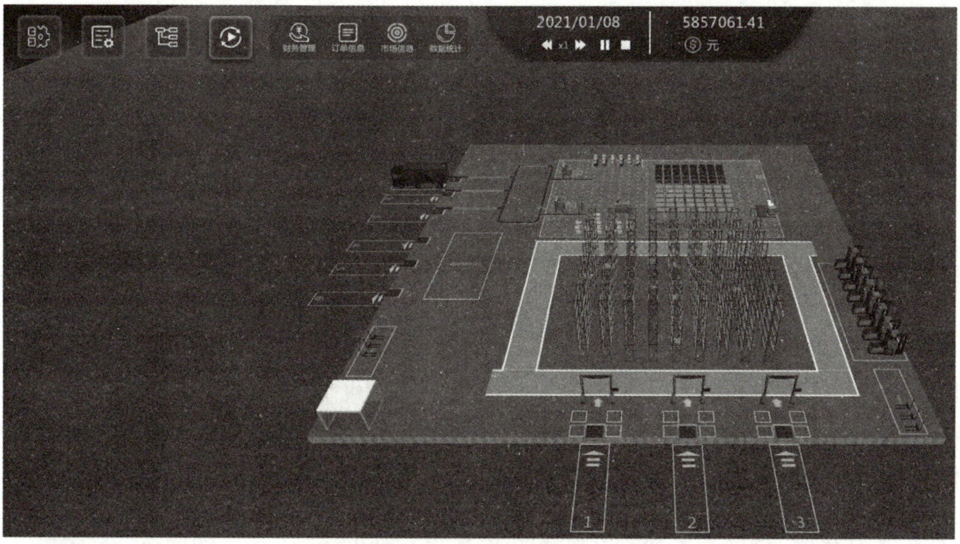

图 3-2-6　场景运行

三、查看运营数据

1. 财务管理

点击【工作模式】→【财务管理】，查看财务明细、财务报表、财务运作和费用明细，如图 3-2-7 所示。

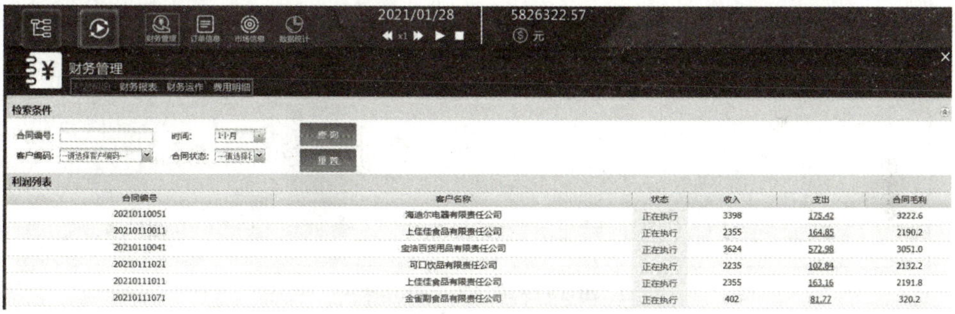

图 3-2-7　财务管理

(1) 利润明细

点击【利润明细】，选择时间后点击【查询】，可查看合同状态、收入、支出和合同毛利。如图 3-2-8 所示。点击“支出”下面的数字，可查看支出详情，如图 3-2-9 所示。

图 3-2-8　利润明细

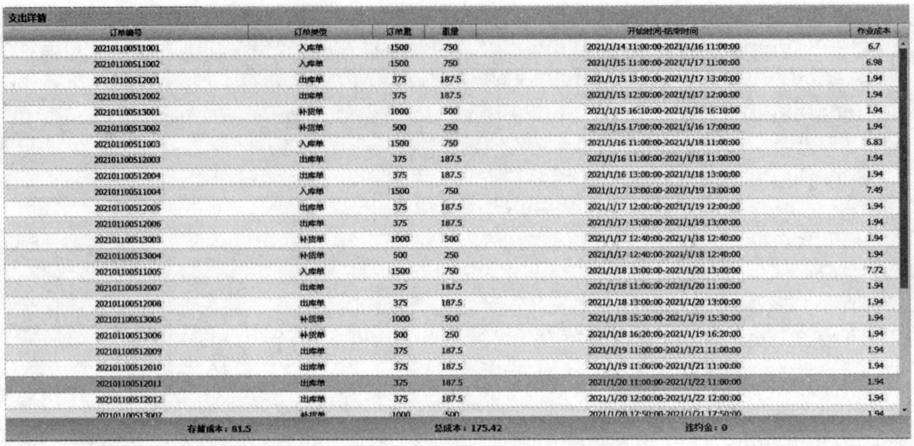

支出详情

订单编号	订单类型	订单量	重量	开始时间-结束时间	作业成本
202101100511001	入库单	1500	750	2021/1/14 11:00:00-2021/1/16 11:00:00	6.7
202101100511002	入库单	1500	750	2021/1/15 11:00:00-2021/1/17 11:00:00	6.98
202101100512001	出库单	375	187.5	2021/1/15 13:00:00-2021/1/17 13:00:00	1.94
202101100512002	出库单	375	187.5	2021/1/15 12:00:00-2021/1/17 12:00:00	1.94
202101100513001	补货单	1000	500	2021/1/15 16:10:00-2021/1/16 16:10:00	1.94
202101100513002	补货单	500	250	2021/1/15 17:00:00-2021/1/16 17:00:00	1.94
202101100511003	入库单	1500	750	2021/1/16 11:00:00-2021/1/18 11:00:00	6.83
202101100512003	出库单	375	187.5	2021/1/16 11:00:00-2021/1/18 11:00:00	1.94
202101100512004	出库单	375	187.5	2021/1/16 13:00:00-2021/1/18 13:00:00	1.94
202101100511004	入库单	1500	750	2021/1/17 13:00:00-2021/1/19 13:00:00	7.49
202101100512005	出库单	375	187.5	2021/1/17 12:00:00-2021/1/19 12:00:00	1.94
202101100512006	出库单	375	187.5	2021/1/17 13:00:00-2021/1/19 13:00:00	1.94
202101100513003	补货单	1000	500	2021/1/17 12:40:00-2021/1/18 12:40:00	1.94
202101100513004	补货单	500	250	2021/1/17 12:40:00-2021/1/18 12:40:00	1.94
202101100511005	入库单	1500	750	2021/1/18 13:00:00-2021/1/20 13:00:00	7.72
202101100512007	出库单	375	187.5	2021/1/18 11:00:00-2021/1/20 11:00:00	1.94
202101100512008	出库单	375	187.5	2021/1/18 13:00:00-2021/1/20 13:00:00	1.94
202101100513005	补货单	1000	500	2021/1/18 15:30:00-2021/1/19 15:30:00	1.94
202101100513006	补货单	500	250	2021/1/18 16:20:00-2021/1/19 16:20:00	1.94
202101100512009	出库单	375	187.5	2021/1/19 11:00:00-2021/1/21 11:00:00	1.94
202101100512010	出库单	375	187.5	2021/1/19 11:00:00-2021/1/21 11:00:00	1.94
202101100512011	出库单	375	187.5	2021/1/20 11:00:00-2021/1/22 11:00:00	1.94
202101100512012	出库单	375	187.5	2021/1/20 12:00:00-2021/1/22 12:00:00	1.94
202101100513007	补货单	1000	500	2021/1/20 17:50:00-2021/1/21 17:50:00	1.94

存储成本：81.5　总成本：175.42　违约金：0

图 3-2-9　支出详情

(2) 财务报表

点击【财务报表】，查看资产负债表和损益表，如图 3-2-10、图 3-2-11 所示。

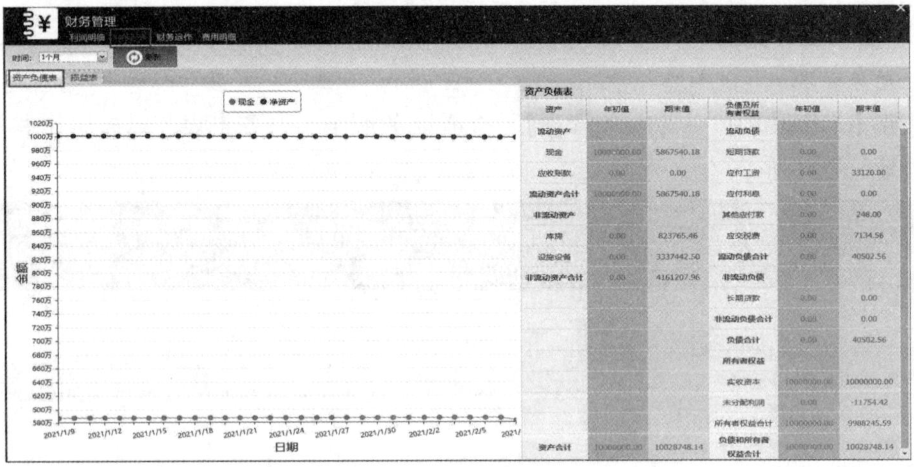

资产负债表

资产	年初值	期末值	负债及所有者权益	年初值	期末值
流动资产			流动负债		
现金	10000000.00	5867540.18	短期贷款	0.00	0.00
应收账款	0.00	0.00	应付工资	0.00	33120.00
流动资产合计	10000000.00	5867540.18	应付利息	0.00	0.00
非流动资产			其他应付款	0.00	248.00
库房	0.00	823765.46	应交税费	0.00	7134.56
设施设备	0.00	3337442.50	流动负债合计	0.00	40502.56
非流动资产合计	0.00	4161207.96	非流动负债		
			长期贷款	0.00	0.00
			非流动负债合计	0.00	0.00
			负债合计	0.00	40502.56
			所有者权益		
			实收资本	10000000.00	10000000.00
			未分配利润	0.00	-11754.42
			所有者权益合计	10000000.00	9988245.59
资产合计	10000000.00	10028748.14	负债和所有者权益合计	10000000.00	10028748.14

图 3-2-10　资产负债表

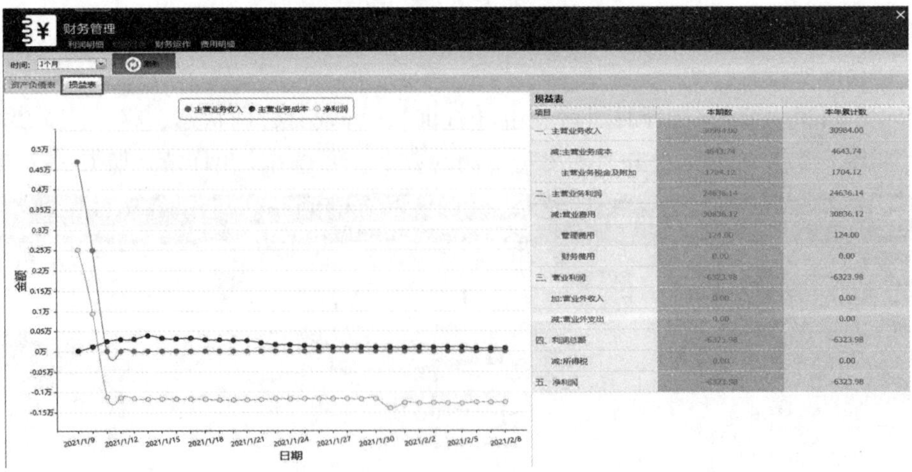

损益表

项目	本期数	本年累计数
一、主营业务收入	30984.00	30984.00
减:主营业务成本	4643.74	4643.74
主营业务税金及附加	1704.12	1704.12
二、主营业务利润	24636.14	24636.14
减:营业费用	30836.12	30836.12
管理费用	124.00	124.00
财务费用	0.00	0.00
三、营业利润	-6323.98	-6323.98
加:营业外收入	0.00	0.00
减:营业外支出	0.00	0.00
四、利润总额	-6323.98	-6323.98
减:所得税	0.00	0.00
五、净利润	-6323.98	-6323.98

图 3-2-11　损益表

(3) 财务运作

点击【财务运作】，仓库运行一定时间后才可进行贷款，如图 3-2-12 所示。

图 3-2-12 财务运作

(4) 费用明细

点击【费用明细】，查看费用明细，如图 3-2-13 所示。

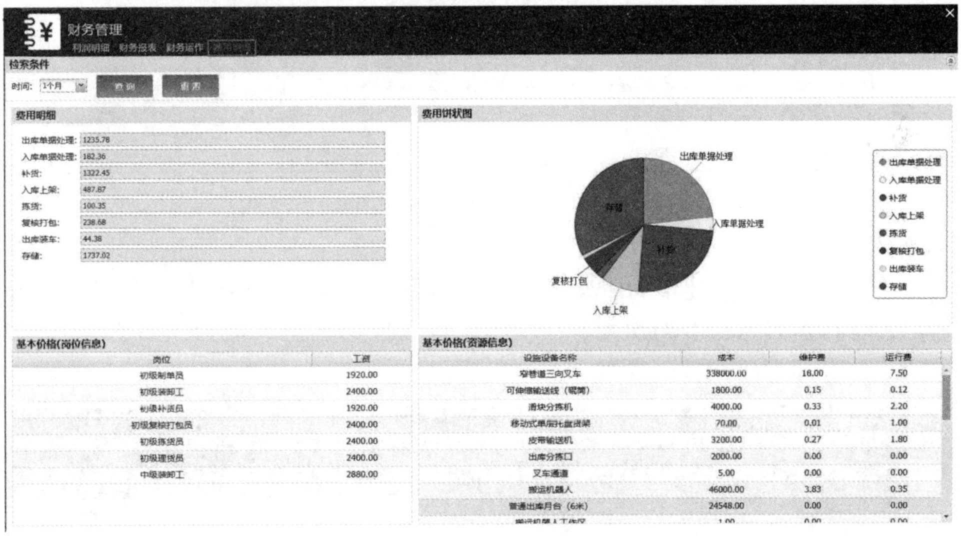

图 3-2-13 费用明细

2. 订单信息

点击【工作模式】→【订单信息】，查看订单完成情况，如图 3-2-14 所示。

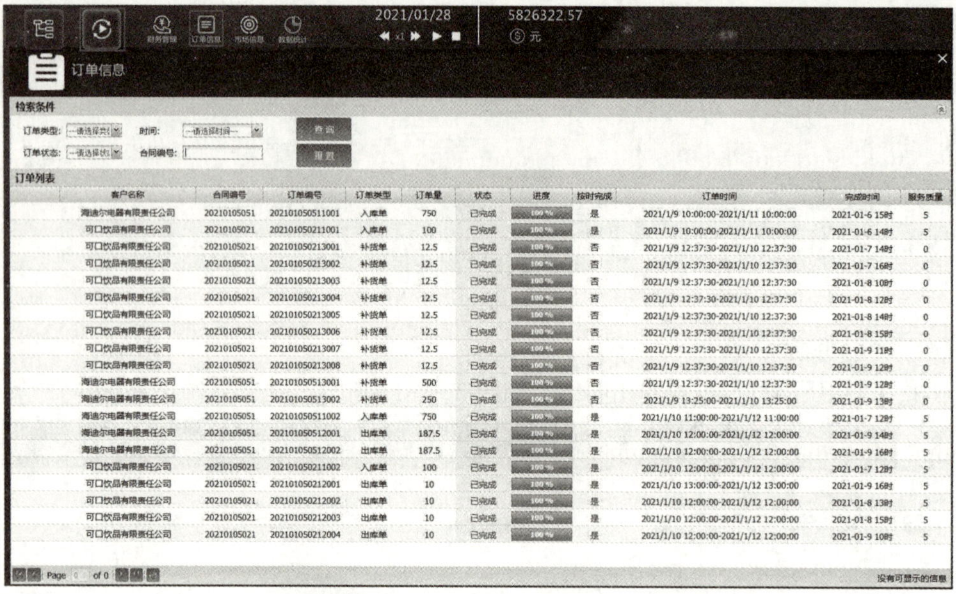

图 3-2-14　订单信息

3. 市场信息

点击【工作模式】→【市场信息】，查看竞争信息、市场运作和历史信息。点击【竞争信息】查看基本信息、市场份额、净资产、运营能力和盈利能力，如图 3-2-15 ~ 图 3-2-19 所示。

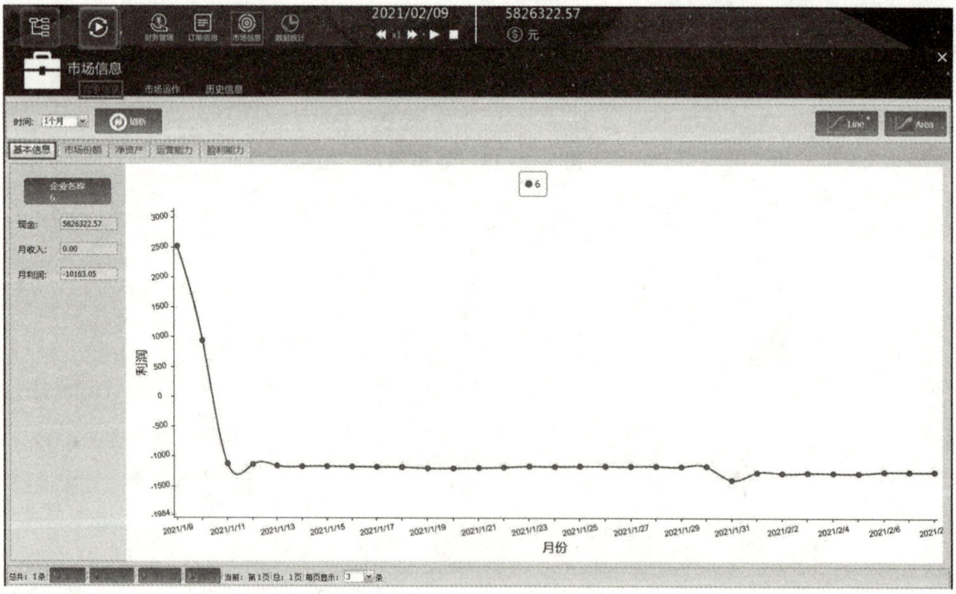

图 3-2-15　基本信息

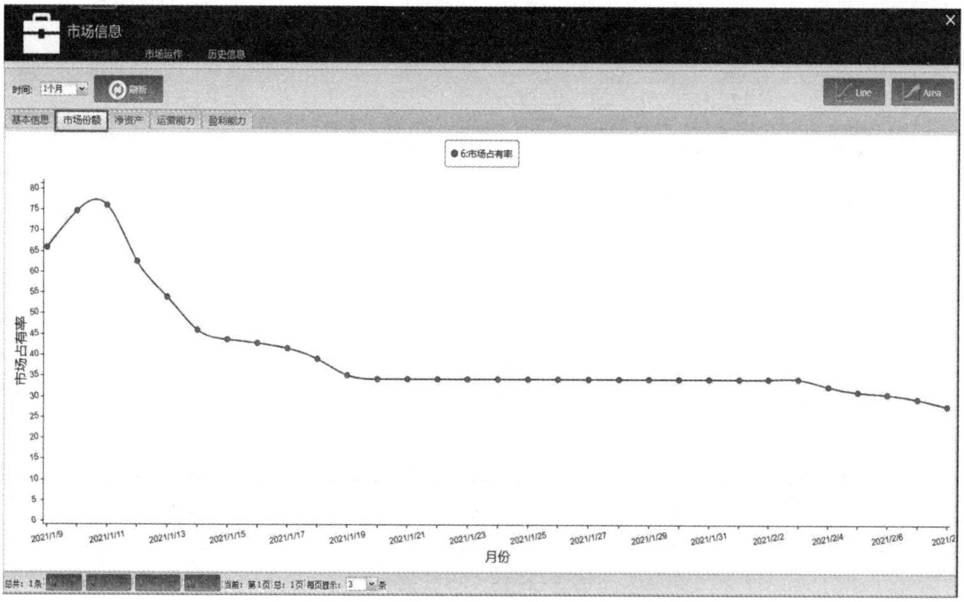

图 3-2-16　市场份额

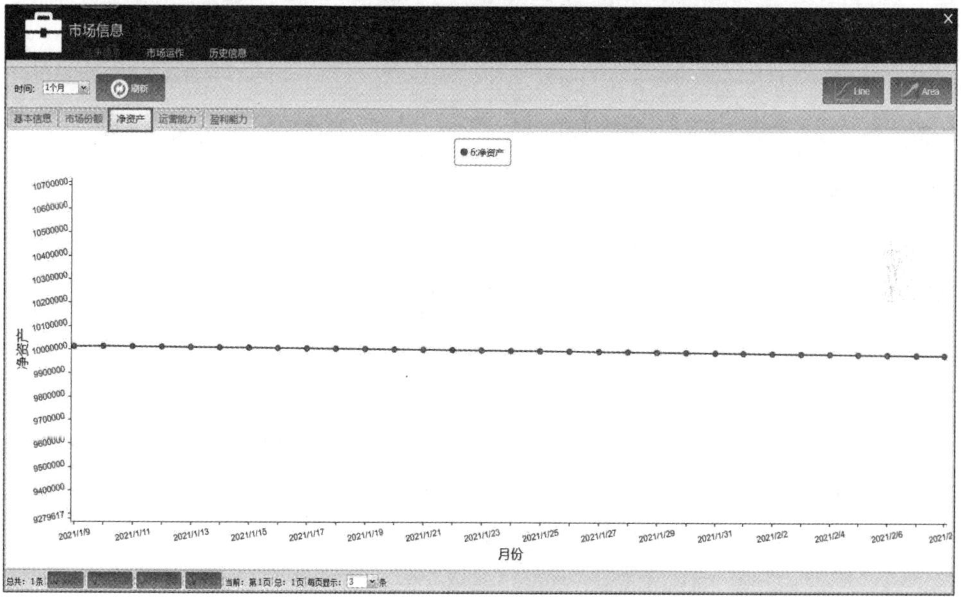

图 3-2-17　净资产

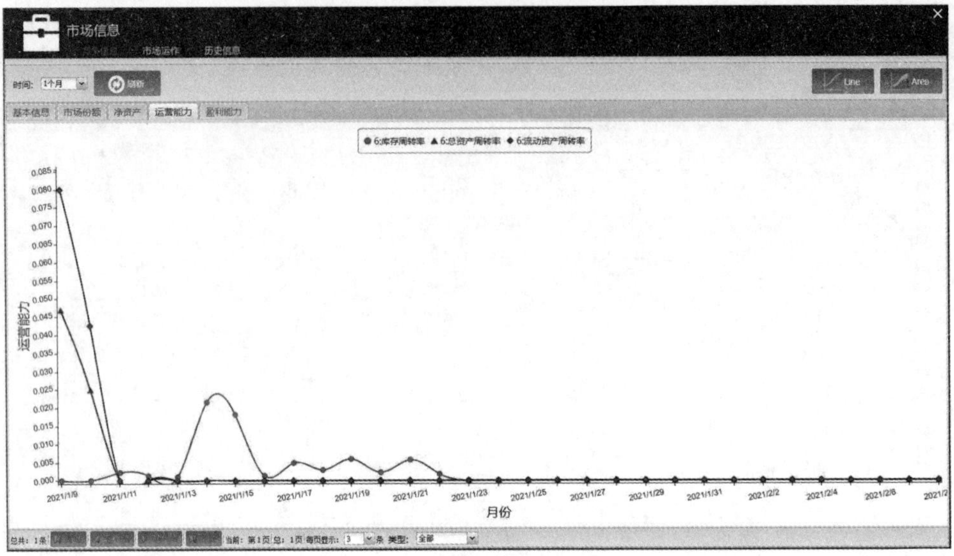

图 3-2-18 运营能力

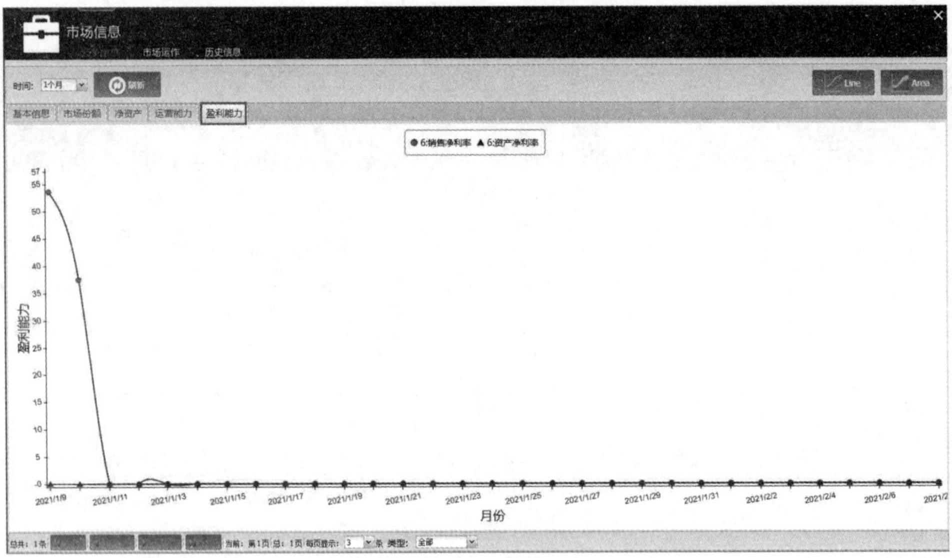

图 3-2-19 盈利能力

4. 数据统计

点击【工作模式】→【数据统计】，查看仓库、设备、员工及合同相关信息，如图3-2-20~图3-2-23所示。

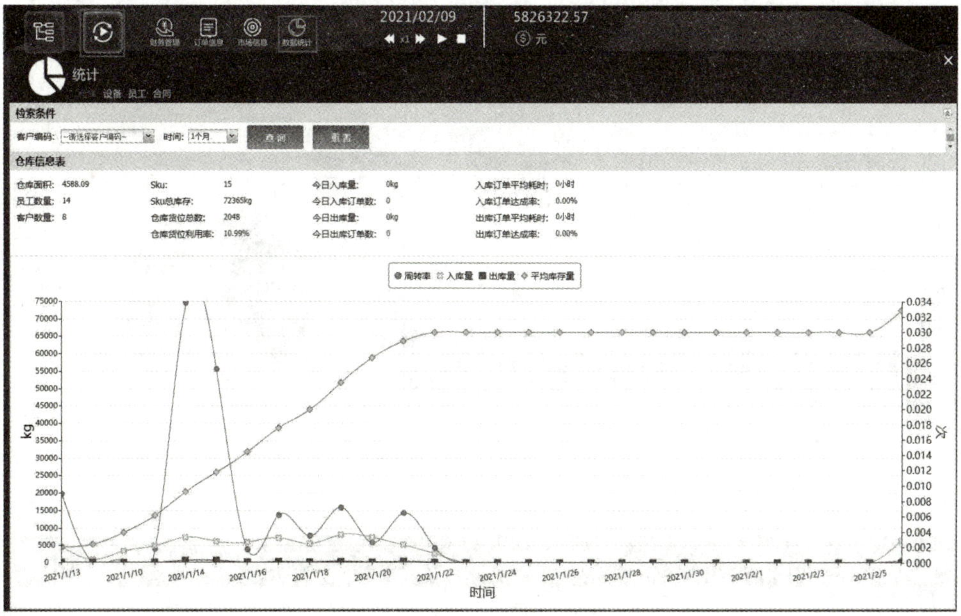

图 3-2-20　仓库信息

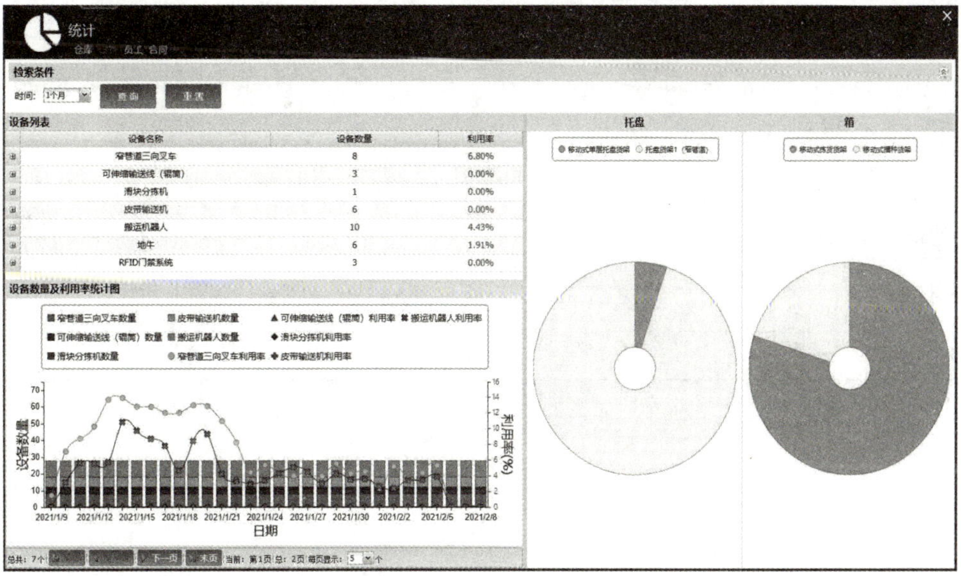

图 3-2-21　设备数据

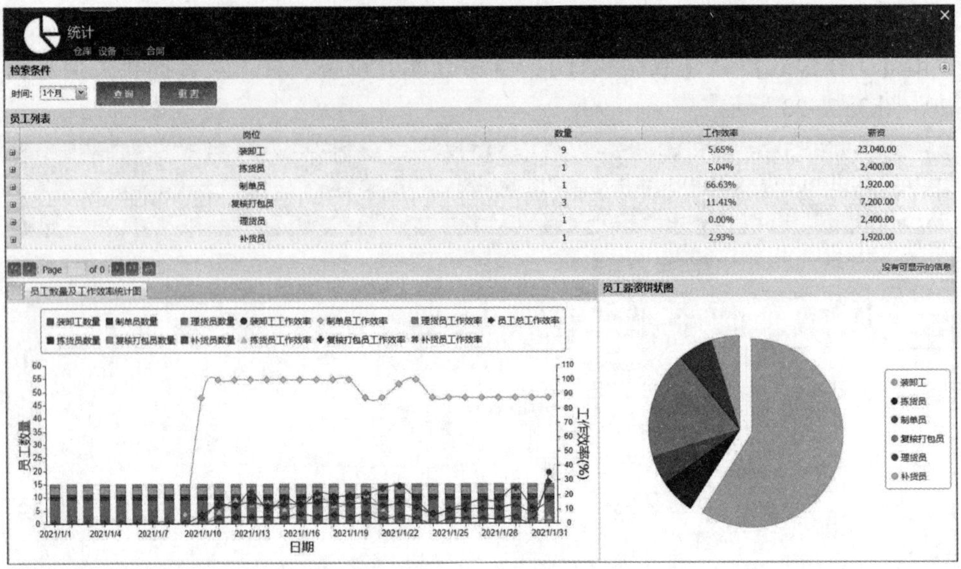

图 3-2-22 员工数据

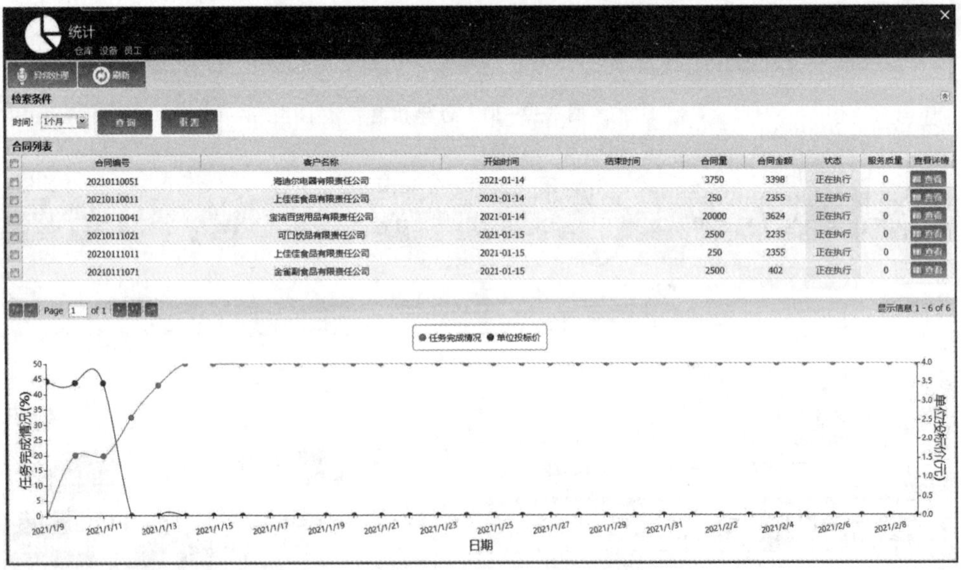

图 3-2-23 合同信息

在合同界面，可对合同进行异常处理。勾选合同后，点击【异常处理】，对此合同进行异常处理，此合同终止，系统不再执行此合同，如图 3-2-24 所示。

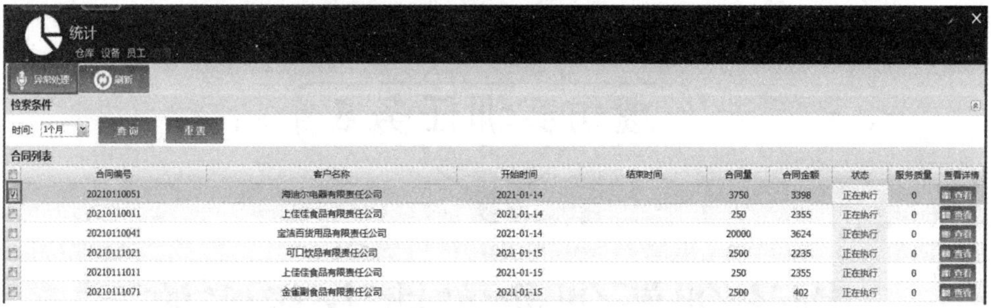

图 3-2-24　合同异常处理

也可查看合同详情，在合同后面点击【查看】，如图 3-2-25 所示。

图 3-2-25　查看合同详情

虚仿实训任务 5

物流创新创业实战方案实施

一、任务选择

鼠标放在【目录】处，点击【任务一　物流创新创业实战方案设计与实施】→右侧【方案设计与实施】，在【物流创新创业实战方案实施】任务下，点击【进入仿真实验】，如图 4-1-1、图 4-1-2 所示。

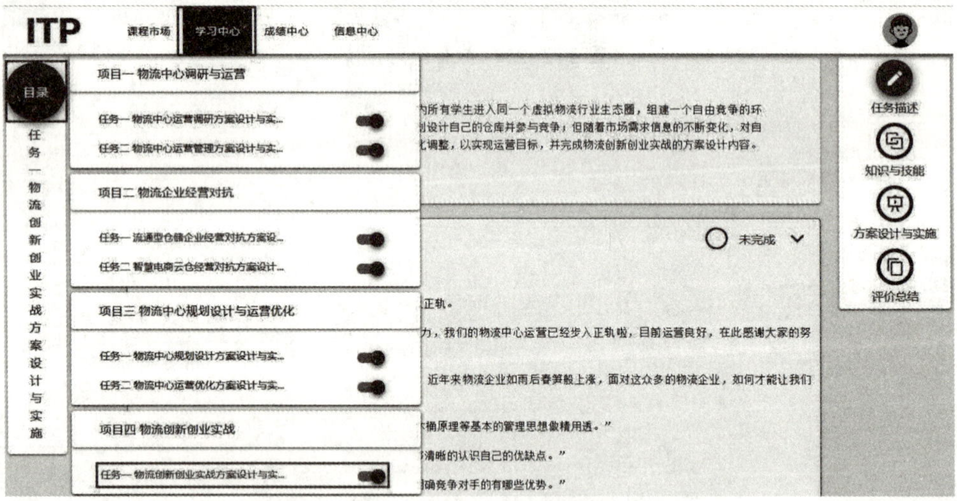

图 4-1-1　选择任务

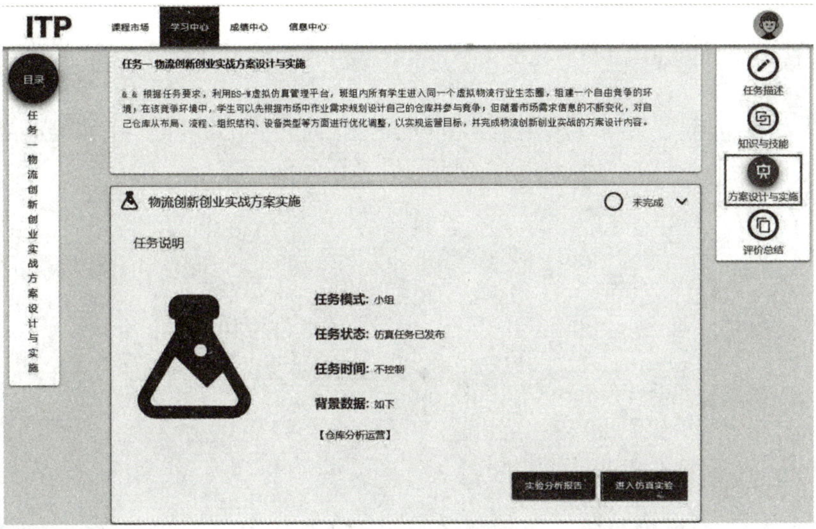

图 4-1-2　进入仿真实验

二、方案实施

根据任务要求，利用 BS-W 虚拟仿真管理平台，班组内所有学生进入同一个虚拟物流行业生态圈，组建一个自由竞争的环境；在该竞争环境中，学生可以先根据市场中作业需求规划设计自己的仓库并参与竞争；但随着市场需求信息的不断变化，对自己仓库从布局、流程、组织结构、设备类型等方面进行优化调整，以实现运营目标。

此任务为小组对抗模式，学生进入仿真场景后，首先根据历史信息，在一定时间内自行建好物流中心模型，然后老师在后台管理系统开启系统运行，系统运行过程中不暂停，学生根据市场招标信息进行投标后运营，运营过程中通过不断优化调整来实现运营目标。

1. 查看历史信息

进入仿真场景后，点击【工作模式】，系统提示场景未保存，点击【确定】，输入文件名后点击【保存】，先保存场景，如图 4-1-3、图 4-1-4 所示。然后点击【工作模式】→【市场信息】→【历史信息】，选择类型（入库、出库、库存）后，点击【查询】，查看历史信息，进行市场分析，如图 4-1-5 所示。

图 4-1-3　系统提示场景未保存

图 4-1-4　保存场景

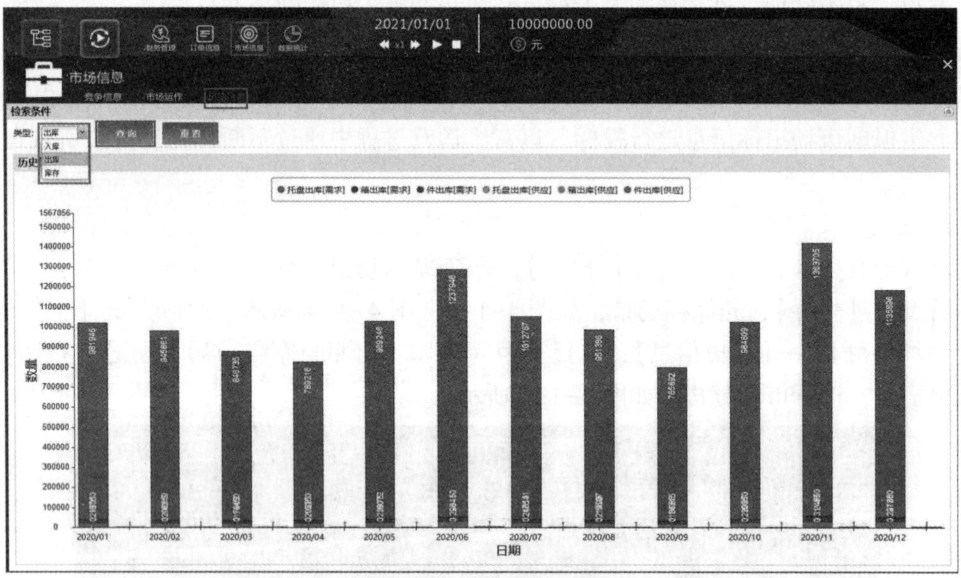

图 4-1-5　查看历史信息

2. 物流中心建模

根据物流市场分析结果和历史供需量，确定企业规模和作业流程，完成物流中心建模。建模操作方法参考“项目三任务一　物流中心规划设计方案设计与实施指导书”，建模举例如图 4-1-6 所示，该模型节点图如图 4-1-7 所示。

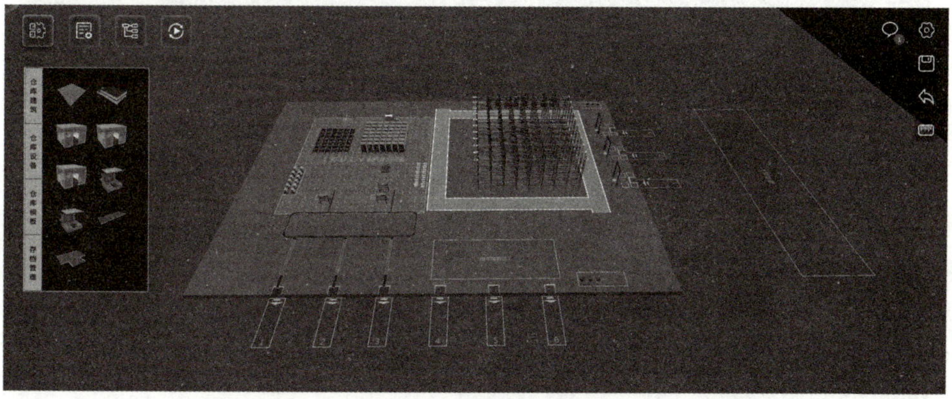

图 4-1-6　建模举例

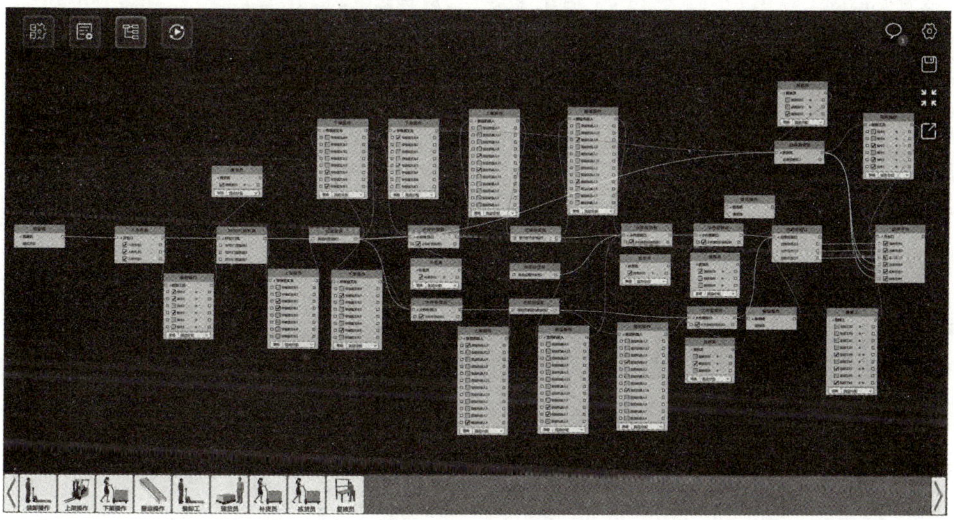

图 4-1-7　节点图

3. 物流中心运营

学生建好模型后，等待老师开启系统运行。系统开始运行后，学生先进行投标，中标后进行运营，如图 4-1-8~图 4-1-11 所示。

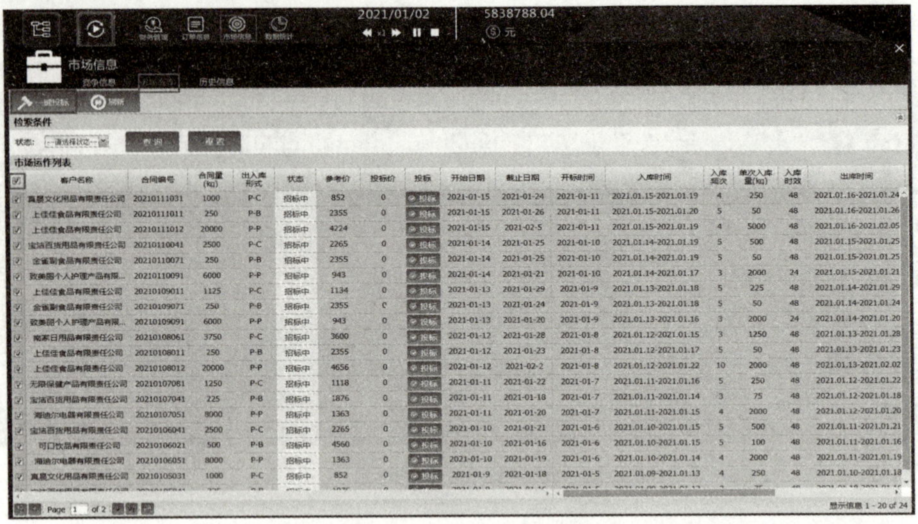

图 4-1-8 一键投标

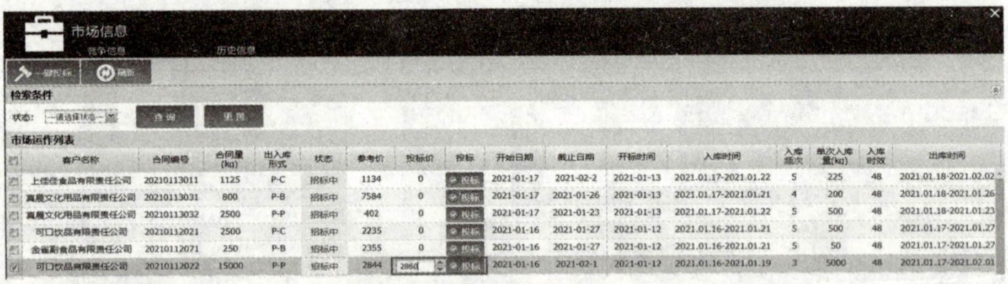

图 4-1-9 手动投标

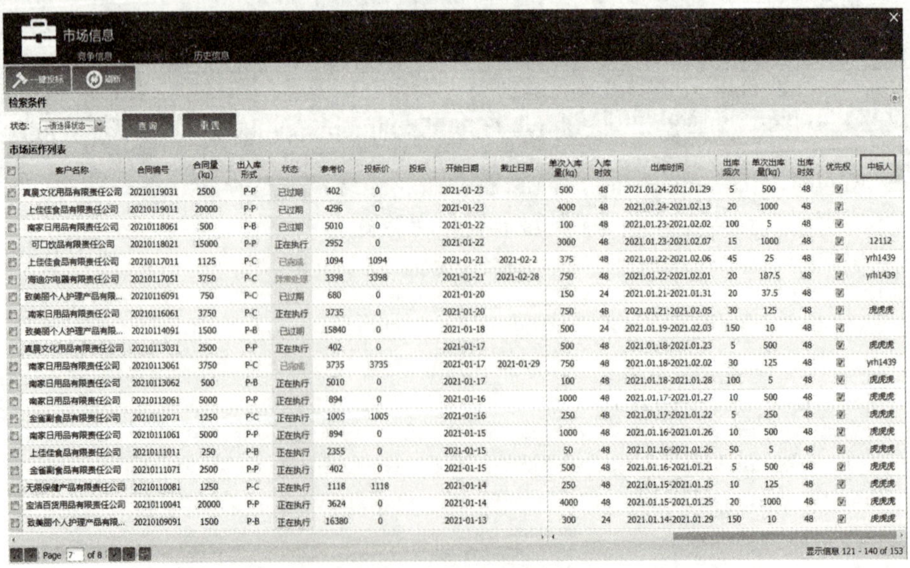

图 4-1-10 中标人

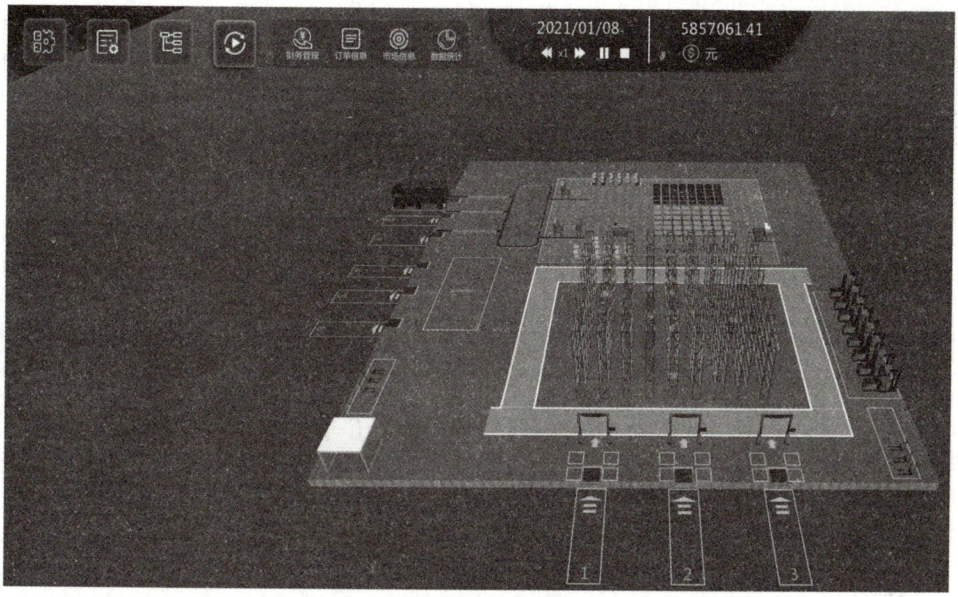

图 4-1-11　场景运行

三、查看竞争信息

点击【市场信息】→【竞争信息】，可查看自己和竞争对手的运营数据，如图 4-1-12~图 4-1-16 所示。

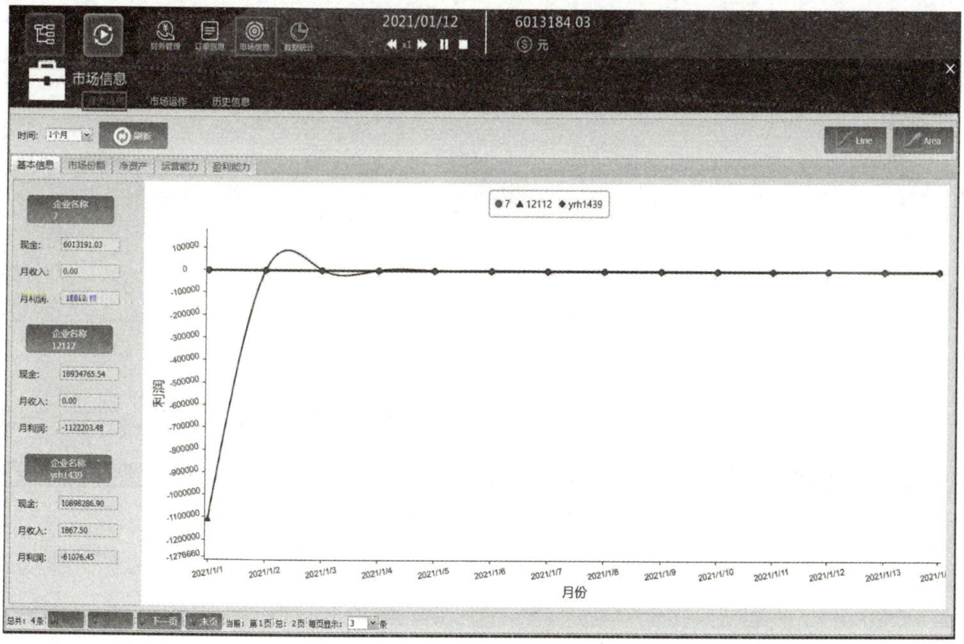

图 4-1-12　基本信息

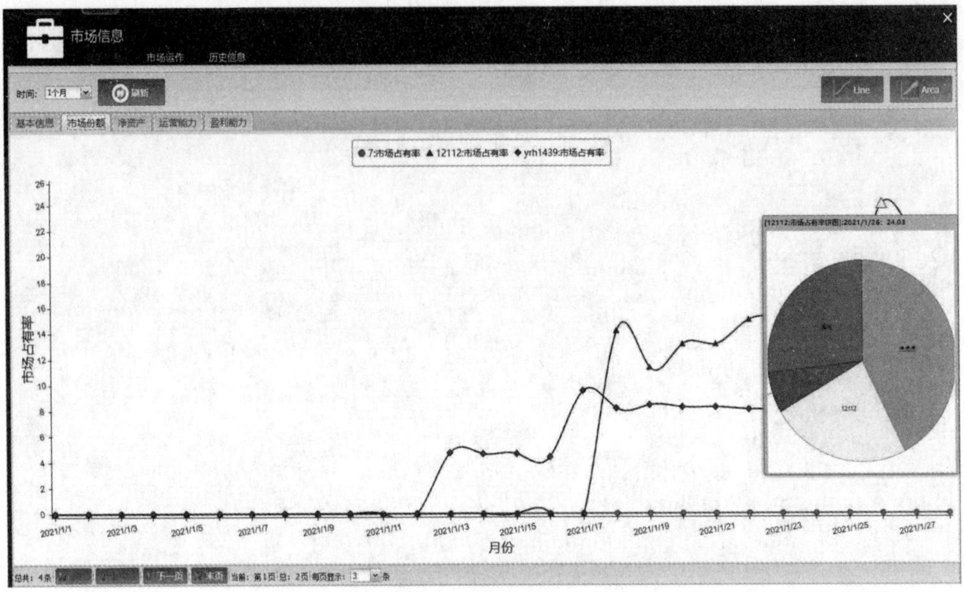

图 4-1-13 市场份额

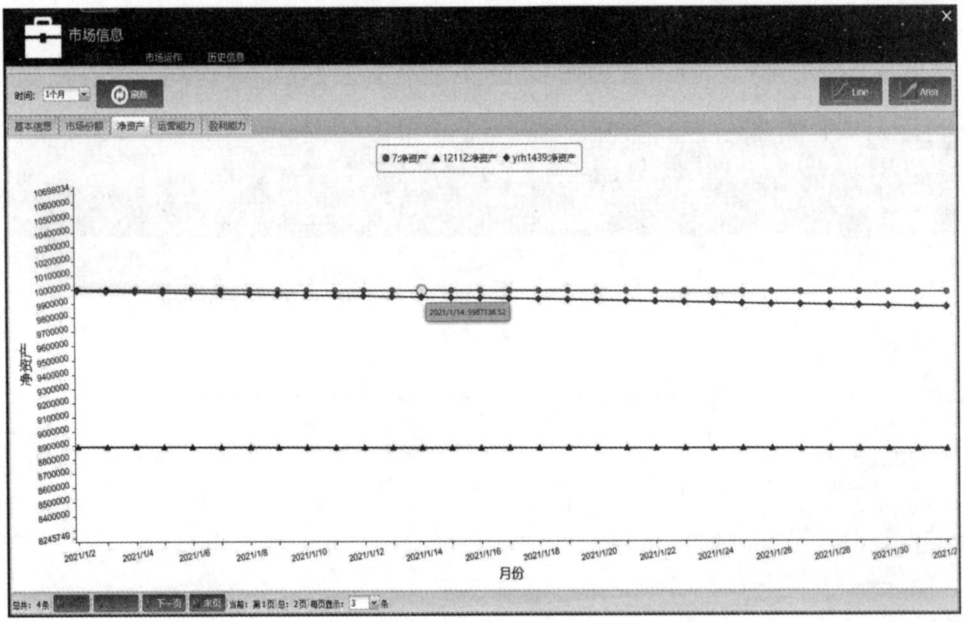

图 4-1-14 净资产

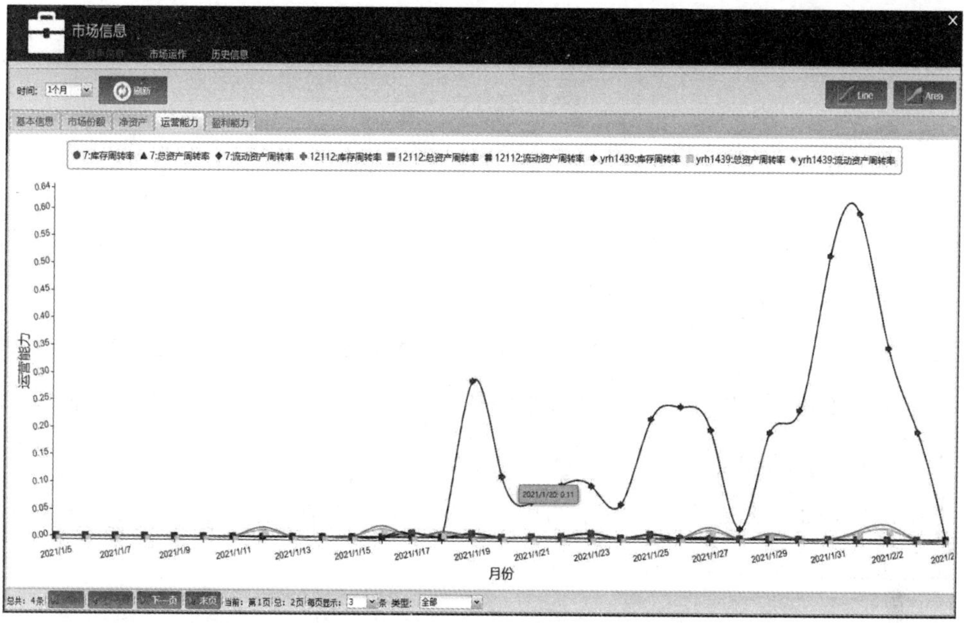

图 4-1-15　运营能力

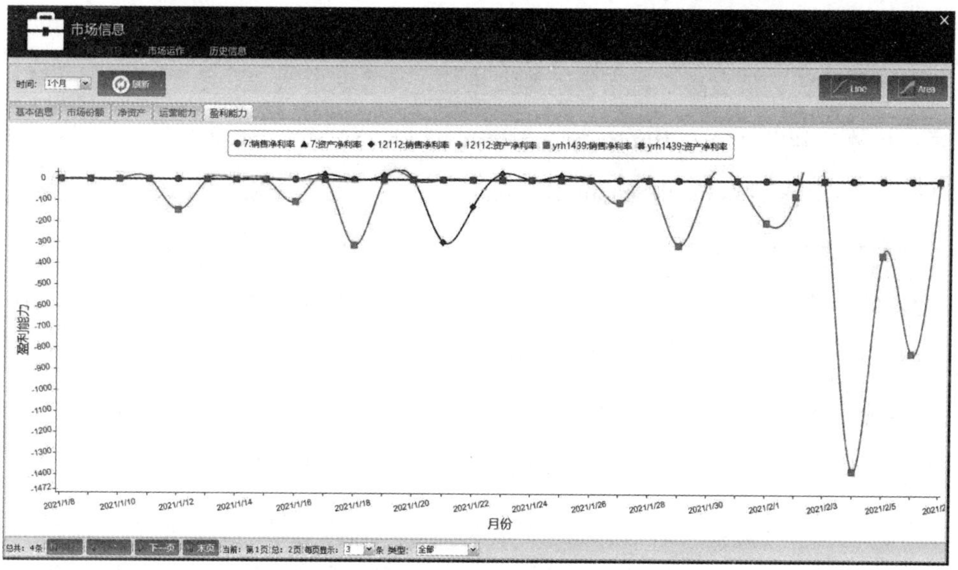

图 4-1-16　盈利能力

参考文献

[1] 毛海军．物流系统规划与设计［M］．3版．南京：东南大学出版社，2017.

[2] 张丽、郝勇．物流系统规划与设计［M］．2版．北京：清华大学出版社，2019.

[3] 马士华、林勇．供应链管理［M］．6版．北京：机械工业出版社，2020.

[4] 郑维明、王玲、王刚等．数字化制造生产线规划与工厂物流仿真［M］．北京：机械工业出版社，2020.

[5] 靳荣利．仓储与配送管理（基于ITP一体化教学管理平台）［M］．3版．北京：机械工业出版社，2018.

[6] 唐连生、李思寰、张雷．物流系统优化与仿真［M］．北京：中国财富出版社，2013.

[7] 何明珂．物流系统论［M］．北京：高等教育出版社，2004.

[8] 马向国、梁艳、杨惠惠．现代物流系统建模、仿真及应用——基于Flexsim［M］．北京：机械工业出版社，2017.

[9] ［美］帕德林·贝尔顿（Padraing Belton）．解析迈克尔·E. 波特《竞争战略：分析产业和竞争对手的技术》［M］．上海：上海外语教育出版社，2020.

[10] 曹清玮．物流与供应链虚拟仿真实验教程［M］．杭州：浙江大学出版社，2016.

[11] 张彤．制造业物流信息平台研究［M］．北京：机械工业出版社，2017.

[12] 白世贞、谢红燕．物流信息技术［M］．北京：化学工业出版社，2016.

[13] ［英］肯尼斯·莱桑斯（Kenneth Lysons），迈克尔·吉林厄姆（Michael Gillingham）．采购与供应链管理［M］．鞠磊等，译．北京：电子工业出版社，2004.

[14] 王勇、刘永．运输与物流系统规划［M］．成都：西南交通大学出版社，2018.

[15] ［美］森尼尔·乔普瑞（Sunil Chopra），彼得·梅因德尔（Peter Meindl）．供应链管理：战略、规划与运营［M］．李丽萍等，译．北京：社会科学文献出版社，2003.

[16] 程肖冰、夏明萍、王育平．物流系统规划及预测系统研究［M］．北京：中国财富出版社，2015.

[17] 张曙红、初叶萍、毕娅．物流系统规划设计与仿真［M］．北京：中国财富出版社，2013.

［18］刘同娟、孙英琦、马丽娜．物流系统仿真案例实训［M］．北京：中国财富出版社，2021.

［19］苏顺虎．铁路物流系统理论与规划方法研究［M］．北京：中国铁道出版社，2010.

［20］程国全．现代物流系统规划概论［M］．北京：北京师范大学出版社，2018.

［21］王铁宁．装备保障物流系统规划与仿真［M］．北京：电子工业出版社，2021.

［22］彭秀兰．浅析物流系统设计与混合——整数线性规划模型［J］．第六届中国青年运筹与管理学者大会论文集，2004.

［23］苏尼尔·乔普拉、彼得·迈因德尔、陈荣秋．供应链管理［M］.6 版．陈荣秋等，译．北京：中国人民大学出版社，2017.

［24］王璐瑶等．基于二阶段式规划模型及 BP 神经网络模型的第三方电商物流配送系统设计［J］.2021 年（第七届）全国大学生统计建模大赛获奖论文集（二），2021.